AF865089

RECORDAR EL *QUIJOTE*
SEGUNDA PARTE

CÁTEDRA JAIME TORRES BODET
CENTRO DE ESTUDIOS LINGÜÍSTICOS Y LITERARIOS

RECORDAR EL *QUIJOTE*
SEGUNDA PARTE

Nieves Rodríguez Valle
Aurelio González
(editores)

EL COLEGIO DE MÉXICO

863.3
C419re c

Recordar el Quijote Segunda parte / Nieves Rodríguez Valle, Aurelio González, (editores) -- 1a ed. -- Ciudad de México : El Colegio de México, Centro de Estudios Lingüísticos y Literarios, Cátedra Jaime Torres Bodet, 2018.
259 p. ; il. ; 22 cm. -- (Cátedra Jaime Torres Bodet)

Incluye bibliografía.
ISBN 978-607-628-384-4

1. Cervantes Saavedra, Miguel de, 1547-1616. Don Quijote. Libro 2 -- Crítica e interpretación. I. Rodríguez Valle, Nieves, ed. II. González, Aurelio, ed.

Primera edición, 2018

D.R. © El Colegio de México, A.C.
Carretera Picacho Ajusco núm. 20
Ampliación Fuentes del Pedregal
Delegación Tlalpan
14110, Ciudad de México
www.colmex.mx

ISBN 978-607-628-384-4

Impreso en México

ÍNDICE

INTRODUCCIÓN

> —Y por ventura —dijo don Quijote— ¿promete el autor segunda parte?
> —Sí promete —respondió Sansón— pero dice que no ha hallado ni sabe quién la tiene, y, así, estamos en duda si saldrá o no, y así por esto como porque algunos dicen: "Nunca segundas partes fueron buenas", y otros: "De las cosas de don Quijote bastan las escritas", se duda que no ha de haber segunda parte; aunque algunos que son más joviales que saturninos dicen: "Vengan más quijotadas, embista don Quijote y hable Sancho Panza, y sea lo que fuere, que con eso nos contentamos" (*Quijote*, II, 4).

"Nunca segundas partes fueron buenas", dice la voz popular; y lo dice gracias a que Cervantes lo enunció por primera vez, que sepamos, en voz de Sansón Carrasco, quien lo aplica de manera literal a la Segunda parte del *Quijote*; voz que atribuye a "algunos" y cuya enunciación utiliza el absoluto 'nunca', pero que, en este caso particular, no se cumple. Las acciones de don Quijote y las palabras de Sancho volvieron a la estampa espléndidamente en 1615.

Para recordar los 400 años de la publicación de *El ingenioso caballero don Quijote de la Mancha*, el Centro de Estudios Lingüísticos y Literarios de El Colegio de México con el apoyo de la Cátedra Jaime Torres Bodet convocó a una reunión de especialistas de El Colegio de México, la Universidad Nacional Autónoma de México, la Universidad Autónoma Metropolitana-Iztapalapa, la Universidad Iberoamericana y la Universidad Autónoma de la Ciudad de México, el 26 de mayo de 2015; a esta reunión se sumaron colaboraciones que, todas previo proceso de dictamen, conforman los doce ensayos que se reúnen en este volumen.

Estudiar la segunda parte de una obra constantemente implica la revisión del conjunto que forma con su primera, de este modo, la primera sección de *Recordar el* Quijote *Segunda parte* está conformada con estudios que involucran la evolución y el diálogo del *Quijote* de 1605 con el de 1615. "Cosas que calla Cervantes (*Quijote*, I, 46-52)" nos ofrece Margit Frenk, quien, recorriendo ambas partes del *Quijote*, analiza la enorme habilidad de Cervantes para omitir información que, por razones de estrategia artística, no quiere revelar, utilizando silencios o empeños en ocultar ya sea el nombre del protagonista, ya la jaula en la que viene encantado, ya lo que vestía en dicha jaula. Karla Xiomara Luna Mariscal se encarga de leer el *Quijote* desde las ilustraciones y con ello de la comprensión de la evolución de la lectura de la obra, en "La memoria de la imagen: una lectura iconográfica del episodio de Clavileño". En su estudio Luna Mariscal contrasta la figura de Rocinante, quien en los primeros grabados sigue de cerca las palabras escritas por Cervantes, con las lecturas e interpretaciones que se han realizado del episodio de Clavileño, resaltando el modelo iconográfico holandés en el que triunfa una lectura cómica del pasaje, que va dando paso a una lectura cómica cortesana hasta la lectura del pasaje desde lo imaginario. En "Dos atentados en contra del rey" María Stoopen Galán estudia el significado ético, político y simbólico que implican los discursos y acciones que emprende don Quijote tanto en el episodio de la libertad de los galeotes: "gente forzada del rey", y la hazaña de los leones: regalo del rey de Orán a Su Majestad; un pasaje en cada parte del *Quijote*, en la Primera para denunciar la violencia inherente a las prácticas de la justicia, y en la Segunda como una suerte de desafío al poder regio. La interacción entre ambas partes de la novela se muestra evidente en el ensayo de Ricardo José Castro García: "'Las cortes de la muerte' y la reconvención narrativa en la Segunda parte del *Quijote*", en donde estudia cómo Cervantes fue un extraordinario lector de su propia obra y fue capaz de discutir su propio libro haciendo público el diálogo que estableció con su propia invención, poniendo en marcha la continuación de las transgresiones, ahora a su propio universo narrativo con una metaficcionalidad deliberada.

Una segunda sección del libro la integran elementos puntuales que se destacan y potencian en el *Quijote* de 1615, como el vestuario que funciona como un elemento caracterizador, así Aurelio González, en "Vestir en la Segunda parte del *Quijote*" estudia la discusión que los personajes realizan sobre el vestuario y el contexto social que describen. El autor da cuenta de que el color verde resalta como una marca de estilo del autor, así como del abundante recurso de la descripción de vestuarios en la Segunda parte lo cual atribuye a que claramente el vestido adquiere una significación profunda al expresar la conciencia de un grupo o nivel social y así lo puede descodificar el lector; de modo que, al tratar el vestido, se refuerza la oposición realidad-apariencia, pertenencia y exclusión, así como sirve también para ocultar la verdadera identidad. Por otra parte, don Quijote, "consciente como nadie de que las fuerzas del mal imperan en el mundo, no podía menos que toparse con huestes infernales", nos dice Ignacio Padilla (cuyo fallecimiento lamentamos profundamente) en: "Estantiguas cervantinas: una visita de las legiones infernales", asegurando que el caballero solitario requería de un enemigo plural cuyo vencimiento acentuase su unicidad y combatir una fuerza de ultratumba representaba más mérito que combatir un ejército ordinario. Padilla analiza la continuidad, desarrollo y devenir en descenso del personaje en los apartados: "Manos en sagrado: la aventura del cuerpo muerto", "La aventura de los disciplinantes o la primera muerte de don Quijote", y "La procesión del bosque", en donde culmina el triunfo definitivo de los encantadores que forman una estantigua. Italia, "presente siempre en la mente y el corazón de Cervantes", se expresa espontáneamente en recuerdos, imágenes y palabras en su obra, así lo estudia Mariapia Lamberti en: "Presencia de Italia (y del italiano) en la Segunda parte del *Ingenioso hidalgo don Quijote de La Mancha*", donde analiza dicha presencia a través de varias categorías: las menciones a Italia, sus monumentos, calles, productos, delicias gastronómicas, e incluso, leyendas; las menciones de literatura italiana; una tercera categoría la conforman las palabras en italiano (señaladas o mencionadas como tales), y, finalmente, las palabras de uso y significado italiano, aunque en uso en español. Si Italia está tan presente en la creación cervantina, el mundo musulmán y morisco tampoco escapa a su recuerdo. Gustavo Illades Aguiar estudia "Retratos a varias manos de Cide Hamete Benengeli y su pluma", donde realiza un recuento de las posiciones críticas y análisis de las preguntas ¿quién es Cide Hamete? y ¿cuáles son las funciones que desempeña en el *Quijote*?; así nos lleva a un recorrido por su rastro en los debatidos manuscritos aljamiados encontrados en una mezquita de Sevilla, la etimología de su nombre, su religión y lenguaje, los comentarios que suscita entre los propios personajes de la novela y, finalmente, su pluma.

Una tercera sección se dedica a las estrategias narrativas, los rompimientos e innovaciones que Cervantes realiza con su tradición literaria. En "El arte de contar en el *Quijote*" de Nieves Rodríguez Valle se analiza la apuesta de la delegación a los personajes de la función narrativa y de la función crítica del contenido y la forma de contar, lo cual conlleva a que, en la misma escritura cervantina, se abran las preguntas ¿qué contar y qué omitir? y ¿cómo se cuenta un relato? Por su parte, María José Rodilla en: "Los plantos paródicos de Sancho" estudia el conocimiento cervantino sobre los cantos fúnebres y la tópica retórica del discurso elegíaco en que se alaban las virtudes y calidades del difunto: su vertiente seria en la lírica culta y en la literatura caballeresca y su vertiente jocosa en las parodias. Este conocimiento de la literatura lamentaria es utilizado por Cervantes en los plantos de Sancho para distorsionarla, parodiarla o banalizarla. Rodilla analiza, en ambas partes de la novela, los tres plantos de Sancho por su señor, dos pretendidos (en clave jocosa y el último jocoserio ante la verdadera muerte), así como los tres plantos ante la pérdida de su rucio (por su robo, por dejarlo a la orilla del Ebro y por la suerte que le depara el haber caído con él a la sima). Raquel Barragán Aroche, en "*Turpitudo et deformitas*: algunas notas sobre la construcción del arte de la burla en la Segunda parte del *Quijote* y su correspondencia con las teorías clásicas y renacentistas sobre la risa", estudia la coincidencia entre la obra de Cervantes y las preceptivas sobre la risa y las reflexiones sobre qué era y qué la causaba. Barragán encuentra en la Segunda parte la perfección técnica de los mecanismos de ingenio que había explorado en la Primera y cómo la risa estructura la obra gracias a las paradojas que con ella construye. Finalmente, Grissel Gómez Estrada estudia los niveles de realidad y su interpretación en: "Niveles de experiencia en el *Quijote*", donde, a partir de la manera de entender la experiencia, analiza los episodios en los cuales la realidad se funde con la ficción. Presentamos al final toda la bibliografía citada por los autores con el fin de ofrecer un panorama bibliográfico amplio y actual.

Este es el tercer volumen de nuestra serie cervantina: *Las* Novelas ejemplares*: texto y contexto (1613-2013)*, El Colegio de México, 2015 y *El* Viaje del Parnaso*: texto y contexto (1614-2014)*, El Colegio de México, 2017.

Contar, callar, ilustrar, atentar, dialogar, vestir, combatir, evocar, retratar, preguntar, llorar, reír, experimentar, a todo esto nos ha llevado recordar la Segunda parte del *Quijote*.

Puestos en camino al Septentrión, junio de 2017.
Aurelio González
Nieves Rodríguez Valle

COSAS QUE CALLA CERVANTES (*QUIJOTE*, I, 46-52)[1]

Margit Frenk
Universidad Nacional Autónoma de México

Conviven en el arte de Cervantes dos facetas opuestas: por un lado, el gusto por las descripciones muy detalladas, por otro, una tendencia a callar ciertas cosas. Como se dice de Cide Hamete, al comienzo del capítulo 40 de la Segunda parte del *Quijote*, a Cervantes le gusta no "dejar cosa, por menuda que fuese, que no la sacase a luz distintamente"; igual que Benengeli, Cervantes, a través de su narrador, "pinta los pensamientos, descubre las imaginaciones" y "los átomos del más curioso deseo manifiesta" (*Quijote*, II, 40).[2] Esto salta a la vista en todo momento. En cambio, los silencios suelen pasar inadvertidos por los lectores, que, atrapados por la fascinante narración, siguen adelante, sin volver la cabeza.

En ocasiones, una lectura cuidadosa revela leves indicios de algo que el autor, a la vez, se empeñó en ocultar. Un buen ejemplo es el nombre original de don Quijote: tres señales aisladas muestran que su creador le puso en su imaginación el apellido de *Quijana,* pero lo escondió cuidadosamente. Las más veces, sin embargo, no hay ni siquiera esos indicios, y de ello tenemos un ejemplo precioso justamente en relación con ese nombre y con ese ocultamiento. Porque no sólo Pedro Alonso, "labrador de su mesmo lugar y vecino suyo"

[1] Este trabajo es parte de otro, más extenso, que apareció en *Acta Poetica*, 2 (2015) y, con algunos cambios, en mi libro *Don Quijote ¿muere cuerdo? y otros ensayos*, Fondo de Cultura Económica, México, 2015.

[2] Miguel de Cervantes, *Don Quijote de la Mancha*, ed. de Francisco Rico, Instituto Cervantes-Crítica, Barcelona, 1998.

(*Quijote*, I, 5), conocía a su "compatrioto" como "señor Quijana", sino también Sancho Panza, el cura y el barbero (aparte, claro, del ama y la sobrina). Pero ninguno de ellos menciona el nombre una sola vez a lo largo de la obra, y durante bastante tiempo ninguno de ellos lo llama tampoco por su nuevo nombre. Sólo oímos "don Quijote" en boca del propio personaje y, sobre todo, en voz del narrador, que lo ha hecho suyo a partir del segundo capítulo. Sancho Panza se dirige por primera vez a su amo con ese nombre al comienzo del capítulo 10, tras la victoria sobre el vizcaíno.[3] En cuanto al cura, que antes había hablado de "mi buen amigo" (*Quijote*, I, 5), apenas lo menciona como "don Quijote" en el capítulo XXVI, en que él y el barbero reaparecen en el texto después de mucho.[4]

Hay ocultaciones aún más notables. Me referiré a tres de ellas, situadas en los últimos capítulos del *Quijote* de 1605. Veremos la enorme habilidad de Cervantes para omitir información que, por razones de estrategia artística, no quiere revelar y cómo logra que saltemos por encima de esos huecos sin siquiera percatarnos de su existencia. Porque eso los diferencia de los huecos que aparecen habitualmente en las novelas: el lector no salta por encima de ellos, sino que los va llenando con su imaginación.

En ocasiones, Cervantes nos proporciona información incompleta, ocultando un elemento que puede ser crucial. Tal es el caso de la jaula en que llevan a don Quijote a su aldea en el último capítulo de la Primera parte.

[3] "Sea vuestra merced servido, señor don Quijote mío, de darme el gobierno de alguna ínsula…" (*Quijote*, I, 10). Cervantes ha preparado cuidadosamente este momento, pues hace que el narrador, hablando de Sancho, use dos veces ese apelativo: "la batalla que su señor don Quijote había ganado" (*Quijote*, I, 8), y en un pasaje que está justo antes de que lo use Sancho.

[4] "…y aquél es el caballo de nuestro don Quijote", le dice al barbero —como si siempre lo hubieran llamado así—, cuando descubren a Sancho, montado en Rocinante (*Quijote*, I, 26). Es curioso que en los dos casos el nombre aparezca con una marca afectuosa: "señor don Quijote mío" y "nuestro don Quijote".

1. La "desaparición" de la jaula

Pregúntese a cualquier buen lector del *Quijote*: ¿cómo regresa don Quijote a su casa al final de la Primera parte? Muy probablemente dirá que encerrado en una jaula —cruel y humillante espectáculo—, añadiendo quizá que sobre un carro de bueyes. Y sus buenas razones tiene para ello. Pero no hay tal; al menos, no ocurre así en el texto de Cervantes. Veamos.

El capítulo 46 nos ha relatado cómo, para llevar a don Quijote a su aldea sin que se les escape, los de la venta, instigados por el cura, hacen "una como jaula, de palos enrejados, capaz que pudiese en ella caber holgadamente don Quijote" y, estando él dormido, "le ataron muy bien las manos y los pies, de modo que cuando despertó con sobresalto no pudo menearse", y "trayendo allí la jaula, le encerraron dentro, y le clavaron los maderos tan fuertemente, que no se pudieran romper" (*Quijote*, I, 46). Rodeado de figuras disfrazadas, que él cree fantasmas, don Quijote se convence de que va encantado.

Unas palabras suyas nos muestran cómo va en su "cárcel", pues, citando a Petrarca, habla del "duro campo de batalla [el] lecho en que *me acuestan*" (*Quijote*, II, 46). Cuando en el capítulo siguiente se inicia la caminata, la voz del narrador nos dice que "don Quijote iba sentado en la jaula, las manos atadas, tendidos los pies y arrimado a las verjas" (*Quijote*, II, 47). El hecho de que aparezca primero acostado puede explicarse porque así tendrá que estar cuando al fin entren en el pueblo, y eso mismo permite entender por qué la jaula tiene que ser suficientemente "holgada"; todo está previsto, todo, trabajado por el artífice que fue Cervantes.

La jaula se menciona repetidas veces en los capítulos subsiguientes. Cuando, en el 49, don Quijote logra salir de ella —"debajo de su buena fe y palabra le desenjaularon, de que él se alegró infinito" (*Quijote*, I, 49)— y está en compañía del resto de la comitiva, llega un momento en que el canónigo le dice que los libros de caballerías "le han traído a términos que sea forzoso encerrarle en una jaula y traerle sobre un carro de bueyes, como quien trae o lleva algún león o algún tigre de lugar en lugar" (*Quijote*, I, 49). Por su parte, don Quijote, en una larguísima respuesta, dirá: "y aunque ha tan poco que me vi encerrado en una jaula como loco…" (*Quijote*, I, 50). Ésta es la última vez que se menciona la jaula en toda la Primera parte del *Quijote*. ¿Qué ocurre después?

Tras el tremendo golpe que le ha asestado uno de los disciplinantes, don Quijote cae como muerto; ya vuelto en sí, lo oímos decir: "Ayúdame, Sancho amigo, a ponerme *sobre el carro encantado*" (*Quijote*, I, 52). No menciona la aborrecida jaula. Luego leemos que "pusieron a don Quijote en el carro, como antes venía", palabras que nos pueden llevar a pensar que nuevamente lo enjaularon; pero la palabra *jaula* no está en el texto. Lo que sigue es que "el boyero unció sus bueyes" y, más piadoso que quienes lo habían acostado en un duro lecho, "acomodó a don Quijote sobre un haz de heno" (*Quijote*, I, 52).

Viene inmediatamente después la entrada en la aldea: "entraron en la mitad del día, que acertó a ser domingo, y la gente estaba toda en la plaza, por mitad de la cual atravesó el carro de don Quijote".[5] "Acudieron todos a ver *lo que en el carro* venía y, cuando conocieron a su compatrioto, quedaron maravillados" (*Quijote*, I, 52). Si hubiera querido, Cervantes habría escrito: "Acudieron todos a ver *lo que en la jaula* venía y, cuando conocieron a su compatrioto, quedaron maravillados". (Más adelante veremos qué otra cosa pudo dejarlos tan sorprendidos). Un muchacho, entonces, "acudió corriendo a dar las nuevas a su ama y a su sobrina de que su tío y su señor venía flaco y amarillo y *tendido sobre un montón de heno y sobre un carro de bueyes*" (*Quijote*, I, 52): todos los detalles, menos la jaula, que es lo que tiene que haber impresionado más a la gente.

[5] Un lector atento no puede dejar de contrastar esta escena con la del primer regreso de don Quijote a su pueblo, en el capítulo 5: el compasivo labrador Pedro Alonso, que lleva al pobre hidalgo como costal sobre su burro, espera a que anochezca antes de entrar, para que la gente no vea tan triste espectáculo.

Porque la jaula nunca ha desaparecido: en ningún momento se nos ha dicho, por ejemplo, que el cura ha ordenado quitarla, ni siquiera cuando don Quijote va malherido y no puede escaparse ya. Por lo tanto, la jaula está ahí, sobre el carro de bueyes y con don Quijote dentro. Ésa fue la intención de Cervantes. ¿Cómo lo sabemos? En el capítulo 7 de la Segunda parte, oímos al ama de don Quijote decirle a Sansón Carrasco: "La vez primera nos le volvieron atravesado sobre un jumento, molido a palos. La segunda vino en un carro de bueyes, *metido y encerrado en una jaula*" (*Quijote*, II, 7). El ama no presenció personalmente el espectáculo, pero se ha enterado de todo por los vecinos y por el propio cura, que les contó a ama y sobrina de don Quijote "*lo que había sido menester* para traelle a su casa" (*Quijote*, I, 52).

Cervantes se las ha ingeniado para hacer desaparecer la jaula *del texto* del capítulo final de la Primera parte, acaso para ahorrarnos a los lectores la pena de ver a don Quijote humillado ante su gente. Con esmero artesanal, ha realizado uno de sus maravillosos malabarismos. Después de que don Quijote pide a Sancho que le ayude a ponerlo "sobre el carro encantado", y como si hubiera captado la omisión de la palabra *jaula*, el narrador, compasivo, evitará por su parte mencionarla de ahí en adelante.

Si el apellido *Quijana* aparece al principio de la obra (capítulos 1 y 5) y apenas reaparece al final de ella (II, 74), la famosa jaula de don Quijote, en cambio, está muy presente en los capítulos 46 a 50, y luego el texto nos la oculta mañosamente, para hacerla reaparecer sólo en la Segunda parte.

2. ¿Qué traía puesto don Quijote en la jaula?

Esta vez la pregunta no puede tener respuesta: no hay absolutamente ningún indicio en el texto, ni la menor insinuación. Cervantes, tan amigo de describir las prendas que traen puestas los personajes, aquí se ha decidido por un total mutismo. Si una impertinente curiosidad nos lleva a tratar de escudriñar el asunto, ¿qué es lo que se encuentra? Que, como hemos visto, agarraron a don Quijote dormido, le ataron pies y manos y lo acostaron en una jaula. Y bien sabemos lo que traía puesto él en la venta cuando dormía. En el episodio de los cueros de vino, don Quijote, sonámbulo, es visto por todos los de la venta (*Quijote*, I, 35) "en el más estraño traje del mundo": "Estaba en camisa, la cual no era tan cumplida que por delante le acabase de cubrir los muslos y por detrás tenía seis dedos menos" (recordemos que en Sierra Morena don Quijote se ha fabricado un rosario con una tira arrancada de su camisa). Además, vieron que "las piernas eran muy largas y flacas, llenas de vello y nonada limpias". Dorotea, "que vio cuán corta y sotilmente estaba vestido, no quiso entrar" (*Quijote*, I, 35). Don Quijote estaría con esa misma camisa tan precaria cuando fue enjaulado y, dado que no se nos indica lo contrario, así debe de haber permanecido.

En el capítulo 37 don Quijote decide salir de su inundado camaranchón en la venta y le dice a Sancho: "dame de vestir", y "diole de vestir Sancho" (*Quijote*, I, 37). Antes, al final de su estancia en Sierra Morena, en el capítulo 29, ha contado el narrador que Sancho dice haber encontrado a su amo "desnudo en camisa", además de "flaco, amarillo y muerto de hambre" (*Quijote*, I, 29) y, más adelante, los que van al rescate de don Quijote lo hallan "ya vestido, aunque no armado" (*Quijote*, I, 29).

Son dos antecedentes de lo que hubiera podido ocurrir, y no ocurre, después, cuando el pobre caballero va en la jaula. Cabría esperar, en efecto, que en cuanto le permiten a don Quijote salir de la jaula, pidiera su ropa —¿dónde ha quedado, por cierto?— a Sancho y que él se la diera. Pero nada. Tenemos que deducir, entonces, que don Quijote sigue todo el tiempo "desnudo en camisa", lo cual nos lleva a leer de otra manera los últimos capítulos de la Primera parte. Y no podemos sino preguntarnos por qué no se menciona en ningún momento la semi-desnudez del héroe. ¿Será acaso para evitar contaminar con un trazo grotesco lo que para don Quijote ha sido y es una gran desgracia?

Cuando el canónigo y su gente se topan con la comitiva y ven a don Quijote "enjaulado y aprisionado" (*Quijote*, I, 47), se tienen que haber sorprendido y "admirado" también de verlo con tan poca ropa encima. Quizá no fue sólo la presencia de cuadrilleros lo que hizo pensar al canónigo que el enjaulado "debía de ser algún facinoroso salteador o otro delincuente" (*Quijote*, I, 47).

Después don Quijote sale de la jaula, comparte el almuerzo con los demás y escucha al cabrero, todo ello, al parecer, puesta sólo aquella camisa venida a menos y con aquellas largas piernas velludas y nonada limpias a la vista. El cabrero cuenta la historia de Leandra, que todos escuchan con gran placer, y don Quijote se ofrece a recuperar a su amada. Entonces, "miróle el cabrero y, como vio a don Quijote *de tan mal pelaje y catadura,* admiróse..." (*Quijote*, I, 52).

No habíamos oído tales palabras, ni las volveremos a oír. En casi todos los encuentros de don Quijote quienes lo ven se quedan perplejos ante "su figura", "su estraña figura", "su talle", o, a lo sumo, el "mal talle" que ven las mozas de partido en el segundo capítulo. La expresión "de tan mal pelaje y catadura" se refiere seguramente al aspecto físico de don Quijote en general; pero la palabra *pelaje*, tenía también, según el *Diccionario de Autoridades*, una acepción más específica y no poco importante aquí: "...disposición y calidad de alguna cosa, *especialmente del vestido*". Ésta sería, pues, la primera alusión velada a la semi-desnudez del caballero.

Prosigue el narrador: el cabrero "admiróse y preguntó al barbero, que cerca de sí tenía":

> —Señor, ¿quién es *este hombre que tal talle tiene* y de tal manera habla?
> —¿Quién ha de ser —respondió el barbero— sino el famoso don Quijote de la Mancha, desfacedor de agravios, enderezador de tuertos, el amparo de las doncellas, el asombro de los gigantes y el vencedor de las batallas?
> —Eso me semeja —respondió el cabrero— a lo que se lee en los libros de caballeros andantes, que hacían todo eso que de este hombre

vuestra merced dice, que para mí tengo o que vuestra merced se burla o que este gentilhombre debe de tener vacíos los aposentos de la cabeza (*Quijote*, I, 52).

Don Quijote monta en cólera, toma un pan "y dio con él al cabrero en todo el rostro, con tanta furia, que le remachó las narices" (*Quijote*, I, 52). El cabrero, que no sabe de burlas, responde, y comienza una pelea cuerpo a cuerpo, en que intervienen todos, y el barbero hace "de suerte que el cabrero cogió debajo de sí a don Quijote, sobre el cual llovió tanto número de mojicones, que del rostro del pobre caballero llovía tanta sangre como del suyo" (*Quijote*, I, 52). Don Quijote ya no es el que era. Ahora es sólo un pobre loco mal vestido que pelea como villano con otro villano, a puñetazos, revolcándose con él en la tierra, todo ensangrentado.

Siempre me había sorprendido la reacción de todos los circunstantes (salvo Sancho); su gran "regocijo y fiesta". Se nos dice que "reventaban de risa el canónigo y el cura, saltaban los cuadrilleros de gozo, zuzaban los unos y los otros, como hacen a los perros cuando en pendencia están trabados" (*Quijote*, I, 52). Como perros. Ahora creo entender por qué tanto regocijo: don Quijote estaría, además de todo, prácticamente desnudo.

Cuando interrumpe la pelea para enfrentarse a los disciplinantes, todo desnudo y ensangrentado, montado y apretando "los muslos a Rocinante, *porque espuelas no las tenía*" (*Quijote*, I, 52), el espectáculo debe de haber sido igualmente jocoso. Así podría explicarse una frasecita, al parecer, enigmática, que suelta el narrador cuando uno de los clérigos que van cantando la letanía, "viendo la *estraña catadura* de don Quijote, la flaqueza de Rocinante *y otras circunstancias de risa que notó y descubrió en don Quijote...*" (*Quijote*, I, 52). Ésta sería la segunda alusión velada a la semi-desnudez de nuestro pobre caballero.

Y hay más: a las palabras que les dirige don Quijote los disciplinantes responden con risas: "En estas razones cayeron todos los que las oyeron que don Quijote debía de ser *algún hombre loco*, y tomáronse a reír muy de gana" (*Quijote*, I, 52). Nada semejante había ocurrido antes. Aun los que, al oírlo hablar, se daban cuenta de su locura, como los mercaderes toledanos y Vivaldo, no se reían de él. Y es que su apariencia misma y el hecho de que viniera armado y con su lanza y su adarga o rodela infundiría cierto respeto. En la venta habrá momentos en que la gente se ría de él y de sus locuras: "No menos causaban risa las necedades que decía el barbero que los disparates de don Quijote" (*Quijote*, I, 44); pero nadie se ríe en su cara. Ahora, casi al final de la Primera parte, don Quijote aparece totalmente disminuido: desarmado, desvestido, sin espuelas, sin su lanza. Ya sólo trae una adarga y la espada que le ha pedido a Sancho para enfrentarse a los disciplinantes.

¿Qué se hicieron, por cierto, la armadura y las armas de don Quijote? Lo único que sabemos es que, ya enjaulado él, y a punto de que la comitiva saliera de la venta, "colgó Cardenio del arzón de la silla de Rocinante, del un cabo, la adarga y, del otro, la bacía" (*Quijote*, I, 47). Nada se nos dice —nuevo silencio— de la armadura ni de la lanza.[6] Por lo demás, todavía aquí le quedan las palabras, pero éstas, unidas a su lamentable presencia, sólo causan la hilaridad de sus adversarios, hilaridad que despierta la furia de don Quijote y provoca en un instante el desenlace. Las últimas palabras que, dirigidas a Sancho, le oímos decir a don Quijote son: "...será gran prudencia dejar pasar el mal influjo de las estrellas que agora corre" (*Quijote*, I, 52).

Don Quijote regresa, pues, a su aldea por segunda vez, ante la mirada atónita de la gente, flaco y amarillo, tirado sobre un haz de heno encima de un carro de bueyes, pero, además, sin que se nos diga, dentro de una jaula y apenas cubierto por la "sutil" prenda de vestir que usaba para dormir.

[6] Cuando, en la Segunda parte, don Quijote sale por tercera vez no se nos dice que vaya armado y con su lanza; únicamente sabemos que se empeña en conseguir una celada de encaje, y que Sansón Carrasco se la ofrece (*Quijote*, II, 7). Más adelante, como quien no quiere la cosa, don Quijote aparecerá nuevamente armado y con lanza. Ha desaparecido de la escena la famosa bacía, que, recordemos, Cardenio había colgado de un arzón de la silla de Rocinante al partirse el carro de los bueyes.

LA MEMORIA DE LA IMAGEN: UNA LECTURA ICONOGRÁFICA DEL EPISODIO DE CLAVILEÑO

Karla Xiomara Luna Mariscal
El Colegio de México

En su estudio sobre los modelos iconográficos del *Quijote*, José Manuel Lucía Megías insistía en el hecho de que el *Quijote* no podía seguir siendo estudiado al margen de su difusión, ya que, como texto, lo es no "sólo por el entramado lingüístico y literario que le da sentido", sino también "por los modos de difusión que ha ido adoptando en su transmisión",[1] pues son los distintos ámbitos de recepción los que le dan la vida o le condenan a muerte, independientemente de los iniciales que le dieron su primer sentido.[2]

Las ilustraciones del *Quijote* constituyen, desde esta perspectiva, un medio privilegiado de acercamiento a lo que Lucía Megías llamó la "lectura coetánea" del texto.[3] Leer el *Quijote* desde sus ilustraciones permite una mejor comprensión de la evolución de la lectura de la obra. De ahí el valor relevante de la imagen como memoria de una

[1] José Manuel Lucía Megías, "Modelos iconográficos del *Quijote*: siglos XVII-XIX. Una primera aproximación a una herramienta de trabajo", en *Trabajos de la VIII Reunión de la Asociación Española de Bibliografía*, Asociación Española de Bibliografía-Biblioteca Nacional, Madrid, 2004, p. 103.

[2] *Ibid.*, p. 104.

[3] Véase "Entre la crítica del texto y la lectura coetánea: las dos caras de la cultura del manuscrito en la Edad Media", *La Corónica*, 27:2 (1999), pp. 189-218; y "La crítica textual ante el siglo XXI: la primacía del texto", en Lillian von der Walde Moheno (ed.), *Propuestas teórico metodológicas para el estudio de la literatura hispánica medieval*, Universidad Autónoma Metropolitana Iztapalapa-Plaza y Valdés, México, 2002, pp. 417-490.

lectura y de una recepción, como "espejo" y "proyector",[4] pues va a moldear la visión que los lectores tienen del *Quijote*. Al reproducir "la realidad de quien lo lee antes que la realidad que se va construyendo con letras de molde", la imagen "va creando un modelo, un imaginario, una forma de comprender visualmente lo que se está leyendo".[5]

Desde estos presupuestos parte el presente trabajo, en el que me acerco a los modos en que ha sido recibido en diferentes momentos y geografías el episodio de Clavileño en sus primeros siglos de difusión a partir de una lectura iconográfica del mismo, centrada en algunos de los grabados que han ilustrado las ediciones del *Quijote* desde el primer tercio del siglo XVII.[6] Me sirvo para ello de dos imprescindibles herramientas de trabajo: 1) el proyecto *Banco de imágenes del Quijote*,[7] dirigido por José Manuel Lucía Megías y financiado por el Instituto de Investigación Miguel de Cervantes de la Universidad de Alcalá, dirigido por Carlos Alvar; y 2) el concepto teórico y metodológico de los "modelos iconográficos".[8] Concepto que permite abarcar el abundante material de estudio, pues desde 1618, año en que apareció el primer grabado específico representando a don Quijote y Sancho Panza (en el frontispicio de la traducción francesa de la Segunda parte de la obra, il. 1) y desde la primera edición con un programa iconográfico (Dordrecht, 1657, il. 2), las ilustraciones del *Quijote* se

[4] José Manuel Lucía Megías, *Leer el* Quijote *en imágenes. Hacia una teoría de los modelos iconográficos*, Calambur, Madrid, 2006, p. 15.

[5] *Idem.*

[6] Ya en 1895, J. L. Pellicer advertía que "la historia de la ilustración del *Quijote* bien puede decirse que es la del grabado, como concepto y como procedimiento, desde el primer tercio del siglo XVII hasta nuestros días", "La iconografía cervantina", número especial de *La Ilustración Artística*, 1895, p. 26 (cit. por Lucía Megías, *Leer el* Quijote *en imágenes, op. cit.*, p. 15).

[7] En línea: http://www.qbi2005.com/Default.aspx de donde proceden todas las imágenes aquí analizadas, así como los datos relativos a sus dimensiones, dibujante, grabador, etc. que las acompañan.

[8] Elaborado por José Manuel Lucía Megías, "Modelos iconográficos del *Quijote*", art. cit., y capítulo 3 de *Leer el* Quijote *en imágenes, op. cit.*, pp. 65-96.

Ilustración 1

Edición: 1618, Paris, *Seconde partie de l'Historie del'ingenieux et redoutable Chevalier don Quichot de la Manche* (veuve de Jacques du Clou y Denis Moreau)
Episodio: Frontispicio
Título: Salida de don Quijote y Sancho en busca de aventuras
Ubicación: I, 7
Volumen: I Posición: Portada
Tipo de imagen: Viñeta
Dimensiones: 62 × 82 mm.
Dibujante: Leonard Gaultier (1561-ca. 1635)
Grabador: Leonard Gaultier (1561-ca. 1635)
Observaciones: Primera imagen específica impresa en una edición del *Quijote*

Ilustración 2

Edición: 1657, Dordrecht, *Den verstandigen vroomen ridder Don Quichot de la Mancha*
Episodio: Frontispicio
Título: Don Quijote, Sancho y otros personajes del *Quijote*
Notas textuales: Dentro del grabado: "DULCINEA/ AMADIS/ ROELANT/ SANCHO panca/ Don. QUICHOT. de la MANCHA"
Ubicación: I, delante de la portada
Posición: I, delante de la portada
Dimensiones: 115 × 66 mm.
Dibujante y Grabador: Jacob Savery (1617-1666)

han multiplicado hasta formar un considerable *corpus* de estudio (el *Banco de imágenes del Quijote* recoge hasta el momento más de 17603 ilustraciones de 550 ediciones diferentes).

Lucía Megías estableció una distinción fundamental en la evolución de los modelos iconográficos del *Quijote*: si a partir de la segunda mitad del siglo XIX cada nueva edición ilustrada de la obra parece responder a una nueva lectura y a una nueva interpretación, con las ediciones de los siglos anteriores no ocurre lo mismo, pues en su gran mayoría no pretenden ofrecer una "lectura personal", sino una interpretación general, de acuerdo con una serie de condicionantes, entre los cuales destacan las estrategias editoriales:

> en una determinada imagen impresa puede estar prevaleciendo la lectura de un pintor, de un dibujante, pero lo normal en estos primeros siglos es que el protagonismo se decante por las estrategias editoriales: la identificación de una imagen con un preciso ámbito de recepción explica, en parte, el éxito y la pervivencia de determinados modelos iconográficos.[9]

Es así que el concepto teórico y metodológico del "modelo iconográfico" elaborado por Lucía Megías se convierte en una guía indispensable en la exploración de la selva iconográfica del *Quijote*, pues nos permite asimilar las múltiples ilustraciones en unas precisas propuestas iconográficas, así como las líneas de relación y de dependencia entre las diferentes ediciones ilustradas. Para ello es indispensable, como precisa el investigador, no entender la relación entre texto e imagen como "la traducción en imágenes de un fragmento determinado", ni como "la dependencia del elemento visual al textual",[10] pues la imagen ofrece una lectura e interpretación de lo que se está narrando y de cómo se está recibiendo en cada momento histórico, de ahí su poder sugestivo:

[9] Lucía Megías, art. cit., pp. 111-112.

[10] *Ibid.*, pp. 109-110.

> La capacidad de sugestión del texto se supedita a la capacidad de interpretación que un momento determinado se quiere ofrecer, se quiere imponer. Los dibujantes y grabadores, más allá de intentar reflejar en sus detalles el texto, se empeñan en ofrecer una imagen llena de significados, plena de contenidos; frente a la anécdota, lo sustancial.[11]

Y establecía tres perspectivas de análisis desde las que se podía realizar el estudio de los grabados: la imagen como elemento que, desde su particular lenguaje, bien, destaca; bien, complementa; bien interpreta,[12] que son las que tendremos en cuenta en este trabajo.

En su estudio sobre el proceso de iconización del *Quijote*, Edward C. Riley subrayaba el fuerte carácter visual de la novela cervantina, y cómo cuestiones fundamentales de la percepción visual se urden en la estructura y la construcción del libro.[13] La crítica ha señalado con frecuencia la abundante presencia del arte visual como uno de los factores de referencia del universo cultural cervantino.[14] De hecho, la

[11] *Ibid.*, p. 110.

[12] *Ibid.*, p. 109.

[13] "*Don Quixote* is a novel conceived in strongly visual terms, and fundamental questions of visual perception are built into the structure and fabric of the book", Edward C. Riley, "*Don Quixote*: from text to icon", *Cervantes: Bulletin of the Cervantes Society of America*, 8 (1988), p. 11.

[14] "El arte visual constituye ciertamente uno de los factores de referencia del universo cultural cervantino que probablemente no se limitaba a la sola pintura o escultura, sino que se extendía al conjunto de las imágenes que circulaban entonces, tales como grabados, emblemas, blasones, etc. Por eso estamos convencidos de que en la obra del escritor de Alcalá existen modelos narrativos de tipo simbólico basados en la creación de efectos icónicos, aunque a través del uso del código verbal", María Caterina Ruta, "Aspectos iconológicos del *Quijote*", *Nueva Revista de Filología Hispánica*, 38:2 (1990), p. 877. Relación, por otra parte, muy frecuente en la época; la bibliografía es muy amplia, citaré sólo a Francisco Calvo Serraller, "El pincel y la palabra: Una hermandad singular en el barroco español", en *El Siglo de Oro de la pintura española*, Mondadori, Madrid, 1991, pp. 187-203; Aurora Egido, "La página y el lienzo: sobre las relaciones entre poesía y pintura", *Fronteras de la poesía en el Barroco*, Crítica, Barcelona, 1990, pp. 164-197; "Arte y literatura: Lugares e imágenes de la memoria en el Siglo de Oro", *El Siglo de Oro de la pintura española,* Mondadori, Madrid, 1991, pp. 273-295; Margarita Levisi, "La

primera descripción de una pintura alusiva al *Quijote* se encuentra en el propio libro;[15] en el capítulo noveno de la Primera parte, Cervantes, con su distintiva ironía, nos hace saber que el manuscrito original de la novela, escrito en árabe y encontrado por el autor entre papeles sueltos en el Alcaná de Toledo dentro de un cartapacio, incluía algunas ilustraciones. Se trata de la batalla entre don Quijote y el vizcaíno:

> Estaba en el primero cartapacio *pintada muy al natural* la batalla de don Quijote con el vizcaíno, *puestos en la mesma postura que la historia cuenta*, levantadas las espadas, el uno cubierto de su rodela, el otro de la almohada, y la mula del vizcaíno tan al vivo, que estaba mostrando ser de alquiler a tiro de ballesta. *Tenía a los pies escrito el vizcaíno un título que decía*, "Don Sancho de Azpeitia", que, sin duda, debía de ser su nombre, y *a los pies de Rocinante estaba otro que decía* "Don Quijote". Estaba Rocinante maravillosamente pintado, tan largo y tendido, tan atenuado y flaco, con tanto espinazo, tan hético confirmado, que mostraba bien al descubierto con cuánta advertencia y propiedad se le había puesto el nombre de "Rocinante". Junto a él estaba Sancho Panza, que tenía del cabestro a su asno, *a los pies del cual estaba otro rétulo que decía* "Sancho Zancas", y *debía de ser que tenía, a lo que mostraba la pintura*, la barriga grande, el talle corto y las zancas largas, y por esto se le debió

---

pintura en la narrativa de Cervantes", *Boletín de la Biblioteca Menéndez Pelayo*, 48 (1972), pp. 293-325; Ricardo del Arco Garay, "Las artes y los artistas en la obra cervantina", *Revista de Ideas Estéticas*, 8 (1950), pp. 365-388; Diana Chaffe, "Pictures and portraits in literature: Cervantes as the painter of *Don Quijote*", *Anales Cervantinos*, 19 (1981), pp. 49-57; Helena Percas de Ponseti, "Ideologías. El lenguaje como pintura", *Cervantes y su concepto del arte. Estudio crítico de algunos aspectos y espisodios del "Quijote"*, Gredos, Madrid, 1975, t. II, pp. 305-406; María Alejandra Zanetta, "*Las Meninas* y *El Quijote* o los planos de la representación", *Anales Cervantinos*, 29 (1991), pp. 179-190; y Helmut Hatzfeld, "Barroco literario y Barroco artístico comparados: Cervantes y Velázquez", *Estudios sobre el Barroco*, Gredos, Madrid, 1972, pp. 406-435.

[15] Como ya señalara Manuel Criado de Val en "Las figuras y la iconografía del *Quijote*", en *Actas del I Coloquio Internacional de Guanajuato*, Universidad de Guanajuato, México, 1988, p. 54.

de poner nombre de "Panza" y de "Zancas", que con estos dos sobrenombres le llama algunas veces la historia. *Otras algunas menudencias había que advertir, pero todas son de poca importancia y que no hacen al caso a la verdadera relación de la historia, que ninguna es mala como sea verdadera* (*Quijote*, I, 9).[16]

Significativamente, la descripción más generosa es la de Rocinante, pues de don Quijote y el Vizcaíno sólo se refieren los rótulos que los identifican.[17] En este sentido, el papel distintivo de Rocinante va a ser prioritario, aspecto en el que insistirá Riley: en el proceso que va de la configuración textual a la configuración visual de los personajes, el caballo (Rocinante) va a tener desde un principio un rol principal, clave en este proceso de reconocimiento, de elaboración icónica, y esto se reconoce en el propio libro: "in the discussion of Part one which occurs early in Part Two the Bachelor Carrasco comments: 'que apenas han visto algún rocín flaco, cuando dicen: 'Allí va Rocinante'''".[18] En efecto, en la Segunda parte, apunta Manuel Criado de Val, cuando los personajes se ven reflejados en el espejo de la popularidad, "también será Rocinante el protagonista preferido de una historia que ha conseguido rapidísima divulgación".[19]

La primera descripción de Rocinante es, pues, como ya subrayara Álvaro Fernández Suárez, el retrato de un retrato, y, a diferencia de la

[16] Miguel de Cervantes, *Don Quijote de la Mancha*, ed. de Francisco Rico, Punto de Lectura, Madrid, 2014, p. 87. Las cursivas son mías.

[17] Más espacio se da a la descripción de la mula del vizcaíno. Interesante también es la descripción a partir de la imagen de Sancho Panza: "La figura de Sancho no es, en este primer retrato, la definitiva. Es probable que Cervantes haya vacilado, como tantas veces, antes de llegar a la solución. El Sancho Zancas, 'de barriga grande, talle corto y zancas largas', dejará paso al Sancho Panza, cuya gordura y pequeñez tenía admirados a los vecinos de la Ínsula Barataria", Manuel Criado de Val, art. cit., p. 55.

[18] E. C. Riley, art. cit., p. 107.

[19] Manuel Criado de Val, art. cit., p. 55.

pintura hecha por el autor de otros personajes de la novela, ninguna otra descripción del libro contradirá esta primera figura.[20]

Y como rocín flaco aparece en la primera ilustración específica de los personajes quijotescos (il. 3), elaborada por Andreas Bretschneider en 1614, Leipzig, y que corresponde al grabado de un desfile celebrado en 1613 en Dassau (Alemania) con motivo del bautizo del heredero de la casa de Sajonia.[21] El grabado forma parte de un cortejo de siete figuras quijotescas (il. 4),[22] algunas de las cuales (en especial la que corresponde a Rocinante y a don Quijote, il. 3) inspirarán las estampas que ilustran la traducción alemana de 23 capítulos que lleva a cabo Joachim Cäsar y que se publica en Frankfurt en 1648, con reedición de 1669 (il. 5). Se trata, como señaló Lucía Megías, de

[20] "Rocinante y el rucio, o el mito de la ancha fraternidad", *Los mitos del "Quijote"*, Aguilar, Madrid, 1953, pp. 153-154. En el momento inicial del bautizo de Rocinante, el autor "sólo indica, valiéndose de frases hechas, por naturaleza exageradas y vagas, que era bestia de muy triste apariencia. La descripción viene más adelante, después de la primera salida, cuando Rocinante se había graduado ya de caballo andante y peleado contra los molinos de viento y sufrido muchos trabajos. Y esa descripción no está hecha a la vista de la imagen real, en presencia del ser mismo, sino que es el retrato de un retrato [...] traducción en palabras de la imagen dibujada que había visto en el manuscrito arábigo hallado en el Alcaná de Toledo. Siempre que tratemos de representarnos la apariencia de las figuras del *Quijote* no debemos olvidar este hecho capital: que el autor nunca vio a Don Quijote, ni a Sancho, ni a Rocinante, ni al rucio, como él mismo declara, sino que tuvo únicamente ante sí dibujos, representaciones gráficas, versiones de un innominado truchimán", *idem.*

[21] José Manuel Lucía Megías, *Los primeros ilustradores del "Quijote"*, Ollero y Ramos, Madrid, 2005, p. 39. Véase también, A. G. Lo Ré, "A New First: An illustration of *Don Quixote* as 'Le Capitaine de Carnaval', Leipsig, 1614", *Cervantes: Bulletin of the Cervantes Society of America*, 10:2 (1990), p. 95.

[22] Destaca Don Quijote, Sancho Panza y Dulcinea del Toboso, pero se incluyen también el cura, el barbero, Maritornes y un enano que abre el cortejo: "la presencia del enano que con su cuerno encabeza el cortejo nos devuelve a la entrada de don Quijote en la venta donde será armado caballero (cap. II), mientras la 'linda' Maritornes, con que se cierra esta curiosa imagen, quizás haga alusión al divertido encuentro amoroso con don Quijote en la venta de Palomeque el Zurdo (cap. XVI)", Lucía Megías, *Los primeros ilustradores del "Quijote"*, *op. cit.*, p. 39.

Ilustración 3

Edición: 1614, Leipzig, Tobias Hübner, *Cartel, Auffzüge, Vers und Abrisse* (Henning Gross)
Retrato de Don Quijote y Dulcinea; Desfile de personajes
Notas textuales: Dentro del grabado: "El ingenioso Hidalgo Don Quixote de la Mancha,/ caballero de la triste figura,"/ "La Sin par Dulcinea/ del Toboso."
Dimensiones: 150 × 165 mm.
Dibujante y grabador: Andreas Bretschneider (ca. 1578-s. xvii)

una de las pocas representaciones en donde la montura quijotesca es pintada siguiendo de cerca las palabras escritas por Cervantes (il. 6).[23]

El *roman* de aventuras y los libros de caballerías presentaban al caballo como emblema de la más alta dignidad caballeresca, al propiciar desde un punto de vista práctico y simbólico la caballería.[24]

[23] *Ibid.*, p. 40.

[24] "En tierra, era, en ese momento, el instrumento más veloz, el más codiciado, el de más alta dignidad social, signo de nobleza y de privilegio militar para su propietario.

Ilustración 4

1614, Leipzig, Cartel, *Auffzüge, Vers und Abrisse* (Henning Gross)

De ahí el ingenio que Cervantes reserva a la creación de Rocinante, tanto en su función paródica como de complemento especular en la construcción de su héroe.[25] Pues el caballo, en este universo que se

---

Era a la vez indispensable por su velocidad y un lujo por su alto coste, su mantenimiento y su fragilidad. Al mismo tiempo, el caballo constituía el elemento simbólico e insustituible del caballero, con el cual emprendía su aventura, maravillosa en muchos casos, y mantenía vivo el heroísmo de las hazañas y la posibilidad material de que estas se llevaran a cabo, propiciando desde el punto de vista práctico y simbólico la caballería", Antonia Martínez Pérez, "Una caracterización del viaje en la narrativa medieval a través del medio extraordinario utilizado: el viaje aéreo (de *Cleomadés* a *Don Quijote*)", en Rafael Beltrán (ed.), *Maravillas, peregrinaciones y utopías: literatura de viajes en el mundo románico,* Universitat de València, València, 2002, p. 50.

[25] Rocinante es la pieza que completa al caballero ideal, al ser idealizado y dignificado por su amo toma muchas veces un primer lugar y constituye una de las grandes fuentes de humor en la novela: "The parodic intent of Cervantes is further enhanced

Ilustración 5

Edición: 1669, Frankfurt, *Don Kichote de la Mantscha*
(Blasium Ilssenem, a costa de Thomas Mathias Götzen)
Episodio: Frontispicio
Notas textuales: Dentro del grabado: "DON QVIXOTE DE LE MANCHA/
Bunderliche geschichte./ Franctfurt beÿ/ Thomas Matthias Götzen." [?]
Ubicación: delante de la portada
Delante: 104 × 52 mm.
Dibujante: Anónimo
Grabador: Anónimo

Ilustración 6

Detalle
Edición: 1669, Frankfurt, *Don Kichote de la Mantscha*
(Blasium Ilssenem, a costa de Thomas Mathias Götzen)

by the depiction of Don Quixote's horse, Rocinante. In physique, in temperament, and perhaps in spirit, Rocinante parallels his ridiculous master in most respects. As evidenced by his many literal and symbolic falls, Rocinante is a horse unequal to the chivalric task undertaken by Don Quixote", John T. Cull, "The 'Knight of the Broken Lance' and his 'Trusty Steed': On Don Quixote and Rocinante", *Cervantes: Bulletin of the Cervantes Society of America*, 10:2 (1990), p. 46. Otros autores, sin embargo, han visto en la figura de Rocinante una visión más idealizada de su función en la novela, véase, por ejemplo, Marcial José Bayo, "Rocinante y Clavileño, caballos de don Quijote", *Miscelánea de Estudios a Joaquim de Carvalho*, 4 (1960), pp. 414-424; y Ramón González-Alegre, "Meditación sobre Rocinante", *Nuestro Tiempo*, 55 (1959), pp. 23-43. Para Álvaro Fernández Suárez Rocinante no sólo ha sido elevado a la alta dignidad de personaje, sino de personaje mítico ("Rocinante y el rucio", art. cit., p. 150). Rocinante, con ser como era "trasijado, ético, escuálido, todo espinazo, cumplió cual digno caballo", no sólo "llevó al ilustre caballero por la Mancha adelante, por Andalucía, por tierras de Aragón, y llegó hasta Barcelona. Ida y vuelta", sino que "estuvo —y pagó con sus huesos— precisamente en las acciones más rudas de la historia", por lo que "debe ser reputado por caballo milagroso, y venerado como tal, porque supo hacer tanto con tan poco", *ibid.*, p. 155.

parodia, es sobre todo, el soporte simbólico de una extraordinaria amplitud imaginaria.[26]

En este contexto, el episodio de Clavileño, a través de su lectura iconográfica, permite contrastar muchos de estos sentidos. Como sabemos, la aventura forma parte de las burlas que los Duques, ayudados por la Dueña Dolorida o Condesa Trifaldi, preparan para divertirse a costa de don Quijote y Sancho. La Dueña Dolorida se presenta ante los héroes acompañada de once dueñas embozadas y cuenta su historia: siendo ama de la princesa Antonomasia, hija de la reina Maguncia en el reino de Candaya, permitió los amores del hidalgo extranjero don Clavijo con la infanta. Al descubrirlos, la reina Maguncia muere del disgusto, razón por la cual, su primo hermano, el gigante Malambruno, castiga el atrevimiento de los amantes transformándolos en simia y en cocodrilo de metal, y la permisión de la Trifaldi y sus dueñas con un hechizo que las vuelve barbudas. Para deshacer el encantamiento es preciso que don Quijote se enfrente y venza a Malambruno en su reino, para ello ha de viajar sobre Clavileño el Alígero, el caballo mágico de madera que se rige por una clavija. Sancho deberá acompañarlo. Para evitar que el vértigo los haga caer, caballero y escudero emprenden el fingido viaje con los ojos vendados. Los sirvientes de los Duques simulan con fuelles y estopas encendidas el paso por regiones tórridas y venteadas antes de hacer explotar los cohetes que han puesto en el interior de Clavileño. El ficticio viaje aéreo termina con un estallido que da con don Quijote y Sancho en el suelo. Descubren entonces un pergamino en el que Malambruno se da por satisfecho: don Quijote ha vencido sólo por intentar la aventura; los amantes y las dueñas, por lo tanto, recuperarán su verdadero aspecto (*Quijote*, II, 36-41).

[26] Véase, en este sentido, el trabajo de Francis Dubost, "De quelques chevaux extraordinaires dans le récit médiéval: esquisse d'une configuration imaginaire", en *Le cheval dans le monde médiéval*, Centre Universitaire d'Etudes et de Recherches Médiévales d'Aix, Aix-en-Provence, 1992, pp. 189-208.

El episodio de Clavileño ha sido estudiado: a) como parodia de la tradición de los viajes celestes[27] y b) de los viajes al más allá;[28] c) como testimonio del heroísmo de don Quijote;[29] d) como expresión de la tradición carnavalesca y cazurra que encubre festivas intenciones eróticas;[30] e) como parodia de la cabalgata aérea amorosa de sus fuentes literarias (desde las *Mil y una noches* hasta el *roman* idílico y caballeresco —con *Cléomadès* a la cabeza— y el reelaborado por la épica renacentista, con Astolfo en el *Orlando furioso*, XXXIV, 55 y ss.);[31]

[27] Sara Finci, "Clavileño y la tradición de los viajes celestes", en *Cervantes y las religiones*, Iberoamericana-Vervuert, Madrid-Frankfurt am Main, 2008, pp. 739-754; Antonia Martínez Pérez, "Una caracterización del viaje en la narrativa medieval", art. cit.; Donatella Pini Moro, "Don Quijote in viaggio", *Raccontare nella Spagna dei Secoli d'Oro*, Alinea, Firenze, 1996, pp. 53-68.

[28] Carlos Alvar, "*Don Quijote y el más allá*", en *Por sendas del* Quijote *innumerables*, Visor, Madrid, 2007, pp. 11-31; Bénédicte Torres, "Peregrinaciones subterráneas, acuáticas y aéreas en *Don Quijote*", en Alicia Villar Lecumberri (ed.), *Peregrinamente peregrinos: Actas del V Congreso Internacional de la Asociación de Cervantistas*, Asociación de Cervantistas, Alcalá de Henares, 2004, t. 2, pp. 1775-1794.

[29] Joaquín Casalduero, "Clavileño o la redención de la humanidad", *Sentido y forma del "Quijote"*, Ínsula, Madrid, 1970, pp. 313-318.

[30] Augustin Redondo, "De Don Clavijo a Clavileño: algunos aspectos de la tradición carnavalesca y cazurra en el *Quijote* (II, 38-41)", *Edad de Oro*, 3 (1984), pp. 181-199; y "El coloquio entre Sancho y el duque a raíz del vuelo de Clavileño (II, 41)", *Otra manera de leer el* Quijote. *Historia, tradiciones culturales y literatura*, Castalia, Madrid, 1998, pp. 439-452.

[31] A. Houdebert, "Les ailes du désir: variations romanesques sur le thème de la chevauchée aérienne", Emese Egedi-Kovács (ed.), *Dialogue des cultures courtoises*, Collège Eötvös József ELTE, Budapest, 2012, pp. 129-147. Martín de Riquer, "La technique parodique du roman médiéval dans le *Quijote*", en *La littérature narrative d'imagination*, Presses Universitaires de France, Paris, 1961, pp. 63-64; B. Darbord, "El 'caballo de ébano' y su descendencia en España", en María Jesús Lacarra y Juan Paredes (eds.), *El cuento oriental en Occidente*, Comares-Fundación Euroárabe, Granada, 2006, pp. 47-60; y "Le cheval de bois: des *Mille et Une Nuits* à l'œuvre de Cervantès", en Jean-Luc Joly y Abdelfattah Kilitho (coords.), *Les Mille et Une Nuits. Du texte au mythe*, Publications de la Faculté des Lettres et des Sciences Humaines, Maroc, 2005 pp. 199-211; véase también Paul Aebischer, "Paléozoologie de l'*Equus Clavileñus*, Cervant", *Études de Lettres*, VI (1962), pp. 93-130; y "Anatomie historico-descriptive de l'appareil moteur de clavileño et de ses ancêtres", *Boletín de la Real Academia de Buenas Letras de Barcelona*,

f) con respecto a su vínculo con el concepto de *theatrum mundi*, de especial repercusión en el pensamiento de la época;[32] g) en su relación estructural y significativa con otros episodios de la Segunda parte de la obra: el descenso a la cueva de Montesinos (*Quijote*, II, 22-23), la travesía en el barco encantado (*Quijote*, II, 29) y el vuelo en Clavileño serían hitos fundamentales en la travesía de don Quijote;[33] y de su escudero;[34] h) como forma de complejizar la relación ficción-realidad;[35] i) o como una desmitificación del concepto del viaje (Clavileño evocaría la tradición de androides, criaturas zoomorfas y artificios mecánicos que resurge con fuerza en el siglo XVI).[36]

---

36 (1975-1976), pp. 105-114; A. Henry, "L'ascendance littéraire de Clavileño", *Romania*, 90 (1969), pp. 242-257; R. Schevill, "El episodio de Clavileño", en *Estudios eruditos "in memoriam" de A. Bonilla y San Martín*, Universidad Central, Madrid, 1927, t. I, pp. 115-125; J. E. Gillet, "Clavileño: su fuente directa y sus orígenes primitivos", *Anales Cervantinos*, 6 (1957), pp. 251-255; C. O. Nállim, "Clavileño. La tradición en una nueva obra de arte", en *Para leer a Cervantes*, Universidad de Buenos Aires, Buenos Aires, 1999, t. 1, pp. 83-98.

[32] Julia Domínguez, "*¿Qué grandes es mandar en un grano de mostaza o qué dignidad o imperio el gobernar a media docena de hombres tamaños como avellanas?:* La visión celestial de Sancho y el *Theatrum Orbis Terrarum* de Abraham Ortelius", *Hispanófila*, 166 (2012), pp. 19-37.

[33] B. Torres, "Peregrinaciones subterráneas, acuáticas y aéreas en *Don Quijote*", art cit.; M. Martín-Flores, "De la cueva de Montesinos a las aventuras de Clavileño", *Hispánica*, 38 (1994), pp. 46-60; M. Juliá, "Ficción y realidad en *Don Quijote* (los episodios de la cueva de Montesinos y el caballo Clavileño)", en *Actas del III Coloquio Internacional de la Asociación de Cervantistas, Alcalá de Henares, 12-16 de noviembre de 1990*, Ministerio de Asuntos Exteriores-Anthropos, Barcelona-Madrid, 1993, pp. 275-279.

[34] F. O. Brantley, "Sancho's ascent into spheres", *Hispania*, 53:1 (1970), pp. 37-45; R. M. Flores, "Sancho's fabrications: a mirror of the development of his imagination", *Hispanic Review*, 38:2 (1970), pp. 174-182. Véase también D. Alonso, "Sancho-Quijote. Sancho-Sancho", en *Del Siglo de Oro a este siglo de siglas (Notas y artículos a través de 350 años de letras españolas)*, Gredos, Madrid, 1962, pp. 9-19.

[35] M. Juliá, "Ficción y realidad en *Don Quijote*", art. cit.

[36] A. Martínez Pérez, "Una caracterización del viaje", art. cit.; Donatella Pini Moro, "Don Quijote in viaggio", art. cit. Habría que agregar la que, desde el punto de vista del impacto de las tecnologías en la época del *Quijote*, realiza José María Paz Gago en "'Una de las más raras [...] novedades que imaginarse pueden'. Las tecnologías en el *Quijote*",

Confrontemos ahora estas lecturas, con la coetánea de los primeros siglos de difusión que reflejan algunos grabados del episodio. La primera ilustración de Clavileño (il. 7) es la que realizara para la primera traducción al holandés del *Quijote*,[37] publicada en Dordrecht en 1657, el grabador y editor de Amsterdam Jacob Savery (o Savary).[38]

Se trata de la primera edición ilustrada del *Quijote*, cuyo éxito y difusión por toda Europa marcará "los modos de leer y de ver a los personajes y aventuras ideados por Cervantes en sus dos primeros siglos de difusión".[39] La imagen de don Quijote y Sancho, montados sobre Clavileño es una de las 24 estampas encartadas y dos frontispicios que se incorporaron a esta edición de dos tomos en 12° y van a conformar el primer programa iconográfico del *Quijote* que tendrá un enorme éxito a lo largo de todo un siglo, el denominado por Lucía Megías como "modelo iconográfico holandés", en el que va a triunfar una lectura cómica, por lo que se ilustrarán las aventuras que mejor destacan el pasatiempo de la obra. Salvo en España, en Europa se mantendrá el formato de la edición en 12° en estos primeros siglos, indicio de una lectura más popular que culta.[40] La propuesta iconográfica de Savery "dará prioridad a la ilustración de aquellas aventuras quijotescas en donde se muestre su carácter caballeresco, de libro de caballerías de entretenimiento, en donde la acción sobresale sobre los discursos"[41] y en donde no faltan las imágenes que representan las aventuras más maravillosas (como la *Aparición del carro de Merlín*) o las que se ofrecen con apariencia de tales,[42] como es el caso de Clavileño.

---

en Carlos Alvar y José Manuel Lucía Megías (eds.), *El delirio y la razón: Don Quijote por dentro*, Fundación Camino de la Lengua Castellana, Logroño, 2005, pp. 48-69.

[37] Traducción realizada por Lambert van den Bosch.

[38] Sigo para todos estos datos a José Manuel Lucía Megías, *Los primeros ilustradores del Quijote*, *op. cit.*, pp. 41-42.

[39] *Ibid.*, p. 42.

[40] *Ibid.*, pp. 42-43.

[41] *Ibid.*, p. 66.

[42] *Ibid.*, p. 67.

Ilustración 7

Edición: 1657, Dordrecht, *Den verstandigen vroomen ridder Don Quichot de la Mancha* (Jacob Savery)
Episodio: Final de la aventura de la Dueña Dolorida: Clavileño
Ubicación: II, 41
Volumen: II
Posición: entre pp. 464-465
Dimensiones: 115 × 68 mm.
Dibujante y grabador: Jacob Savery (1617-1666)

La primera imagen de Clavileño (il. 7) expresa con claridad la primacía de la descripción frente a la interpretación característica de los primeros momentos de la ilustración de la obra, pues como señaló Lucía Megías: aunque posteriormente adquirirán nuevas finalidades, las estampas serán en esta época inicial un "pasatiempo editorial" con el propósito de favorecer la venta de una impresión frente a otra.[43] La imagen se entiende entonces "como apoyo, como regocijo de los ojos en la propia lectura de la obra".[44] Y así se ve que, en la estampa de Savery (il. 7) se ha elegido destacar el humor al ilustrar la simulación del vuelo, con la tramoya de los fuelles y las estopas, frente a lo imaginado por don Quijote y Sancho (il. 8). Tan anclados están los héroes a la tierra que, en la ilustración, a diferencia del texto cervantino, no aparece la clavija de Clavileño, centro esencial de su construcción motora imaginaria, subrayando así con ello la imposibilidad del viaje. Y esta elección nos devuelve la recepción cómica del episodio. La lectura humorística se acentúa además a) por el momento que se ha elegido ilustrar (y que revela el sentido que se privilegia), justo el momento que dará inicio al final de la aventura, cuando uno de los criados de los duques, prende fuego a Clavileño por la cola (il. 9); y b) por la representación de Sancho "montado a mujeriegas", con las dos piernas a un lado (il. 10). Como ha advertido Bernard Darbord, la presencia de Sancho cabalgando a "mujeriegas" y ocupando la posición que en la tradición literaria del episodio correspondía a la doncella (Clarmonda o Magalona), debía resultar graciosa a los lectores del siglo XVII. Aspecto que ilustrará la imagen.

En 1662 Juan Mommaerte edita en Bruselas la primera edición del *Quijote* en español con láminas, en las que reutilizará 16 de las 25 estampas de Jacob Savery,[45] entre ellas la de Clavileño (il. 11).

[43] *Ibid.*, pp. 61-62.

[44] *Ibid.*, p. 66.

[45] En la edición de 1662 se suprimen ocho estampas del programa iconográfico de 1657, precisamente aquellas que "ilustran aventuras en que don Quijote aparece más malparado o se destaca el protagonismo de Sancho Panza" (José Manuel Lucía Megías,

Ilustración 8

Edición: 1657, Dordrecht, *Den verstandigen vroomen ridder Don Quichot de la Mancha* (Jacob Savery)
Detalle
"… se llama Clavileño el Alígero, cuyo nombre conviene con el ser de leño y con una clavija que trae en la frente y con la ligereza con que camina; y, así en cuanto al nombre bien puede competir con el famoso Rocinante" (II, 40).

Los primeros ilustradores del "Quijote", op. cit., p. 43): primera aventura de don Quijote (Andrés), la liberación de los Galeotes, la penitencia de don Quijote en Sierra Morena, don Quijote colgado de una ventana, engañado por Maritornes y por la hija del ventero, don Quijote ante unas labradoras a las que toma por Dulcinea a las puertas del Toboso, la aventura del rebuzno, bromas a Sancho Panza en casa de los Duques, Sancho Panza, gobernador y juez de la Ínsula Barataria, *ibid.*, pp. 43-45.

Ilustración 9

Detalle, Jacob Savery, 1657, Dordrecht
"...y queriendo dar remate a la extraña y bien fabricada aventura, *por la cola de Clavileño le pegaron fuego con unas estopas*, y al punto, por estar el caballo lleno de cohetes tronadores, vólo por los aires con extraño ruido y dio con don Quijote y con Sancho Panza en el suelo medio chamuscados" (II, 41).

Ilustración 10

Detalle, Jacob Savery, 1657, Dordrecht
"Sancho… pidió al duque… le acomodasen de algún cojín o de alguna almohada… porque las ancas de aquel caballo más parecían de mármol que de leño. A esto dijo la Trifaldi que ningún jaez ni ningún género de adorno sufría sobre sí Clavileño, *que lo que podía hacer era ponerse a mujeriegas* y que así no sentiría tanto la dureza. Hízole así Sancho…" (II, 41).

Ilustración 11

Edición: 1662, Bruselas, *Vida y hechos del ingenioso cavallero Don Quixote de la Mancha* (Juan Mommarte)
Ubicación: II, 41
Dimensiones: 146 × 81 mm.
Dibujante: a partir de Jacob Savery
Grabador: anónimo

En 1669, los herederos de Juan Mommarte venden el privilegio de impresión del *Quijote* a los impresores Jerónimo y Juan Bautista Verdussen, que preparan una nueva edición ilustrada de la obra, publicada en Amberes en 1672-1673. Los Verdussen reutilizarán las planchas de 1662 (incluida la de Clavileño, il. 12) y ampliarán el programa iconográfico hasta completar 32 estampas, grabadas por Frederik Bouttats.[46] A partir de las imágenes de Jacob Savery y Frederik Bouttats el *Quijote* ilustrado se leerá en Europa de una misma manera, independientemente de su lengua.[47] Para tener nuevas propuestas iconográficas habrá que esperar a los primeros decenios del siglo XVIII. El caso español, sin embargo, presenta peculiaridades específicas que veremos a continuación.

Como explica José Manuel Lucía Megías, la corona de Castilla había seguido el modelo editorial de las obras populares de éxito a la hora de imprimir la *prínceps* del *Quijote* en 1605, de ahí que las impresiones en cuarto fueran las habituales en las imprentas de Madrid, cuyos impresores y libreros —debido a la crisis económica— no podrán competir con las bellas impresiones procedentes de Amberes y Bruselas, por lo que se especializarán en las ediciones populares de la novela conocidas como *Quijotes de surtido o de consumo*.[48] La nueva reedición del *Quijote* impresa en cuarto en Madrid en 1674 —en los talleres de Andrés García de la Iglesia (tomo I) y de Roque Rico

[46] Y que se caracterizan por "la enorme cantidad de detalles y el gusto por las imágenes múltiples, lo que permite concretar en una misma estampa varias aventuras o el desarrollo de una en concreto", Lucía Megías, *Los primeros ilustradores*, *op. cit.*, p. 50. Entre las nuevas imágenes destacan: don Quijote armado caballero, el baile en la casa de don Antonio Moreno, el engaño de la cabeza encantada, don Quijote vuelve a su aldea después de su primera salida, la aventura del cuerpo muerto, la aventura de los disciplinantes, don Quijote vence al Caballero del Bosque, la visita nocturna de doña Rodríguez a la habitación de don Quijote, y el falso encantamiento de Altisidora, *ibid.*, p. 53.

[47] *Ibid.*, p. 53. El modelo iconográfico holandés ejemplifica "de manera gráfica, la estrecha relación entre los talleres de impresión de toda Europa, y la circulación de los libros más allá de las fronteras geográficas o lingüísticas", *idem.*

[48] *Ibid.*, pp. 73-74.

Ilustración 12

Edición: 1672-1673, Amberes, *Vida y hechos del ingenioso cavallero Don Quixote de la Mancha* (Jerónimo y Juan BautistaVerdussen)
Ubicación: II, 41
Dimensiones: 146 × 81 mm.
Modelo original: Modelo iconográfico holandés (1662, Bruselas)
Dibujante: a partir de Jacob Savery
Grabador: Anónimo

(tomo II) y costeada por la viuda de Juan Antonio de Bonet, María Armenteros— va a materializar el programa iconográfico holandés en una clara estrategia comercial que busca acercar los *Quijotes de surtido* a los procedentes de los Países Bajos.[49] Sin embargo, su ilustrador, Diego de Obregón, uno de los dibujantes y grabadores más célebres del Madrid de aquellos años, no va a limitarse a copiar los grabados holandeses, como había ocurrido en Italia, Francia, Alemania o Inglaterra; en las 34 estampas que componen su programa iconográfico incorpora modificaciones que matizan el modelo holandés y que servirán de base a la oferta de *Quijotes de surtido* que se imprimió y leyó en España hasta principios del siglo XIX.[50] La ilustración de Clavileño muestra claramente los matices introducidos por el dibujante madrileño frente al modelo holandés seguido (il. 13). Dos son las novedades principales presentadas por Obregón: una lectura en imágenes que subraya los aspectos más cómicos, humorísticos y escatológicos del *Quijote* (lectura que prevalecerá en España hasta finales del siglo XVIII), y la introducción del grabado dentro del texto y ya no como lámina suelta, procedimiento que incidirá en muchas ocasiones en el formato, estructura y composición de las estampas.[51]

En el caso de la imagen de Clavileño, tenemos un espacio que se abre hacia lo horizontal más que a lo vertical (como ocurría en la estampa holandesa), resultado de la incorporación del grabado en el texto. Se han perdido, por ello, el techo de la tienda y gran parte del fuego de la estopa. Pero esta disposición ha permitido el

[49] *Ibid.*, p. 75.

[50] *Ibid.*, pp. 75-77.

[51] *Ibid.*, p. 77. En general, las estampas "que no aparecen en 1674 son las que nos muestran la cara más caballeresca de don Quijote [...]. En cambio, las nuevas incorporaciones de Diego de Obregón parece que están (casi) todas realizadas con una única finalidad: la de destacar algunas de las aventuras y momentos en que don Quijote y Sancho salen mal parados", *ibid.*, p. 81. De ahí que en este nuevo grupo de estampas se privilegie la ilustración de episodios en los que el humor se alza como su único sentido (por ejemplo, la vuelta de don Quijote en una carreta, la cerdosa aventura), *ibid.*, p. 85.

Ilustración 13

Edición: 1674, Madrid, *Vida y hechos del ingenioso cavallero Don Quixote de la Mancha* (a costa de María Armenteros)
Episodio: Final de la aventura de la Dueña Dolorida: Clavileño
Ubicación: II, 41
Dimensiones: 88 × 120 mm.
Dibujante y grabador: Diego de Obregón (fl. 1658-1699)

desarrollo de la figura de los criados y de los duques. Lo que, junto a otros detalles que comentaremos ahora, van a matizar la interpretación iconográfica holandesa (il. 14). Si en la ilustración de Savery los criados ocupan un lugar marginal de la estampa, incluso uno de ellos se representa incompleto, en el grabado de Obregón estos cobran una importancia mayor (il. 15), no sólo porque ahora se ubican en un espacio más central, formando un bloque único junto a Clavileño y nuestros héroes, sino porque van a estar mucho mejor detallados: el criado que sostiene la estopa, apenas dibujado en Savery y punto focal en Obregón, que desarrolla detalladamente su vestimenta, casi

Ilustración 14

1657, Dordrecht,
Jacob Savery

1674, Madrid,
Diego de Obregón

Ilustración 15

Detalle: los criados

1657, Dordrecht,
Jacob Savery

1674, Madrid,
Diego de Obregón

un boceto en Savery (il. 16); o el criado que prende fuego a Clavileño, que logra transmitir un movimiento disimulado y burlón, frente a la concentrada postura del de Savery (il. 17).

Hay que destacar también el desarrollo de la gestualidad de los criados (il. 18), mucho más socarrona y maliciosa en la estampa española que en la holandesa, en donde muestran expresiones elegantes y concentradas. Mientras que en Savery trabajan con seriedad profesional, en la imagen de Obregón se representan cómplices y divertidos. Uno de ellos, el que sostiene la estopa, incluso ríe. Y es que, frente a la estampa holandesa, la española ofrece una impresión de movimiento más vivo (il. 18), apreciable no sólo en el conjunto de los criados, sino también en Clavileño (il. 19): frente al estatismo del caballo de madera dibujado por Savery, el Clavileño de Obregón se representa en movimiento, y difícilmente se distingue de un caballo "real", salvo por su base. Éste tampoco incluye la clavija en la frente.

Ahora bien, todos estos cambios (la mayor importancia dada a los criados en el grabado —tanto por sus posturas, movimientos, gestualidad y disposición en la estampa—, como a los duques, que Obregón destaca al fondo de la imagen frente a la más desdibujada de Savery, il. 14), apuntan a la misma dirección, que es la de subrayar los aspectos cómicos del episodio, aún más que en el modelo iconográfico holandés. Y esta clave de lectura la da no sólo el protagonismo de los sirvientes o la presencia de los duques, autores intelectuales de la broma, sino la risa de uno de los criados, que desde la estampa nos devuelve la de los lectores del siglo XVII español.

En 1706 se publicó en Bruselas, en casa de Guillaume Fricx, la traducción francesa de Filleau de Saint Martin. La edición incluye un total de 50 estampas firmadas por Jacob Harrewyn, cuyas ilustraciones destacan por su composición, gracia, movimiento y expresión.[52]

[52] José Manuel Lucía Megías, *Los primeros ilustradores*, *op. cit.*, p. 104. "Desde 1614 las aventuras del caballero manchego se leyeron en francés traducidas por Cesar Oudin, acompañadas de glosas que explicaban algunos términos castellanos de difícil

Ilustración 16

Detalle: los criados

1657, Dordrecht,
Jacob Savery

1674, Madrid,
Diego de Obregón

Ilustración 17

Detalle: los criados

1657, Dordrecht,
Jacob Savery

1674, Madrid,
Diego de Obregón

Ilustración 18

1657, Dordrecht,
Jacob Savery

1674, Madrid,
Diego de Obregón

Ilustración 19

1657, Dordrecht,
Jacob Savery

1674, Madrid,
Diego de Obregón

Como ha estudiado Lucía Megías, se trata de una edición "que intenta abrirse camino en el comprometido y limitado mercado de las ediciones quijotescas más elaboradas, más cercanas a un público cortesano y culto, que seguía viendo —y así lo hará durante unos años más—, el *Quijote* como un libro de entretenimiento".[53] La propuesta de Harrewyn va a reelaborar el modelo iconográfico holandés, que ampliará con algunas imágenes nuevas. Aunque la vinculación de Harrewyn con el modelo holandés es innegable, su reelaboración permitirá la construcción de un nuevo modelo iconográfico. De ahí que Lucía Megías considere al de Harrewyn un modelo de transición;[54] fundamental, por otra parte, dado que las tres principales aportaciones de Harrewyn serán su capacidad para mostrar el movimiento, la complejidad de las composiciones que ahora se llenan de matices y de personajes, y su capacidad para ofrecer visiones distintas y originales de episodios ya ilustrados en el programa iconográfico de Savery y de Bouttats.[55] Uno de los mejores ejemplos de estos cambios es el de la estampa de Clavileño (il. 20), que Lucía Megías destacó: "pues sorprende por encima del resto, en esta capacidad de ofrecernos nuevas perspectivas a los mismos episodios ya ilustrados por los artistas holandeses".[56]

Se trata, en realidad, de una estampa múltiple (il. 21), novedad que ya había introducido Diego de Obregón y que permite presentar varios momentos de la acción. En este caso se han elegido tres momentos de la aventura que subrayan su resultado final: 1) la escena de la preparación de la burla: el de la simulación del vuelo sobre Clavileño, que constituía la escena central en los grabados de Jacob

---

comprensión; desde muy pronto las ediciones castellanas del *Quijote* se utilizaron en los salones franceses para aprender español", *ibid.*, p. 101.

[53] *Ibid.*, p. 105.

[54] *Ibid.*, p. 106. Pues no desea tanto ofrecer una nueva lectura iconográfica del *Quijote*, como mejorar la holandesa, "con la que está vinculado de manera irremediable", *idem.*

[55] *Ibid.*, pp. 112 y 113.

[56] *Ibid.*, p. 117.

Ilustración 20

Edición: 1706, Bruselas, *Histoire de l'admirable Don Quichotte de la Manche* (Guillaume Fricx)
Episodio: Final de la aventura de la Dueña Dolorida: Clavileño
Ubicación: II, 41
Dimensiones: 113 × 68 mm.
Dibujante y grabador: Jacob Harrewyn (1662-después de 1732)

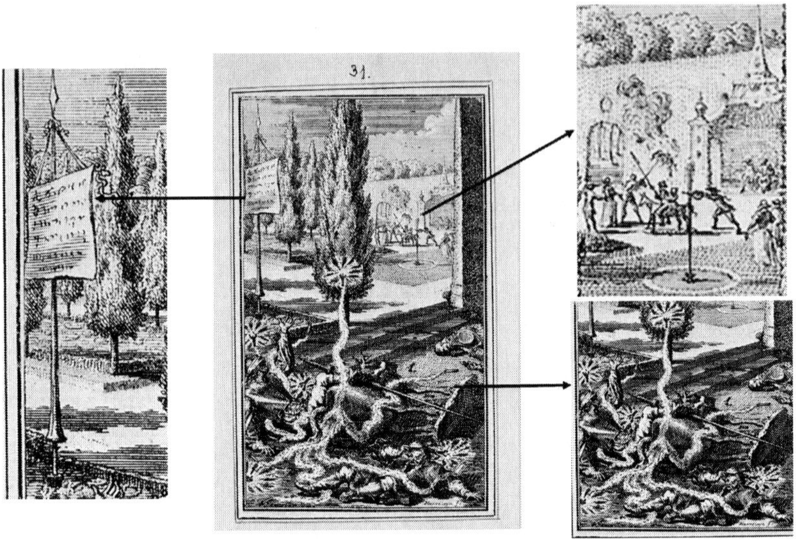

Ilustración 21

Edición: 1706, Bruselas, Jacob Harrewyn

Savery y Diego de Obregón, y que ahora Harrewyn ha desplazado al fondo superior derecho de la imagen; 2) la escena del resultado final de la aventura de Clavileño, que ocupa el centro y el primer plano de la imagen; y 3) la conclusión de la aventura, el momento que le da cierre: el pergamino escrito por el mago Malambruno en el que avisa que se da por satisfecho con la conclusión de la aventura, pues don Quijote la ha terminado con sólo intentarla. Como se puede apreciar, se trata de una verdadera explosión de las escenas en la estampa.

La elección del momento preciso de la ilustración a la que se da prioridad marca también una determinada lectura del libro, pues, como señala Lucía Megías, al "representar varias aventuras en una estampa múltiple [...] puede establecerse una jerarquía de recepción entre ellas, según su posición".[57] En este caso Harrewyn ha preferido

[57] *Ibid.*, p. 130.

subrayar el resultado final de la aventura, el que después de la explosión de los cohetes de los que estaba lleno Clavileño, nos deja a un don Quijote y Sancho chamuscados y tendidos por el suelo (il. 22). Este desplazamiento del momento de la aventura hacia su final está subrayado por la presencia en el grabado (en la parte superior izquierda) del pergamino con el que Cervantes concluía la aventura (il. 23). La inclusión en el grabado de un texto escrito nos está marcando también un preciso ámbito de recepción, el de un público culto que sigue haciendo una lectura cómica del episodio, pues hacia esa dirección apunta el desplazamiento de los momentos elegidos para ilustrarlo (don Quijote y Sancho tendidos por el suelo al lado del pergamino del mago Malumbruno, en el que reconoce que la aventura, que a todas luces ha resultado en chamusquina, ha sido concluida con éxito por el sólo hecho de haberla intentado, il. 24).

Harrewyn ofrece así una lectura aún más cómica del episodio que la que aparecía en la propuesta holandesa, para ello, como acabamos de ver, no sólo ilustra un desarrollo posterior en la acción, sino que añade nuevos detalles. Así, por ejemplo, la escena que ocupa el primer plano de la estampa (il. 22) destaca por su capacidad para mostrar el movimiento y por su composición, mucho más compleja que la de Savery u Obregón. La lectura cómica también está enfatizada por las posturas de don Quijote y Sancho derribados en el suelo (il. 25), con evidentes signos de contrariedad (como se puede apreciar por la disposición y dibujo de las manos) y de estar algo chamuscados, efecto que Harrewyn consigue con las numerosas estelas de humo y chispas que provienen de los cohetes y que con un trayecto serpentino envuelven a los personajes (il. 22). De hecho, los destellos y fulgores de los cohetes al explotar constituyen el centro focal de la imagen, y la estela de humo y fuego, también en el eje vertical central de la composición, nos lleva directamente a Clavileño, o, mejor dicho, al trasero de Clavileño, centro a su vez de la escena principal del grabado (lo que acentúa nuevamente la lectura cómica). Pero ahora el caballo de madera nos ofrece una perspectiva distinta, ya no la horizontal y de

Ilustración 22

Edición: 1706, Bruselas, Jacob Harrewyn, (1662-después de 1732)

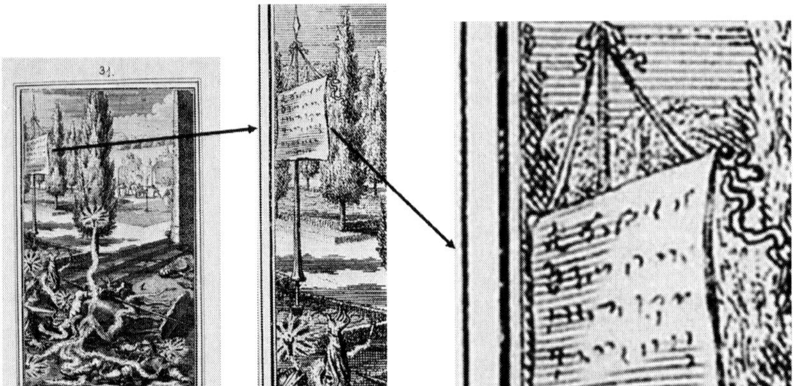

Ilustración 23

Edición: 1706, Bruselas, Jacob Harrewyn, (1662-después de 1732)

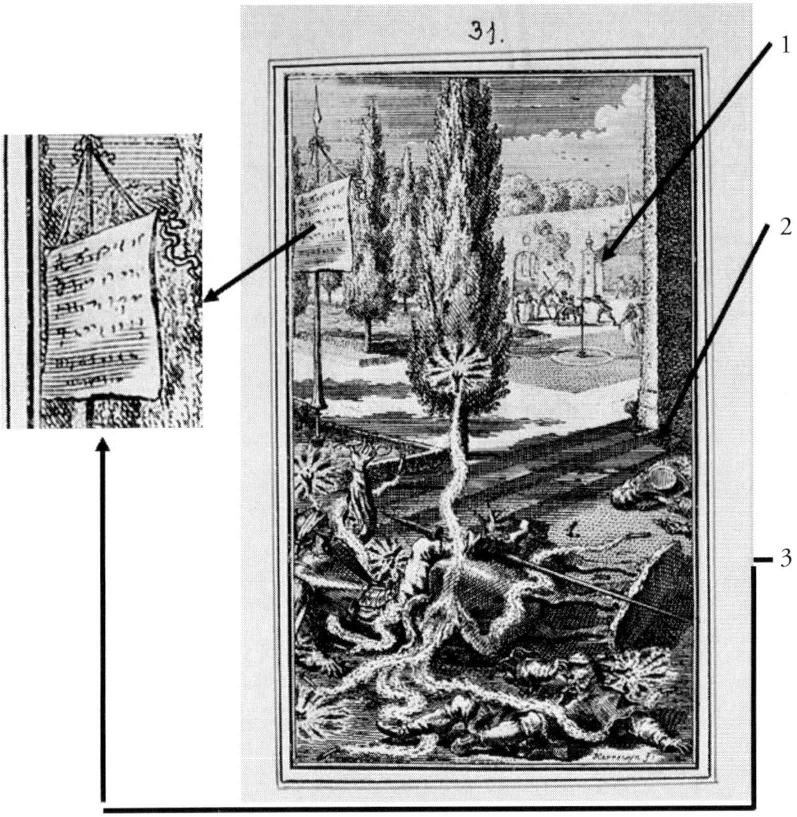

Ilustración 24

Edición: 1706, Bruselas, Jacob Harrewyn
1. "y queriendo dar remate a la extraña y bien fabricada aventura, *por la cola de Clavileño le pegaron fuego con unas estopas,*
2. y al punto, por estar el caballo lleno de cohetes tronadores, voló por los aires con extraño ruido y dio con don Quijote y con Sancho Panza en el suelo medio chamuscados [...] a un lado del jardín vieron hincada una gran lanza en el suelo, y pendiente de ella y de dos cordones de seda verde un pergamino liso y blanco, en el cual con grandes letras de oro estaba escrito lo siguiente:
3. '*El ínclito caballero don Quijote de la Mancha feneció y acabó la aventura de la condesa Trifaldi, por otro nombre llamada la dueña Dolorida, y compañía, con sólo intentarla. Malambruno se da por contento y satisfecho a toda su voluntad...*'" (II, 41).

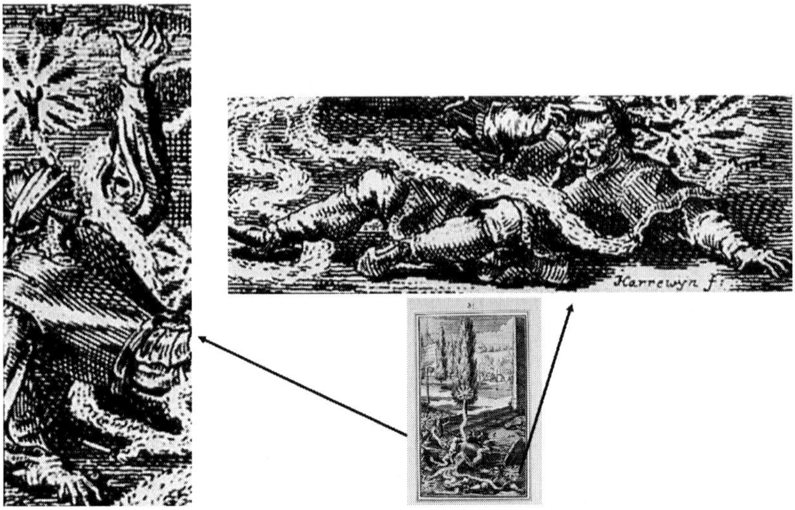

Ilustración 25

1706, Bruselas, Jacob Harrewyn.
Detalle de la escena principal: Clavileño estalla y Don Quijote y Sancho caen al suelo

pie que veíamos en Savery y Obregón, sino tumbado, al igual que nuestros héroes, y mostrándonos en primer plano su trasero, el sitio por el cual salen los petardos que, a manera de raíces, envolverán toda la escena.

Harrewyn nos presenta a un Clavileño como fuego fatuo cuyas estelas rodean a don Quijote y Sancho para producir la risa, en una lectura más cómica aún que la de Savery y Obregón, pero sin el matiz grotesco que aparecía en la imagen de éste último; y con una fuerza y movimiento de la que carece la ilustración de Savery, cuya escena parece congelarse en su estampa. En los tres casos (il. 27), sin embargo, la ilustración, con los matices que ya hemos señalado, se limita a representar acciones; la interpretación del texto a partir de su vínculo iconográfico, como señaló Lucía Megías, será una de las enseñanzas

Ilustración 26

1706, Bruselas, Jacob Harrewyn
Detalle: el trasero de Clavileño

Ilustración 27

1657, Dordrecht, Jacob Savery

1674, Madrid, Diego de Obregón

1706, Bruselas, Jacob Harrewyn

del siglo XVIII:[58] el camino que va de la ilustración a la interpretación es el fascinante camino que el arte de la estampa recorrerá durante el siglo XVIII.[59]

El siguiente paso en la evolución de los modelos iconográficos del *Quijote* se dará en la Francia de Luis XV, en donde surgirán nuevas propuestas editoriales de lujo. En este marco, será fundamental la figura del pintor Charles Antoine Coypel, cuya biografía estuvo vinculada desde su nacimiento a la pintura y a la corte francesa.[60] En 1715 Coypel pintará por encargo una serie de cartones de tema quijotesco para la elaboración de varios tapices en el taller de los Gibelinos, los cuales, debido a su éxito, adornarán muchos palacios nobiliarios de la época.[61] Estos 28 cartones pasarán muy pronto al mundo de la estampa, vendiéndose primero (en 1723) como un conjunto de láminas en carpetas, sin el texto, para pasar finalmente a ilustrar el *Quijote*. Como ha estudiado Lucía Megías, este juego de grabados abrirá las puertas para una nueva forma de leer el *Quijote* en el siglo XVIII: la visión cortesana de un texto humorístico.[62] De la mano de Coypel el *Quijote* se abre "al mundo cortesano, burgués y académico [...], sin olvidar ni desdeñar nunca ese ámbito de recepción popular".[63]

El aspecto teatral y cortesano que caracteriza a las imágenes de Coypel ha sido muy bien estudiado por Lucía Megías.[64] La ilustración del episodio de Clavileño realizada por el dibujante francés expresa muy bien las peculiaridades de este modelo (il. 28).

Los personajes se disponen a los lados de la imagen dejando un amplio escenario en el centro del grabado para configurar así una ilustración con una marcada disposición teatral. Frente a las anteriores

[58] *Ibid.*, p. 128.
[59] *Ibid.*, p. 132.
[60] *Ibid.*, pp. 135-136.
[61] *Ibid.*, p. 137.
[62] *Ibid.*, p. 138.
[63] *Ibid.*, p. 139.
[64] *Ibid.*, pp. 140-146.

Ilustración 28

Edición: 1724-1736, Paris, *Les aventures de Don Quichotte* (estampas sueltas) (Louis Surungue)
Episodio: Final de la aventura de la Dueña Dolorida: Clavileño
Título: "Don Quichotte et Sancho montez sur un cheval de bois s'imaginet/ traverser les airs pour aller vanger Doloride"
Ubicación: II, 41
Dimensiones: 271 × 320 mm.
Dibujante: Charles Antoine Coypel (1694-1752)
Grabador: Tardieu, Nicolas Henri (1694-1749)

estampas, ésta se ha llenado de espectadores (il. 28). Lucía Megías destacaba la estrecha vinculación de Coypel con el teatro, quien escribió una ópera-ballet, *Les folies de Cardénio*, basada en el episodio quijotesco.[65] El gusto por el teatro, el preciosismo y los detalles fueron peculiaridades sobresalientes del Rococó, la corriente artística característica de la Francia de Luis XV.[66] La imagen de Clavileño elaborada por Coypel es un buen ejemplo de este Rococó manifiesto tanto en los detalles cortesanos como en la ficción dentro del cuadro, pues los personajes que observan la escena están dentro de la propia imagen (il. 29).

No olvidemos, sin embargo, que estos sentidos teatrales están en el episodio mismo descrito por Cervantes, pero que hasta ahora la imagen va a acentuar. En el lateral inferior derecho descubrimos a dos personajes, sentados y comentado la escena. Y este es otro aspecto que Coypel va a recuperar. En sus ilustraciones ya no serán únicamente las acciones las que se representen, sino también las conversaciones, que tendrán un espacio cada vez mayor en la iconografía quijotesca a partir de ahora (il. 30).

El preciosismo de Coypel y los detalles cortesanos se observan: a) en la vestimenta y en la decoración del jardín, con sus árboles versallescos, estatuas, adornos y composiciones arquitectónicas (propias de un jardín de la alta nobleza y monarquía francesa, il. 31);[67] b) en la representación de Clavileño (il. 32), que destaca por el cuidado en los detalles; se trata ahora sí, claramente, de un caballo de

[65] *Ibid.*, p. 140.

[66] *Idem.*

[67] Lucía Megías ya había señalado el carácter cortesano del espacio en la representación de la aventura de Clavileño de Coypel, *ibid.*, p. 148. Advertía, en este sentido, cómo no había de verse "este continuo preciosismo en los detalles y en la decoración como una falta de 'decoro' por parte del artista que 'aleja' al caballero andante de los paisajes de la Mancha de la Castilla del siglo XVII [...]; sino que la imagen —tanto ahora como en los artistas anteriores y posteriores— viene a actualizar el texto de acuerdo al lector, a los ámbitos de recepción particulares a los que se destina: en este caso, el cortesano francés, que vive el apogeo del Rococó", *idem*.

Ilustración 29

Charles Antoine Coypel (1694-1752)
Detalle: los espectadores

Ilustración 30

Charles Antoine Coypel (1694-1752)
Detalle: las conversaciones

Ilustración 31

Charles Antoine Coypel (1694-1752)
Detalle: los detalles cortesanos

Ilustración 32

Charles Antoine Coypel (1694-1752)
Detalle: Clavileño y sus clavijas

madera (como se aprecia por sus patas, hechas de tablas o vigas; por la posición del caballo, cuyo perfil permite distinguir el tallado que da forma a su cabeza; y por las clavijas que el Clavileño de Coypel incluye por vez primera, y no una, como señalara Cervantes, sino dos). Coypel, además de Cervantes, conocía la fuente francesa que había inspirado el episodio, pues en la novelita francesa, la prosificación del *Cleomadés*, el caballo de madera tiene dos llaves, mientras que la traducción castellana de esta obra, la *Historia de Clamades y Clarmonda*, que junto con *Pierres y Magalona* inspiraron el episodio a Cervantes, ha reducido el mecanismo locomotor del caballo volador a una sola clavija. La ilustración nos da así datos de la continua fortuna editorial de esta novelita, que formó parte de la *Biblioteque Blue* hasta el siglo XIX.

Pero la imagen de Clavileño también es buen ejemplo de otro de los aspectos esenciales del programa iconográfico francés analizado por Lucía Megías, el predominio de los motivos cómicos: "será habitual en este complejo juego de espejos teatrales que ha ideado Coypel encontrar personajes que ríen, o que intentan no reírse".[68] Lo que, aunado a los gestos y las miradas de los personajes retratados, subrayará nuevamente una lectura humorística de la obra.[69] En la imagen de Clavileño de Coypel (il. 33) aparecen numerosos personajes risueños que desde la estampa muestran la recepción del episodio como broma y diversión. Sus risas contenidas contrastan con la seriedad y cara de asombro de don Quijote y con la gestualidad de Sancho, cuyo temor y miedo, expresado muy bien por su posición y por el gesto de las manos que fuertemente se aprietan a don Quijote (il. 34), producen un contraste que añade humor y diversión a la escena.

La lectura cómica y cortesana de Coypel va a dominar en la iconografía quijotesca durante la primera mitad del siglo XVIII, incluso en Gran Bretaña, en donde, como ha estudiado Lucía Megías, se

[68] *Ibid.*, p. 150.
[69] *Ibid.*, p. 152.

Ilustración 33

1724-1736, Paris, Charles Antoine Coypel
Detalle: los gestos y las risas

Ilustración 34

1724-1736, Paris, Charles Antoine Coypel
Detalle: la gestualidad de Quijote y Sancho

Ilustración 35

Edición: 1863, Paris, *L'ingénieux hidalgo Don Quichotte de la Manche* (Hachette), Gustave Doré (1832-1883)

desarrollarán nuevos modelos iconográficos liderados por los pintores John Vanderbank y Francis Hayman, en los que el *Quijote* "comienza a cabalgar hacia una visión más seria de su propia escritura, dejando atrás esta mirada humorística y divertida, de un libro de caballerías de entretenimiento, tal y como había sido recibido hasta ese momento, incluso por la capas más cultas y serias de la sociedad".[70] Habrá que esperar hasta bien entrado el siglo XIX, para que, con el romanticismo, la imagen muestre un alma. La ilustración de Clavileño de Doré es el mejor ejemplo (il. 35), pues aquí finalmente se representa a nuestros héroes volando, es su imaginación lo real y la que ha triunfado.

[70] *Ibid.*, p. 174.

DOS ATENTADOS EN CONTRA DEL REY

María Stoopen Galán
Universidad Nacional Autónoma de México

Entre las múltiples aventuras que emprende el caballero de la Mancha a lo largo de las dos partes del *Quijote*, un par de ellas se distinguen porque implican sendos atentados en contra de intereses y disposiciones reales. La primera es la liberación de los galeotes, "gente forzada del rey, que va a galeras" (*Quijote*, I, 22)[1] —según le advierte Sancho a su amo al ver por el camino "hasta doce hombres a pie, ensartados como cuentas en una gran cadena de hierro por los cuellos, y todos con esposas a las manos"—, y la segunda, la hazaña de los leones, "dos bravos leones enjaulados, que el general de Orán envía a la corte, presentados a Su Majestad" (*Quijote*, II, 17) —como le informa al andante manchego el dueño del carro que los lleva enjaulados—. Antes, el caballero del Verde Gabán, desde el momento en que divisa las banderas reales, había anticipado que "el tal carro debía de traer moneda de Su Majestad"; en suma, algo valioso destinado al soberano. De este modo, desde un principio, don Quijote queda advertido por sus interlocutores —un labrador y un carretero, o sea, dos hombres del pueblo, y un noble, capaces de descifrar los signos que perciben— de la magnitud de las escenas que se les presentan.

Podemos considerar que estas aventuras comportan el mayor riesgo de todas las que emprende el caballero no sólo por la peligrosidad de los delincuentes, así como de las fieras, sino por el desafío a los intereses regios. Aunque en la primera empresa don Quijote resulta

[1] Miguel de Cervantes, *Don Quijote de la Mancha*, ed. de Francisco Rico, Instituto Cervantes-Crítica, Barcelona, 1998.

vapuleado por los prisioneros y en la segunda, el león no responde a la provocación del andante manchego y el lector presencia el desprecio que muestra el macho ante el reto caballeresco, ninguno de sus actos le acarreará las consecuencias que entrañan las graves infracciones contra la monarquía, que todo súbdito se abstendría de cometer. Aquí intentaré dilucidar el significado ético, político y simbólico que implican los discursos y acciones que emprende don Quijote.

El episodio de los galeotes está vinculado con la situación geopolítica de España, a la sazón, la potencia dominante en el Mediterráneo, que hacía imperiosa la defensa de su territorio y sus intereses:

> La necesidad de guarecer el perímetro peninsular y los enclaves españoles en el Mediterráneo provocó el crecimiento de las escuadras de galeras tanto en la Península como en Italia desde mediados del siglo XVI hasta comienzos del siglo XVII, tanto por el hecho de defender a las embarcaciones españolas contra el corsarismo y los turcos como por el recelo que los reyes españoles tuvieron de Francia, que establecía constantemente relaciones con los turcos para contrarrestar el poderío español. [...] La escuadra de galeras de España gozaba de la más alta posición en cuanto a escuadras de navíos. Las demás escuadras del Mediterráneo debían seguir las órdenes y tomar el nombre de la de España si se juntaban a ella [...].[2]

Al comentar el episodio de la Primera parte, Avalle-Arce advierte la "polarización de actitudes"[3] que se presenta entre la justicia del rey

[2] José Manuel Marchena Giménez, *La vida y los hombres de las galeras de España (siglos XVI-XVII)*, tesis, Universidad Complutense de Madrid, Madrid, 2010, pp. 26 y 36. En línea: http://eprints.ucm.es/12040/1/T32670.pdf

[3] Juan Bautista Avalle-Arce, "Lectura comentada del capítulo 22", en Miguel de Cervantes, *Don Quijote de la Mancha*, ed. del Instituto Cervantes, dirigida por Francisco Rico, con la colaboración de Joaquín Forradellas, estudio preliminar de Fernando Lázaro Carreter, Instituto Cervantes-Crítica, Barcelona, 1998, I, 22. En línea: http://cvc.cervantes.es/literatura/clasicos/quijote/edicion/parte1/cap22/nota_cap_22.htm (10/03/2017).

y la misión caballeresca de don Quijote, queda clara desde el inicio, a partir de la reacción del Caballero de la Triste Figura al enterarse de la suerte de los galeotes:

> —¿Cómo gente forzada? —preguntó don Quijote—. ¿Es posible que el rey haga fuerza a ninguna gente?
>
> —No digo eso —respondió Sancho—, sino que es gente que por sus delitos va condenada a servir al rey en las galeras de por fuerza.
>
> —En resolución —replicó don Quijote—, como quiera que ello sea, esta gente, aunque los llevan, van de por fuerza, y no de su voluntad.
>
> —Así es —dijo Sancho.
>
> —Pues, desa manera —dijo su amo—, aquí encaja la ejecución de mi oficio: desfacer fuerzas y socorrer y acudir a los miserables.
>
> —Advierta vuestra merced —dijo Sancho— que la justicia, que es el mesmo rey, no hace fuerza ni agravio a semejante gente, sino que los castiga en pena de sus delitos (*Quijote*, I, 22).

Así, en este diálogo entre caballero y escudero se juegan dos posturas opuestas. Don Quijote está determinado a 'desfacer fuerzas', que a la vista, son la cadena de fierro y las esposas que aprisionan los cuerpos de los delincuentes, considerados "esclavos del rey",[4] además de los guardias armados que los custodian, en abierto contraste con la indefensión de los cautivos. Y, por encima de los signos evidentes, se erige la ley de la Corona.

Pero para don Quijote su voto caballeresco de "socorrer y acudir a los miserables" es un principio de justicia superior. Y así, su determinación a actuar en favor de los encadenados responde a la máxima

[4] "La pena de galeras parece motivada en el concepto de esclavitud penal, y así se llamaron los galeotes esclavos del Rey [...]", Rafael Salillas, "La criminalidad y la penalidad en el *Quijote*", en *El Ateneo de Madrid en el III centenario de la publicación de "El ingenioso hidalgo"*, Imprenta de Bernardo Rodríguez, Madrid, 1905, p. 114. Ludovik Osterc reitera el mismo concepto, *El pensamiento social y político del "Quijote"*, Universidad Nacional Autónoma de México, México, 1975, p. 246.

de libertad, inherente al ser humano, y el consecuente respeto a su dignidad, pues le resulta intolerable el espectáculo que se le ofrece a la vista. Por su parte, Sancho reacciona a partir del sentido común y del reconocimiento de hechos por todos aceptados: la legitimidad de "la justicia, que es el mesmo rey" y el ineludible servicio a la Corona en galeras por quienes cometen algún delito. Todo ello queda corroborado, además, en el intercambio que don Quijote tiene con *las guardas* cuando les solicita información sobre "la causa o causas porque llevaban aquella gente de aquella manera". "Una de las guardas de a caballo respondió que eran galeotes, gente de Su Majestad, que iba a galeras, y que no había más que decir, ni él tenía más que saber" (*Quijote*, I, 22). Así pues, los discursos tanto del labrador, quien comunica la opinión pública, de la que es partícipe, como de los guardias, representantes del orden legal, corroboran los dictados reales. El lector contemporáneo del *Quijote* es capaz de discernir los códigos que sustentan la situación, pues es parte constitutiva de la sociedad en que vive:

> Y porque una de las cossas que mas ymporta para que las dichas galeras anden tan bien en orden como conviene es tenerlas bien armadas de chusma y para esto ha de ser forçosso yrlas socorriendo con gente de remo, la qual suele suplirse con los delinquentes a quien por sus culpas y demeritos condenan las justicias para que sirvan al remo en las galeras [...].[5]

Si bien en el diálogo que don Quijote decide entablar con los galeotes, surge una serie de equívocos por su desconocimiento del

[5] A[rchivo] G[eneral] [de] S[imancas], Guerra y Marina, libro 82, documentos 312-319. *Instrucción a federico spinola sobre el gobierno y administración de siete galeras*, 1598, *apud*. Marchena Giménez, *op. cit.*, p. 21. Si bien la instrucción es dada para cumplirse en los estados de Flandes, informa al mismo tiempo de la suerte de los delincuentes en los territorios del Imperio.

lenguaje popular y de germanía con que le responden los encadenados,[6] el caballero ha entendido la situación de cada uno. En el intercambio con ellos, así como en el discurso que pronuncia el andante manchego en búsqueda de su liberación quedan exhibidos los delitos de los reos, pero también la parcialidad y los excesos de la justicia humana: el hurto de "una canasta de colar atestada de ropa blanca" (*Quijote,* I, 22) merece el castigo de cien azotes y tres años de *gurapas*; por "ser cuatrero, que es ser ladrón de bestias, y por haber confesado" (*Quijote,* I, 22), se reciben "seis años a galeras, amén de docientos azotes" (*Quijote,* I, 22), además de la deshonra entre los congéneres; "cinco años a las señoras gurapas" por faltar al reo diez ducados, que, si a su tiempo hubiera tenido los veinte que le ofrece don Quijote, "hubiera untado con ellos la péndola del escribano y avivado el ingenio del procurador" (*Quijote,* I, 22); cuatro años a galeras y haber sido exhibido públicamente lleva como pena el viejo alcahuete y algo hechicero, que no tiene esperanza de volver, "según me cargan los años y un mal de orina que llevo, que no me deja reposar un rato" (*Quijote,* I, 22); a causa de "tener trato sexual ilícito" (*Quijote,* I, 22) con varias mujeres y haber procreado varios hijos con ellas, además de no tener dineros y faltarle el favor, la sentencia es "a galeras por seis años"; el que "tenía [...] solo más delitos que todos los otros juntos y que era tan atrevido y tan grande bellaco" (*Quijote,* I, 22), Ginés de Pasamonte, va "con tantas prisiones más que los otros", "por diez años [...] que es como muerte cevil". José Manuel Marchena Giménez comenta que:

> El origen social de la chusma es muy difícil de evaluar. Por un lado, los galeotes solía ser gente condenada por los tribunales de justicia, casi siempre por delitos contra la propiedad. Por ello, su extracción social

[6] Véase César Rodríguez Chicharro, "Aventura de los galeotes (*Quijote*, I, 23). Algunos rasgos estilísticos", *La palabra y el Hombre*, XLIX (1984), pp. 65-73. En línea: http://cdigital.uv.mx/bitstream/123456789/2446 /1/198449P65.pdf (10/03/2017).

> debía ser muy baja. No obstante, muchos de ellos fueron condenados también por la Inquisición y por delitos menores, por lo que hubo seguro personas letradas y con oficios dentro de la galera. Por otro lado, los esclavos fueron tomados en muchas ocasiones mediante capturas de naves extranjeras, sobre todo turco-berberiscos, por lo que no tenemos por qué presuponer que su extracción social fuera baja.[7]

Excepto Ginés de Pasamonte, que es letrado y no se conoce su delito, los hurtos y la falta de dinero de los demás, son muestra de su baja extracción. El discurso que pronuncia don Quijote, después de haberlos escuchado, es un alegato en contra de la justicia del rey, de sus ejecutores y custodios, a la que opone los valores supremos de la libertad y la justicia divina:

> —[…] podría ser que el poco ánimo que aquel tuvo en el tormento, la falta de dineros deste, el poco favor del otro y, finalmente, el torcido juicio del juez, hubiese sido causa de vuestra perdición y de no haber salido con la justicia que de vuestra parte teníades. […] quiero rogar a estos señores guardianes y comisario sean servidos de desataros y dejaros ir en paz, que no faltarán otros que sirvan al rey en mejores ocasiones, porque *me parece duro caso hacer esclavos a los que Dios y naturaleza hizo libres*. Cuanto más, señores guardas […], que estos pobres no han cometido nada contra vosotros. Allá se lo haya cada uno con su pecado; Dios hay en el cielo, que no se descuida de castigar al malo ni de premiar al bueno, y no es bien que los hombres honrados sean verdugos de los otros hombres, no yéndoles nada en ello (*Quijote*, I, 22).[8]

En su alocución, el caballero coloca el principio del libre albedrío por encima de los dictados del rey. Si su discurso es irreprochable como manifiesto ético, no lo son los actos que comete después. Así,

[7] José Manuel Marchena Giménez, *op. cit.*, p. 245.

[8] Las cursivas son mías.

la aventura tiene consecuencias adversas para los andantes manchegos. La paradoja del episodio consiste en que, liberando a los galeotes, don Quijote se ha convertido, al igual que ellos, en un salteador y puede recibir castigo por tal acto. El escudero, con su advertencia, lo deja bien claro: "—[...] le hago saber que con la Santa Hermandad no hay usar de caballerías, que no se le da a ella por cuantos caballeros andantes hay dos maravedís, y sepa que ya me parece que sus saetas me zumban por los oídos" (*Quijote*, I, 23). El miedo de Sancho se basa en la justicia penal vigente en el momento:

> A las órdenes de los alcaldes y elegidos por ellos se hallaban los cuadrilleros, es decir, los ministros de la Hermandad que montados a caballo, salían en cuadrillas en pos de los malhechores para detenerlos y limpiar los caminos de salteadores.[9]

Es, en consecuencia, que Sancho conduce a su amo, quien en principio se resiste, a entrar "por una parte de Sierra Morena, que allí junto estaba" (*Quijote*, I, 23): la sierra como espacio simbólico donde se refugian salteadores, maleantes y personajes excéntricos y marginados del cuerpo social. El andante manchego lo sabe, ya que después de haberle dado sepultura a Grisóstomo, Vivaldo y sus acompañantes le proponen al caballero ir con ellos a Sevilla, a lo que don Quijote responde "que por entonces no quería ni debía ir a Sevilla, hasta que hubiese despejado todas aquellas sierras de ladrones malandrines, de quien era fama que todas estaban llenas" (*Quijote*, I, 14). Justamente, según la segunda edición de Juan de la Cuesta (1605), el recién liberado "Ginés de Pasamonte [...] acordó de esconderse en aquellas montañas".[10]

[9] José Luis de las Heras Santos, *La justicia penal de los Austrias en la Corona de Castilla*, Universidad de Salamanca, Salamanca, 1991, p. 100.

[10] Apéndice. Pérdida y recuperación del asno de Sancho según la edición revisada de Madrid, 1605. *Adición al capítulo XXIII*, en Cervantes, *Don Quijote*, ed. cit., versión en línea: http://cvc.cervantes.es/literatura/clasicos/quijote/edicion/adicion/default.htm

Además de la paradoja de haber actuado contraviniendo ese designio anterior y de refugiarse precisamente en territorio de delincuentes, el sentido profundo del atentado de don Quijote es haber denunciado la violencia inherente a las prácticas de la justicia, cuyos motivos profundos son las necesidades políticas de la Corona.

Con respecto a la hazaña de los leones —si bien el episodio está atravesado en un inicio por el tema de la locura y por la ironía del elogio que el propio Cide Hamete expresa sobre la proeza de don Quijote—, la descripción que al principio hace el leonero del tamaño de las bestias apunta a la peligrosidad de los animales y a la valentía que el caballero mostrará en el lance;[11] a la vez, la advertencia que el hidalgo acompañante de los andantes manchegos emite, destaca la importancia del regalo dirigido al rey: "—[...] estos leones no vienen contra vuesa merced, ni lo sueñan: van presentados a Su Majestad, y no será bien detenerlos ni impedirles su viaje" (*Quijote*, II, 17).

No obstante que en esta ocasión no ocurre la lucha cuerpo a cuerpo entre el héroe y el león, como acontece en los modelos caballerescos que inspiran el alarde de don Quijote, el caballero da muestras de su arrojo, a la vez que de su locura. Por su parte, el leonero, a petición de don Quijote, se comporta como un narrador caballeresco, al hacer un encomioso relato al final del suceso a aquellos que habían huido del lugar de los hechos para ponerse a resguardo y regresan una vez pasado el peligro.

> Entonces el leonero, menudamente y por sus pausas, contó el fin de la contienda, exagerando como él mejor pudo y supo el valor de don

[11] "—¿Y son grandes los leones? —preguntó don Quijote.
—Tan grandes —respondió el hombre que iba a la puerta del carro—, que no han pasado mayores, ni tan grandes, de África a España jamás; y yo soy el leonero y he pasado otros, pero como estos, ninguno. Son hembra y macho: el macho va en esta jaula primera, y la hembra en la de atrás, y ahora van hambrientos porque no han comido hoy; y, así, vuesa merced se desvíe, que es menester llegar presto donde les demos de comer" (*Quijote*, II, 17).

Quijote, de cuya vista el león acobardado no quiso ni osó salir de la jaula, puesto que había tenido un buen espacio abierta la puerta de la jaula; y que por haber él dicho a aquel caballero que era tentar a Dios irritar al león para que por fuerza saliese, como él quería que se irritase, mal de su grado y contra toda su voluntad había permitido que la puerta se cerrase (*Quijote*, II, 17).

Con la perspectiva del caballero, la apología del autor y el relato de su aliado ocasional contrasta el desenlace ridículo que el narrador había referido con anterioridad, relato del que sólo el lector es enterado:

> [...] el generoso león, más comedido que arrogante, no haciendo caso de niñerías ni de bravatas, después de haber mirado a una y otra parte, como se ha dicho, volvió las espaldas y enseñó sus traseras partes a don Quijote, y con gran flema y remanso se volvió a echar en la jaula (*Quijote*, II, 17).

Según adelantamos y bien sabe el lector de libros de caballerías, el enfrentamiento de don Quijote con los leones es una parodia burlesca de las luchas que algunos héroes entablan con un león.[12] Sin embargo, me parece pertinente destacar las diferencias que existen entre unas y otra historia. Al imaginario heroico del caballero manchego se le

[12] Véase Randolph D. Pope "Lectura comentada del capítulo XVII", en Miguel de Cervantes, *Don Quijote de la Mancha*, ed. del Instituto Cervantes, dirigida por Francisco Rico, con la colaboración de Joaquín Forradellas, estudio preliminar de Fernando Lázaro Carreter, Instituto Cervantes-Crítica, Barcelona, 1998, II, 17. En línea: http://cvc.cervantes.es/literatura/clasicos/quijote/edicion/parte2/cap17/nota_cap_17.htm (10/03/2017). Para Pope "El león forma parte de numerosas historias que demuestran la audacia, bondad, nobleza o inocencia de las personas que los confrontan y vencen o domestican". Otro caso que el comentarista no menciona es el del Cid. Ante la aparición del león, los infantes de Carrión escapan atemorizados, así como lo hacen los acompañantes de don Quijote. "Cantar tercero. La afrenta de Corpes", *Poema del Cid*, texto antiguo preparado por Ramón Menéndez Pidal, prosificación moderna de Alfonso Reyes, Espasa-Calpe, Buenos Aires, 1945, pp. 178-181.

opone una y otra vez una terca realidad social poblada por personajes que no comparten ni sus principios ni su visión del mundo. Este fenómeno no ocurre en los libros de caballerías, en cuyo universo diegético no se produce tal confrontación. Además, tanto este episodio como el de los galeotes, está construido a partir de hechos y datos sociales e históricos comprobables.[13] Los leones son un regalo del general de Orán al rey de España, que extendía su dominio a territorios africanos.[14] De este modo, en el *Quijote*, el rey en cuestión, aunque el texto no particularice a ninguno en concreto, no es soberano de un país remoto en tiempo y espacio, como lo son aquellos de los libros de caballerías. Los personajes del episodio cervantino conocen la extensión del Imperio y el lector cuenta con las referencias textuales que le permiten identificar ciertas marcas históricas en la narración. Por ello, el presente episodio, además de parodia caballeresca, es también un atentado en contra de una propiedad destinada al rey, que no tuvo un resultado fatal para el caballero manchego ni tampoco lo expuso a las consecuencias de que el regalo regio no hubiera llegado a su destino. Muy por lo contrario, para don Quijote y los circundantes, gracias al relato que les hace el leonero, el andante manchego muestra un arrojo comparable al de Amadís o al de Perión.

[13] Karl-Ludwig Selig comenta que: "The text, anchored in reality and history [...], emphasizes the 'banderas' [...]; there is a central authority; it very much does exist and functions in its own geographical sphere to which the text alludes several times, although this is not the direct/immediate/actual literay-geographical sphere in which the text explicitly functions", "*Don Quixote* II, 16-17: Don Quixote and the lions", en Lía Schwartz Lerner e Isaías Lerner (eds.), *Homenaje a Ana María Barrenechea*, Castalia, Madrid, 1984, p. 328. "El texto, anclado en la realidad y la historia [...], enfatiza las banderas [...]; hay una autoridad central; ella existe y funciona en su propia esfera geográfica, a la que el texto alude en varias ocasiones, a pesar de que ésta no es la esfera literaria-geográfica directa/inmediata/real en la que el texto funciona explícitamente" (La traducción es mía).

[14] Orán, además, es una ciudad muy importante en la biografía de Miguel de Cervantes, ya que intentó huir por ella cuatro veces de su cautiverio en Argel. Véase Jean Canavaggio, *Cervantes*, ed. revisada y actualizada, y trad. de Mario Armiño, Espasa-Calpe, Madrid, 1997, pp. 108 y ss.

La aventura, pues, admite la doble lectura: la parodia caballeresca y el vínculo con la realidad histórico-geográfica.[15] A ellas se agregan las interpretaciones sobre los emblemas en él involucrados, en este caso, el león, asociado con don Quijote, y el hurón, con el Caballero del Verde Gabán.[16] Con respecto al león en este episodio, Karl-Ludwig Selig comenta que:

> [...] los atributos del león "generoso, más comedido que arrogante..." [...] existen en abundancia en el mundo de los bestiarios, donde precisamente el león tradicionalmente tiene primacía, una posición que casi es lugar común. La alusión, referencia y asociación no son sólo a los libros y al mundo de la caballería, sino también a la esfera intelectual de la historia natural, los bestiarios, el *Phisiologus*, los textos emblemáticos, entre muchos otros.[17]

El crítico alemán añade que "[...] el significado y la clave emblemática del león, que 'generoso, más comedido que arrogante...' le

[15] Con respecto a obras más actuales, Dorrit Cohn comenta que "En teoría, cada una de esas obras nos condena a vacilar, o nos permite oscilar entre lecturas referenciales y ficcionales". Dorrit Cohn, "Vidas ficcionales *versus* vidas históricas" ["Fictional *versus* Historical Lives" (1999)], trad. Francesca Angiolillo, en María Stoopen (coord.), *Sujeto y relato. Antología de textos teóricos*, Universidad Nacional Autónoma de México, México, 2009, p. 440.

[16] Entre algunos críticos: Karl-Ludwig Selig, *op. cit.*, pp. 328-329. Rocío Olivares Zorrilla, "Historia crítica sobre los emblemas en el *Quijote*", *Espéculo. Revista de estudios literarios*, 30 (2005). En línea: http://www.ucm.es/info/especulo/numero30/emblquij.html; Rocío Olivares Zorrilla, "Sobre las consideraciones del emblematismo en la composición del *Quijote*", en María Stoopen (coord.), *Horizonte cultural del "Quijote"*, Universidad Nacional Autónoma de México, México, 2010, pp. 121-134.

[17] "[...] the attributes of the lion 'generoso, más comedido que arrogante...' [...] exist also very much in the world of the bestiaries, where the lion traditionally has primacy, a position almost in nature of the commonplace. The allusion, reference and association is not just to the romances of the world of the chivalrich, but also to the intellectual sphere of natural history, the bestiary, the Physiologus [*sic*], emblematic texts, among many others" Karl-Ludwig Selig, *op. cit.*, pp. 330 (La tradución es mía).

ha enseñado a don Quijote una lección, aunque éste no ha perdido su valor, su valentía [...]".[18] Sin embargo, la descripción que hace el narrador de la postura que adopta el león al final, no deja de ser una burla.

Para finalizar, quiero destacar otra posible lectura relacionada con los símbolos de la monarquía española.[19] Si consideramos que "[...] el león es, junto con el águila, animal heráldico por excelencia. Ambos vienen representando, desde remoto tiempo, el espíritu de la monarquía y la dignidad imperial",[20] podemos suponer, entonces, que, con relación a la realidad política de España, en el intento de someter a la fiera viene aparejado el propósito de desafiar el poder regio. Pero la bestia vuelve las espaldas y enseña sus partes traseras a don Quijote como un gesto de desprecio y arrogancia por parte del poder hacia el caballero, el heroísmo y la ética que él representa. Sin embargo, la figura real se reabsorbe en la ficción, puesto que para don Quijote, aunque no así para el lector, el monarca al que van dirigidos los leones es de la misma naturaleza que los de los reinos caballerescos. Baste traer aquí la plática sostenida por los personajes domésticos con el hidalgo en vías de recuperación sobre la nueva contada por el cura, la que históricamente se vincula con la provisión de galeotes para defender los enclaves del Mediterráneo:

[18] "[...] the significance and the emblematic thrust and tradition of the lion, who 'generoso, más comedido que arrogante...' has taught Don Quixote a lesson, but the latter has not lost his valor, his 'valentía' [...]", *Ibid.*, p. 331. (La traducción es mía).

[19] Miguel de Unamuno comenta que "Así ante Don Quijote, nuevo Cid Campeador, 'envergonzó' el león que acaso fuera uno de los dos que hoy figuran en nuestro escudo de armas, y el avergonzado ante el Cid el otro". *Vida de don Quijote y Sancho*, ed. de Alberto Navarro, Cátedra, Madrid, 2000, p. 368. Helena Percas de Ponseti saca consecuencias poco halagüeñas para el Imperio a partir de la asociación que hace Unamuno. *Cervantes y su concepto del arte, II*, Gredos, Madrid, 1975, p. 328.

[20] Juan José Sánchez Badiola, *Símbolos de España y de sus regiones y autonomías. Emblemática territorial española*, Visión, Madrid, 2010, p. 56.

> [...] que se tenía por cierto que el Turco bajaba con una poderosa armada, y que no se sabía su designio ni adónde había de descargar tan gran nublado, y con este temor, con que casi cada año nos toca arma, estaba puesta en ella toda la cristiandad y Su Majestad había hecho proveer las costas de Nápoles y Sicilia y la isla de Malta (*Quijote*, II, 1).

Es claro que la solución que propondrá don Quijote no hace distinción entre la problemática histórica de España y los reinos cristianos y la pertinente intervención de los personajes literarios que pueblan su mente, entre los cuales él se cuenta:

> —¡Cuerpo de tal! [...] ¿Hay más sino mandar Su Majestad por público pregón que se junten en la corte para un día señalado todos los caballeros andantes que vagan por España, que aunque no viniesen sino media docena, tal podría venir entre ellos, que solo bastase a destruir toda la potestad del Turco? [...] Que si alguno destos [don Belianís o alguno de los del inumerable linaje de Amadís de Gaula] hoy viviera y con el Turco se afrontara, a fee que no le arrendara la ganancia. Pero Dios mirará por su pueblo y deparará alguno que, si no tan bravo como los pasados andantes caballeros, a lo menos no les será inferior en el ánimo; y Dios me entiende, y no digo más (*Quijote*, II, 1).

Es claro que a don Quijote no lo arredra el peligro y por eso se embarca en esos grandes desafíos, de los que sólo los personajes a su alrededor y el lector son capaces de medir las consecuencias que entrañan.

"LAS CORTES DE LA MUERTE" Y LA RECONVENCIÓN NARRATIVA EN LA SEGUNDA PARTE DEL *QUIJOTE*

Ricardo José Castro García
El Colegio de México

Con la publicación de la Primera parte del *Quijote* en 1605, la ficción caballeresca fue exhaustivamente revisada mediante la parodia y todo lo que ésta involucra: burla y homenaje, reconocimiento y distanciamiento, asimilación y desviación. Este hallazgo vino acompañado de otro cuyas consecuencias son más que vigentes. Me refiero a la inauguración de la tradición de la novela moderna, invención que implicó algunas audacias estéticas que Cervantes tuvo a bien efectuar, tales como la entrada en escena del héroe problemático en cuyo seno se contradicen el deber, el parecer y el ser; la problematización del papel que puede jugar el arte en la vida; la presencia de un narrador que simultáneamente seduce y engaña a su lector; el encuentro de voces ideológicamente disonantes que complementan el universo representado; o bien, la interacción de distintos géneros haciendo del texto un lugar de encuentro entre tradiciones. Éstas son sólo algunas de las consecuencias y lecciones que el *Quijote* supo heredar a sus lectores ulteriores.

Si sólo tuviéramos noticia de las conquistas de la novela cervantina como las señaladas, se delinea un prodigio cuya más fehaciente prueba de existencia sería la manera en la que la modernidad occidental aprendió a narrar sus desventuras e inquietudes. Se trata, pues, de una obra que supo sintetizar y transgredir su pasado artístico, además de prefigurar la narrativa que ha moldeado nuestra sensibilidad.

En 1615, con la publicación de la Segunda parte del *Quijote*, Cervantes hizo público el diálogo que estableció con su propia invención. Esto nos habla de que el alcaíno fue un extraordinario lector de sí mismo. Así como discute su libro y lo defiende, también interviene los lugares comunes que él mismo produjo. De ello daré una pequeña muestra en el presente texto.

La Segunda parte implica una lectura crítica del *Quijote* de 1605. El problema en general es muy arduo y va complicándose conforme avanza la diégesis y van integrándose más elementos, sobre todo el de la publicación del libro de Avellaneda en 1614. La toma de posición con respecto al primer *Quijote* es tema central de los primeros capítulos de la Segunda parte, en los cuales se desarrolla una transparente reflexión metatextual. Además de tal despliegue de metaficcionalidad deliberada, las estructuras narrativas de la Segunda parte formulan un velado análisis narrativo al respecto de su antecedente. En el presente trabajo expondré el episodio de la carreta de las cortes de la muerte. En él identificaré los rasgos críticos que desarrollan una perspectiva al respecto del texto escrito diez años antes. Tomo este ejemplo como una mera muestra, dado que los rompimientos de expectativas como los que identificaré y analizaré pueden encontrarse a lo largo de toda la novela y desde distintos puntos de vista y estrategias artísticas.

I

Las obras literarias entran en un juego de integración y de rechazo con su tradición. Cada texto es una continuidad, un diálogo o un rechazo en relación con las obras que le preceden. Es decir, los actos literarios representan una participación agónica[1] en el sistema estético. En el

[1] Harold Bloom, *El canon occidental*, trad. Damián Alou, Anagrama, Barcelona, 1994.

caso que nos compete, esa participación es *sui generis*, ya que toma lugar bajo la misma autoría y en un mismo desarrollo narrativo.

A lo largo de la Primera parte del *Quijote*, el texto establece una lógica narrativa que se impone paulatinamente. Por ejemplo, buena parte de los episodios se construyen a partir de una estructura reiterativa que es la siguiente: el protagonista adopta y suscribe una interpretación de la realidad configurada a partir de la ficción caballeresca o, en general, de la literatura idealista como la novela pastoril o la lírica petrarquista. El personaje actúa en consecuencia, y tal proceder termina por tropezarse y contradecirse con el escenario que le rodea, el cual se establece a partir de códigos realistas. Dicho esquema permite la reproducción de relatos en los que el héroe reinterpreta épicamente su situación y actúa en consecuencia hasta ser víctima de los riesgos que conlleva el desafío a la lógica convencional-realista. El libro explota esta configuración a partir de la introducción de diferentes tipos de narrador, distintos cómplices y un gran repertorio de paradigmas narrativos que Cervantes supo aprovechar de la tradición.

El *Quijote* de Avellaneda es el mejor ejemplo de la asimilación de tal estructura. En este libro, el protagonista integra a su personalidad características épicas y caballerescas, mientras que Sancho, como señala Martín de Riquer, es "un remedo exagerado del tipo cervantino".[2] La propuesta argumentativa es exactamente la misma, por tanto, podríamos hablar de una genuina continuación del *Quijote* con el inconveniente de la ausencia de ironía y de las sutilezas narrativas que conocemos.

La respuesta que ofrece Cervantes a su texto una década más tarde no es ni de cerca la estéril imitación, o la explotación negligente de los aciertos creativos de su primera propuesta quijotesca. Por ejemplo, el prólogo y los primeros capítulos bombardean al lector, como ya mencioné, con arriesgadas insinuaciones metatextuales. De igual forma, el texto plantea transgresiones constantes a la convención establecida

[2] Martín de Riquer, *Aproximación al "Quijote"*, Teide, Barcelona, 1986, p. 173.

por el relato de 1605. Baste recordar como un ejemplo el capítulo 5 en el que Sancho —cito la paráfrasis del título— habla "con otro estilo del que se podía prometer de su corto ingenio y dice cosas tan sutiles, que no tiene por posible que él las supiese, pero que no quiso dejar de traducirlo, por no cumplir con lo que a su oficio debía [...]".[3] El texto se permite la licencia de la indecorosidad y nos regala una de las escenas más inquietantes y divertidas que haya protagonizado el escudero. Así, mientras el Sancho de Avellaneda intensifica y explota los lugares conocidos, Cervantes opta por el disparate, dejando en claro que la continuación de su libro será una puesta en marcha de transgresiones a su propio universo narrativo.

Vayamos al texto, al capítulo 11. Una vez que el duo vuelve a recorrer los campos, éste se encuentra con una carreta:

> Cargada de los más diversos y estraños personajes y figuras que pudieron imaginarse. El que guiaba las mulas y servía de carretero *era* un feo demonio. [...] La primera figura que se ofreció a los ojos de don Quijote fue la de la misma muerte, con rostro humano; junto a ella venía un ángel con unas grandes y pintadas alas; al un lado estaba un emperador con una corona, al parecer de oro, en la cabeza; a los pies de la Muerte estaba el dios Cupido, sin venda en los ojos, pero con su arco, carcaj y saetas. Venía también un caballero armado de punta en blanco [...] Con éstas venían otras personas de diferentes trajes y rostros (*Quijote*, II, 11).[4]

Esta situación hubiera hecho saltar de gusto al protagonista de 1605, además de estimular en él las más complejas fantasías. En este escenario, no resulta necesaria la reinterpretación discordante entre códigos. Don Quijote no tiene aquí la necesidad de transfigurar

[3] Miguel de Cervantes Saavedra, *El ingenioso hidalgo don Quijote de la Mancha*, ed. de Francisco Rico, Crítica, Barcelona, 2001, II, 5.

[4] Todas las cursivas son mías.

el escenario que le rodea, ni que reajustar la realidad. Ésta ya se ofrece extraordinaria y llena de insinuaciones librescas, según lo que refiere el autor.

El primer elemento que quiero subrayar es la de la selección de los datos que ofrece el narrador, quien, en esta Segunda parte, parece subrayar la apariencia fantástica de la escena. Es decir, éste adopta aparentemente la convención fantástica, caballeresca, teatral o poética: "Venía también un caballero armado de punta en blanco". Ese narrador, por tanto, se ha quijotizado. El personaje que dirige la carreta bien pudo haber sido descrito como un actor disfrazado. No obstante, el texto elige otro punto de vista, y busca engañar a su lector al afirmar de pie juntillas que quien dirige la carreta era un diablo, y que en ella venía un ángel y la muerte. Es necesario insistir en los verbos. Son categóricos y afirman. No sugieren ni aluden.

Para ilustrar de manera más evidente dicho juego en el que el narrador toma un punto de vista libresco-épico-lírico será necesario contrastar el episodio de las cortes de la muerte con otros momentos del *Quijote* de 1605 en el que dicha perspectiva corre a cargo del protagonista. Escojo el más popular de todos para que queden más claras las infracciones de las que hablo. Leemos en el capítulo 8 de la Primera parte lo siguiente: "En esto, descubrieron treinta o cuarenta molinos de viento que hay en aquel campo, y así como don Quijote los vio, dijo a su escudero: —La ventura va guiando nuestras cosas mejor de lo que acertáramos a desear" (*Quijote*, I, 8).

Como en muchos otros episodios de 1605, el narrador descubre desde la primera línea el código realista. Señala categóricamente que los personajes descubrieron molinos. Lo que ellos quieran o crean ver es otro asunto. Si este narrador tuviera alguna consideración con la codificación idealista, o dejara abierta la posibilidad de un real encuentro caballeresco, bien podía haber dicho que los protagonistas descubrieron tras la niebla descomunales cuerpos en movimiento, y así dejar espacio a la ambigüedad. Ya los personajes y el lector verán si se inclinan a creer si son gigantes o molinos. Sin embargo, la perspectiva del texto es la de exhibir en primera instancia el disparate del protagonista. Deja claro, pues, la naturaleza realista de los objetos representados. Otro ejemplo es el del incidente de lo galeotes que comienza con una descripción objetiva y certera:

> [...] don Quijote alzó los ojos y vio que por el camino que llevaba venían hasta doce hombres a pie, ensartados como cuentas en una gran cadena de hierro por los cuellos, y todos con esposas en las manos; venían ansimismo con ellos dos hombres de a caballo y dos de a pie: los de a caballo, con escopetas de rueda, y los de a pie, con dardos y espadas (*Quijote*, I, 12).

La descripción de la situación es puntual y fríamente precisa. No hay indicios o filtraciones de rasgos caballerescos o líricos en lo representado. El lector sabe, de antemano, que se trata de reos y espera la interpretación sobresaltada, impertinente y novelesca del protagonista.

El lector termina por asimilar dicha estructura en la que se ponen en tensión la interpretación realista propuesta en gran medida por el narrador y la de don Quijote, configurada a partir de una visión épico-poética de los escenarios que le rodean. Diez años después, el texto defrauda dicha familiarización con el esquema narrativo propuesto por el texto de 1605 e introduce una voz ahora sí dispuesta a la fantasía y a inducir a su personaje y a su lector hacia los terrenos de lo fabuloso. El texto estimula en el receptor la posibilidad de aceptar un encuentro con el diablo, con la muerte y con un ángel.

En el episodio de las cortes de la muerte, el plano realista *no* se reestablece a cargo del narrador sino del actor disfrazado de demonio quien aclara: "—Señor, nosotros somos recitantes de la compañía de Angulo el Malo. Hemos hecho en un lugar que está detrás de aquella loma, esta mañana, que es la octava del Corpus, el auto de *Las Cortes de la Muerte* [...]" (*Quijote*, II, 11). Don Quijote, atento, responde: "—Por fe del caballero andante [...] que así como vi este carro imaginé que alguna grande aventura se me ofrecía, y ahora digo que es menester tocar las apariencias con la mano para dar lugar al desengaño. Andad con Dios, buena gente, y haced vuestra fiesta [...]" (*Quijote*, II, 11). El lector atento y entusiasta del primer *Quijote* queda defraudado y sufre una secuencia de desajustes y frustraciones. ¿Quién es el que ha leído ya demasiado? ¿El narrador? ¿Sensato ahora don Quijote? Está el escenario puesto y afinado para un descomunal enfrentamiento entre el intrépido caballero y los seres más despiadados del orbe de lo sobrenatural, o por lo menos, ese parece ser el escenario. No obstante, el resultado es un desolado anticlímax. La voz narrativa, unas cuantas líneas atrás había afirmado que quien manejaba el carro era un demonio. Y, si no lo era, por lo menos podíamos esperar una respuesta disparatada por parte de don Quijote dada la estructura narrativa que se nos había venido proponiendo una y otra vez a lo largo de la Primera parte. No obstante, el protagonista de 1615 responde con parsimonia y ecuanimidad. La ironía despiadada de Cervantes actúa en todo su esplendor y desarticula los elementos de su construcción tales como el narrador y la actitud del protagonista. Por tanto, ya don Quijote no está solo en sus desaciertos con lo representado. Ahora son el narrador y el lector quienes sufren el desencanto y el choque con una realidad desolada de lirismo y épica.

Una vez aclarada la situación, la pareja se ve humillada por un bufón que provoca la caída de don Quijote y Rocinante, a la vez que roba momentáneamente el rucio de Sancho. El caballero andante persigue y alcanza el carro. Una vez que tiene la oportunidad de enderezar el tuerto del que fue víctima, Sancho lo hace entrar en razón, y usa como argumento codificaciones literarias propias de los libros de caballerías, mismas que cuestionó una y otra vez a lo largo de la Primera parte. Dice el escudero:

> [...] se ha de considerar que es más temeridad que valentía acometer un hombre solo a un ejército donde está la Muerte y pelean en persona

> emperadores, y a quien ayudan los buenos y los malos ángeles; y si esta consideración no le mueve a estarse quedo, muévale saber de cierto que entre todos los que allí están, aunque parecen reyes, príncipes y emperadores, no hay ningún caballero andante (*Quijote*, II, 11).

Don Quijote recuerda que, en efecto, no puede sacar la espada con nadie que no haya sido armado y desiste de su empresa. Sancho impide la riña apelando a los criterios que en la Primera parte provocaban los desatinos del protagonista. En 1605 el imaginario literario servía como motivación para que don Quijote se embarcara en aventuras descabelladas mientras que su escudero se demostraba renuente y pragmático a las proposiciones idealistas y mitificantes de su amo; en 1615, en cambio, el mismo que rechazaba las codificaciones ficcionales ahora se aprovecha de las mismas y las emplea para resolver salomónicamente un conflicto.

Cabe también señalar que en este episodio el universo de lo fantástico, lo caballeresco y lo teatral, fue establecido por medio de la apariencia de los actores, y articulado discursivamente por el narrador y por Sancho, los mismos que impugnaron durante cientos de páginas de la Primera parte el afán poetizante del protagonista. Don Quijote, en cambio, pone atención a los elementos de la situación, escucha atentamente lo que el resto de personajes esclarecen, además de acatar lo resuelto por su escudero dada la capacidad argumentativa que éste demuestra. Los papeles, parece, se han invertido. El narrador adopta una perspectiva libresca, Sancho replica caballerescamente y don Quijote ostenta prudencia.

Este proceder parece imposible diez años antes, y hubiera confundido gravemente al lector que apenas se estaba aclimatando a la prosa del *Quijote*. Una década después, Cervantes se aprovecha con total alevosía de la popularidad que cobró el mundo narrativo por él creado, así como de su complejidad. Ahora que el texto ha creado sus propias convenciones, el relato invierte sus valores y sus contratos.

II

Los paratextos (ilustraciones y títulos de capítulos) también dan cuenta del desmantelamiento de la narrativa quijotesca. Es decir, en su constitución se pueden ver reflejados los cambios estructurales o de perspectiva. Comienzo por los títulos. Para ilustrarlo, vuelvo a la comparación con el capítulo 8 de la Primera parte. El capítulo se llama "Del buen suceso que el valeroso don Quijote tuvo en la *espantable* y *jamás imaginada aventura* de los molinos de viento, con otros sucesos dignos de felice recordación" (*Quijote*, I, 8). La ironía de Cervantes aquí se manifiesta a partir de la contradicción entre la caracterización que propone el título y los datos que el cuerpo del episodio expresa. El episodio es calificado como "espantable" y "extravagante"; no obstante, una vez que se desarrolla el relato, el lector se topa con el muro del realismo y de la inclemente cotidianeidad: los indiferentes e impasibles molinos de viento.

En cambio, lo que encontramos en el título del capítulo 11 de la Segunda parte es la escueta descripción siguiente: "De la estraña aventura que le sucedió al valeroso don Quijote en el carro o carreta de 'Las cortes de la muerte'" (*Quijote*, II, 11). En este caso no hay marcas tan claras de ironía; no obstante, la referencia a un carro en el que se transportan las cortes de la muerte basta para estimular la imaginación y para despertar en el lector expectativas que lo llevarían a relacionar el episodio con los autosacramentales y, en general, con el teatro religioso, que, por esos días, se había convertido en un complejo y aparatoso espectáculo. El paratexto asume la misma perspectiva del narrador; es decir, deja abierta la posibilidad de un genuino encuentro con personajes extraordinarios. No esclarece, pues, la naturaleza realista de la situación. El capítulo no se llama "de lo que le sucedió a don Quijote con los actores de un auto sacramental".

Cuando el título señala la presencia de un carro de la muerte, el relato arroja a su lector a un universo reconocible de lo teatral en el que suelen participar emperadores, ángeles, demonios, o la misma muerte. Es decir, de buenas a primeras, a la mitad del camino, se reactiva un horizonte de expectativas de carácter teatral habitado por seres sobrenaturales como los que poblaban los autos sacramentales del momento.[5]

Vayamos ahora al terreno plástico. Como señalé antes, el ámbito de lo fantástico se sugiere por la apariencia de los pasajeros del carro. Éstos vienen disfrazados y el narrador no hace nada por especificarlo. De hecho, afirma la identidad teatral-fantástica ("al un lado estaba un emperador con una corona, al parecer de oro, en la cabeza; a los pies de la Muerte estaba el dios Cupido [...]" *Quijote*, II, 11), y no es sino hasta la intervención del "demonio" conductor que queda clara la naturaleza de los inquietantes personajes. En tal escenario, la traza y la fachada exterior de la escena sugieren un ámbito fantástico-teatral favorecido por el narrador, cosa que no sucede en ninguno de los episodios de la Primera parte.

Hasta antes del Romanticismo, por lo general, las ilustraciones van a privilegiar el punto de vista del narrador dada su jerarquía y su supuesta objetividad. De aquí que puedan revelar modificaciones narrativas que sufra un relato. De tal manera, en las ilustraciones clásicas puede reconocerse la vacilación que sufren tanto el narrador como los personajes al respecto del universo ficcional de carácter idealista, fantástico y épico que en la Primera parte era calificado como improcedente mientras que en la Segunda parece irse aceptando como viable.

En 1674 apareció la primera versión ilustrada del *Quijote*. Los grabados corrieron a cargo de Diego de Obregón y la edición fue tarea de Andrés García de la Iglesias y Roque Rico de Miranda para María Armenteros, en dos tomos. En ella aparecen representados los momentos de la novela que en su tiempo se estimaron más significativos.

[5] Ha corrido bastante tinta al respecto de la identificación específica de la obra que los actores del carro estaban representando. Algunos críticos han señalado una obra en particular de Lope de Vega. No obstante, cabe señalar que la figura del carro de las cortes de la muerte era una presencia genérica en el teatro religioso de la época.

Entre ellos se cuentan los dos capítulos que he venido comentando: el de los molinos de viento y el de las cortes de la muerte. En el primero de ellos (imagen 1), aparecen a un mismo tiempo distintos elementos que figuraron a lo largo del relato. Es decir, se presenta en un mismo cuadro todo el desarrollo narrativo teniendo como telón de fondo los molinos de viento. El ilustrador ve la realidad tal y como lo hace el narrador. No dibuja o siquiera sugiere la presencia de gigantes dispuestos a recibir la embestida de don Quijote. La interpretación épico-caballeresca de don Quijote corre a cargo única y exclusivamente del protagonista. La ilustración no da fe de ella.

Por su parte, el grabado de las cortes de la muerte (imagen 2) es mucho más ambiguo. Vemos a un demonio dirigiendo el transporte, un rey con su corona, un hombre con un arco, la muerte con su hoz, la silueta de un ángel, y, en primer plano, a un bufón sobre el rucio de Sancho. A pesar de que en el texto el actor vestido de diablo reveló la condición de las figuras, no hay en la imagen ninguna marca que nos hable del carácter teatral. Los personajes traen sus máscaras puestas, y Cupido no suelta su arco. No vemos aquí las costuras del disfraz, el artificio de la máscara o el maquillaje corrido sobre la mejilla. Si esta imagen se viera fuera de su contexto, nada hay en ella que haga pensar que se tratan de actores comunes y corrientes, y que los cuernos, las alas y las coronas son de utilería.

Estas representaciones hablan de una atenta lectura del *Quijote* llevada a cabo por el ilustrador quien asume el punto de vista del narrador. Por tanto, reproduce, en el primer caso, la perspectiva realista —capítulo de los molinos de viento—, y por el otro, la quijotización del narrador —las cortes de la muerte—. En la primera imagen vemos el insistente, aplastante e inamovible código realista encarnado en los molinos de vientos que dominan al grabado por su tamaño y profundidad. En la segunda lo fantástico y lo ficcional parece irrumpir sobre los campos que fatiga la pareja.

Imagen 1.

Imagen 2.

III

La comparación entre estos dos momentos de las aventuras del hidalgo caballero nos habla de la reconfiguración a la que se vio sometida su estructura narrativa. En 1605, el autor del *Persiles* propuso un esquema argumentativo que explotó a lo largo de la Primera parte. Dicha estructura la reprodujo Avellaneda de manera rígida y sin las sutilezas del genio cervantino. Para 1615, el alcaíno propone una continuación que, lejos de reestablecer sus fórmulas y aprovecharse de su propia propuesta, la replantea en términos críticos. La escritura del segundo *Quijote* desmantela los lugares comunes establecidos por la Primera parte, y con sus restos construye un discurso artístico todavía más problemático. Pone en tensión y en crisis su propia escritura. Asimismo, explota artísticamente el éxito de su publicación de 1605 y saca provecho de la cercanía que el lector desarrollo con su personaje y su relato.

Cuando Sancho integra un discurso codificado literariamente por los libros de caballerías inmediatamente después de que el narrador da cuenta de un carro ocupado con las cortes de la muerte con emperador, demonio y ángel incluidos, sin las marcas del realismo o la convención, y don Quijote entra en razón a las primeras de cambio mostrando una profunda prudencia y sentido común, hay un penetrante reconocimiento de la estructura de la Primera parte. Es decir, se toman como punto de partida los pactos narrativos de la Primera parte para desconfigurarlos y desarticularlos en la Segunda, y defraudar así las expectativas del lector en aras de un efecto estético y una despiadada crítica estética.

Así, la escritura cervantina muestra su maestría al ser capaz de reconfigurarse, y negarse a la tentación de reiterar sus aciertos. Estamos hablando, pues, de una autorreferencialidad establecida en los términos de ruptura, así como de una profunda sensibilidad capaz de reinventarse y volver a ser extraordinaria, tal y como lo fue en 1605.

VESTIR EN LA SEGUNDA PARTE DEL *QUIJOTE*

Aurelio González
El Colegio de México

Aunque es en otro género de la producción literaria cervantina, "sabida es la atención que presta Cervantes a la indumentaria de los actores, como reflejan las meticulosas acotaciones que acompañan sus comedias, un cotejo exhaustivo de las obras contemporáneas, impresas y manuscritas, confirma que se trata de un rasgo casi exclusivamente cervantino".[1] Por lo general Cervantes es bastante explícito no sólo en este aspecto sino en general en todo lo que refiere a la representación de la realidad de la cual era agudo y cuidadoso observador.

El vestuario tiene como primera función la caracterización de los personajes. En su conocido trabajo sobre los elementos de representación teatral, Kowzan concibe el vestuario como un signo visual del actor que corresponde a la apariencia exterior de éste,[2] y esta apariencia corresponde a un estrato social específico, sobre todo en los siglos anteriores a nuestra época, cuando la manera de vestir estaba específicamente determinada por la pertenencia a un nivel social o actividad determinada.

En cualquier creación literaria la indicación que da una acotación en el teatro o la descripción del narrador en una novela o cuento del vestuario de un personaje es genérica, sobrentendiéndose el referente social que conlleva, mismo que está claramente codificado para la

[1] Stefano Arata, "Edición de textos y problemas de autoría: el descubrimiento de una comedia olvidada" en Jean Canavaggio (ed.), *La comedia*, Casa de Velázquez, Madrid, 1995, p. 64.

[2] Tadeusz Kowzan, *Literatura y espectáculo*, Taurus, Madrid, 1992, p. 189.

época lo cual hace que no se necesite mayor explicación para el público o lector de su tiempo, pero que muchas veces el receptor actual pierde por haber cambiado radicalmente el contexto.

Así, cuando el narrador nos presenta con minucioso detalle el vestido, resaltando aquellos elementos que incluso ponen de manifiesto el cuidado que tiene un personaje al elegir los elementos de su vestimenta, indica claramente que estos elementos además de un gusto personal tienen un valor social o simbólico.

En este sentido, Cervantes desarrolla en la Segunda parte del *Quijote* la ubicación social de los personajes por medio del vestuario. Es la voz de Teresa Panza cuando discute con Sancho sobre la propia identidad social de aldeana en contraste con el deseo de éste de ser gobernador de la ínsula. Así habla Teresa y se identifica socialmente por el vestido:

> y con este nombre me contento, sin que me le pongan un *don* encima que pese tanto, que no le pueda llevar, y no quiero dar que decir a los que me vieren andar vestida a lo condesil o a lo de gobernadora, que luego dirán: "¡Mirad qué entonada va la pazpuerca! Ayer no se hartaba de estirar de un copo de estopa, y iba a misa cubierta la cabeza con la falda de la saya, en lugar de manto, y ya hoy va con verdugado, con broches y con entono, como si no la conociésemos". Si Dios me guarda mis siete, o mis cinco sentidos, o los que tengo, no pienso dar ocasión de verme en tal aprieto (*Quijote*, II, 5).[3]

Así se va a describir con la imagen característica de la mujer aldeana que no tiene manto y para entrar a la iglesia a oír misa se cubre la cabeza con la falda, cosa que puede hacer pues el traje aldeano femenino implicaba una serie de prendas —hoy diríamos faldas— sobrepuestas que cubrían la "saya", que como prenda de vestir femenina,

[3] Miguel de Cervantes, *Don Quijote de La Mancha, II*, ed. dirigida por Francisco Rico, Real Academia Española, Madrid, 2015.

es un precedente de la falda y era una pieza de tejido bastante larga y cerrada (con una abertura lateral en algunos modelos), que en su origen solía cubrir de la cintura a los pies. En vez de ir con el "verdugado" que era una saya acampanada con ribetes gruesos para reforzarla (como retoños de árbol, llamados verdugos de ahí el nombre), que se usaba debajo de la "basquiña" —falda más elegante que la habitual saya, usada en España por la mujer en ceremonias, actos religiosos y para salir a la calle, desde el siglo XVI hasta el XIX— para ahuecarla. Además del verdugado menciona los broches y, como si fuera también un adorno de la prenda de vestir, el "entono" o sea la presunción.

Así continúa la aldeana dirigiéndose a su marido, justificando su nivel social y como la apariencia no va a ocultar su verdadera condición para lo cual utiliza un símil textil:

> —Eso no, Sancho —respondió Teresa—: casadla con su igual, que es lo más acertado; que si de los zuecos la sacáis a chapines, y de saya parda de catorceno a verdugado y saboyanas de seda, y de una *Marica* y un *tú* a una *doña tal* y *señoría*, no se ha de hallar la mochacha, y a cada paso ha de caer en mil faltas, descubriendo la hilaza de su tela basta y grosera (*Quijote*, II, 5).

En primer lugar, se va a referir al calzado y va a contrastar los "zuecos", calzado rústico típico sobre todo de las zonas lluviosas hecho de madera de una pieza o también un zapato de cuero con suela de corcho o de madera, con los "chapines" que era un tipo de calzado con una suela de corcho muy gruesa (como los zapatos de 'plataforma' actuales) que era utilizado por las mujeres de clase alta en el siglo XVI. El contraste social se extiende también a las prendas y los materiales de que están hechas éstas, y así la "saya parda", esto es sin teñir de colores brillantes, de "catorceno" que era un paño basto de lana, se substituye por la "saboyana", ropa exterior femenina, a manera de basquiña abierta por delante, que usaban las mujeres acomodadas, hecha de seda, material que implica por su costo un estatus social.

La caracterización rústica de Teresa continúa y se mantiene muchos capítulos después cuando llega el paje con la noticia de Sancho gobernador de la ínsula Barataria, trayendo una carta y una sarta de corales con broches de oro[4] y "un vestido de paño finísimo que el gobernador sólo un día llevó a caza" como regalo:

> A cuyas voces salió Teresa Panza, su madre, hilando un copo de estopa, con una saya parda —parecía, según era de corta, que se la habían cortado por vergonzoso lugar—, con un corpezuelo asimismo pardo y una camisa de pechos. No era muy vieja, aunque mostraba pasar de los cuarenta, pero fuerte, tiesa, nervuda y avellanada; la cual, viendo a su hija, y al paje a caballo, le dijo:
>
> —¿Qué es esto, niña? ¿Qué señor es éste?
>
> —Es un servidor de mi señora doña Teresa Panza —respondió el paje (*Quijote*, II, 50).

Además de señalar la actividad característica de la mujer en la aldea de hilar lana, Teresa sigue vestida con la "saya parda" corta que en otro contexto podía hacer suponer un castigo por prostitución, pero que en ese entorno rústico más bien era escasez de recursos y el típico corpiño aldeano ("corpezuelo") y "camisa de pechos", camisa escotada de mujer, también característica ropa de labradora.

La actitud de Sanchica, la hija de los Panza, no es tan conservadora como la de su madre y espera el ascenso de Sancho al ser gobernador, y este lo identifica en el cambio de vestido y de ahí las preguntas que hace al paje de los duques cuando le lleva de comer huevos con abundante tocino, obedeciendo las órdenes de su madre que agradece así las buenas noticias que ha traído:

[4] No hay que olvidar que las sartas de corales en el mundo hispánico siguen siendo parte de trajes que hoy llamamos folclóricos, pero que en realidad no son sino derivados de los vestidos rústicos de una época no muy lejana como es el siglo XIX.

> Dígame, señor: ¿mi señor padre trae por ventura calzas atacadas después que es gobernador?
>
> —No he mirado en ello —respondió el paje—, pero sí debe de traer.
>
> —¡Ay, Dios mío —replicó Sanchica—, y qué será de ver a mi padre con pedorreras! ¿No es bueno sino que desde que nací tengo deseo de ver a mi padre con calzas atacadas?
>
> —Como con esas cosas le verá vuestra merced si vive —respondió el paje—. Par Dios, términos lleva de caminar con papahígo, con solos dos meses que le dure el gobierno (*Quijote*, II, 50).

El cambio en el nivel social se manifiesta en el vestido y así Sanchica piensa en su padre con apariencia caballeresca usando "calzas atacadas", que eran calzas completas que se fijaban al jubón y cubrían toda la pierna o más aún, las llamadas "pedorreras", calzas justas y también enteras de los escuderos, y llevando el "papahigo", una especie de mascarilla, muy similar a lo que hoy llamamos pasamontaña, que usaban los que iban "de camino" para protegerse del aire y del frío.

Ante las buenas noticias, Teresa Panza contradice en buena medida lo que había afirmado anteriormente y quiere cambiar su apariencia y hacerla más propia de la esposa de un gobernador y así está dispuesta a cambiar la rural saya por el antes mencionado críticamente "verdugado":

> —Señor cura, eche cata por ahí si hay alguien que vaya a Madrid o a Toledo, para que me compre un verdugado redondo, hecho y derecho, y sea al uso y de los mejores que hubiere, que en verdad en verdad que tengo de honrar el gobierno de mi marido en cuanto yo pudiere, y aun que si me enojo me tengo de ir a esa corte y echar un coche como todas, que la que tiene marido gobernador muy bien le puede traer y sustentar (*Quijote*, II, 50).

Este cambio de actitud lo sintetiza Sanchica con un refrán a propósito del vestido, siguiendo la característica costumbre de usar refranes de la familia Panza: "'Vióse el perro en bragas de cerro...' y lo demás" (*Quijote*, II, 50), esto es: el perro usó calzones de lino y ya no reconoció a su compañero.[5]

La ropa campesina no sólo es patrimonio de la familia Panza, también aparece en una secuencia de la Cueva de Montesinos donde la dama Dulcinea ofrece como garantía una prenda que parece regresar a su origen como Aldonza Lorenzo:

> se llegó a mí por un lado, sin que yo la viese venir, una de las dos compañeras de la sin ventura Dulcinea, y llenos los ojos de lágrimas, con turbada y baja voz, me dijo: "Mi señora Dulcinea del Toboso besa a vuestra merced las manos, y suplica a vuestra merced se la haga de hacerla saber cómo está, y que, por estar en una gran necesidad, asimismo suplica a vuestra merced cuan encarecidamente puede sea servido de prestarle sobre este faldellín que aquí traigo de cotonía nuevo media docena de reales, o los que vuestra merced tuviere, que ella da su palabra de volvérselos con mucha brevedad" (*Quijote*, II, 23).

La prenda en cuestión que ofrece la dama en garantía del préstamo es un "faldellín" o refajo, que es una falda corta interior y con vuelo, por lo general de bayeta o paño, esto es de lana, que usaban las mujeres encima de las enaguas para abrigo del frío. Esta falda es de material simple y poco útil pues es de "cotonía": algodón.

El vestuario como elemento caracterizador no lo emplea Cervantes sólo para las mujeres. El propio don Quijote es caracterizado por la manera en que viste en el arranque de esta Segunda parte de la sin par novela cuando se nos dice:

> Visitáronle, en fin, y halláronle sentado en la cama, vestida una almilla de bayeta verde, con un bonete colorado toledano; y estaba tan seco y

[5] Véase Nieves Rodríguez Valle, *Los refranes del* Quijote*: poética cervantina*, El Colegio de México, México, 2014, pp. 381-382.

> amojamado, que no parecía sino hecho de carne momia. Fueron dél muy bien recebidos, preguntáronle por su salud, y él dio cuenta de sí y de ella con mucho juicio y con muy elegantes palabras (*Quijote*, II, 1).

La prenda que viste don Quijote, la "almilla", es una prenda interior de abrigo que se usaba para dormir, pero también es una vestidura militar corta y cerrada de mangas cortas que se llevaba debajo de las armas, en cuyo caso sería recuerdo y testimonio de las acciones caballerescas del hidalgo, pero además está tocado con un "bonete colorado toledano", especie de gorra, comúnmente de cuatro picos, usada antiguamente por los colegiales y graduados.

La "almilla" está hecha de "bayeta", tela de lana, floja y poco tupida, como franela, y es de color verde. Este color es una constante del vestuario y telas en la obra cervantina, lo mismo lo usa abundantemente en sus novelas que en el teatro o en la poesía. Si revisamos las menciones de colores en las prendas de vestir o telas, la presencia del verde es abrumadora pues aparece 48 veces, por 8 del azul, 10 del amarillo, 8 del rojo, 2 del bermejo, 4 del escarlata, 4 del morado, 5 del pardo y 4 del leonado, término usado para indicar que algo era de color ocre o amarillo oscuro, semejante al del pelo del león.

La prenda de vestir verde más conocida en esta Segunda parte del *Quijote* es la que se refiere a "El caballero del Verde Gabán":

> En estas razones estaban, cuando los alcanzó un hombre que detrás dellos por el mismo camino venía sobre una muy hermosa yegua tordilla, vestido un gabán de paño fino verde, jironado de terciopelo leonado, con una montera del mismo terciopelo; el aderezo de la yegua era de campo y de la jineta, asimismo de morado y verde. Traía un alfanje morisco pendiente de un ancho tahalí de verde y oro, y los borceguíes eran de la labor del tahalí; las espuelas no eran doradas, sino dadas con un barniz verde, tan tersas y bruñidas, que, por hacer labor con todo el vestido, parecían mejor que si fuera de oro puro (*Quijote*, II, 16).

Las prendas que se mencionan que usa el caballero en este episodio son el "gabán", que era un capote con mangas, y a veces con capilla, que se hacía por lo regular de paño fuerte —tela de lana muy tupida y con pelo tanto más corto cuanto más fino es el tejido— adornada con una tela fina y prestigiada: el "terciopelo", seda velluda y tupida, que hoy sigue teniendo un prestigio similar. Completan el atuendo de este caballero la "montera" para cubrir la cabeza, que generalmente se hacía de paño, los "borceguíes", calzado fino que llegaba hasta más arriba del tobillo, abierto por delante y que se ajustaba por medio de correas o cordones, y un "tahalí", tira de cuero, piel, ante, lienzo u otro material, en este caso también verde, que cruza desde el hombro derecho al costado izquierdo y hasta la cintura, donde se unen los dos extremos de la tira y se pone la espada.

Como bien ha dicho Redondo,[6] cualquiera que lea la Segunda parte del *Quijote* no puede sino plantearse el significado de ese grupo de capítulos (16 al 18) que están relacionados con la aparición del tan llamativo Caballero del Verde Gabán. Los críticos han evocado múltiples veces el problema de la interpretación del personaje de don Diego de Miranda, inclinándose a verle de manera positiva unos y negativa otros, variando el enfoque adoptado.[7]

[6] Augustin Redondo, "Nuevas consideraciones sobre el personaje del 'caballero del verde gabán' (*D. Q.*, II, 16-18)", en Giuseppe Grilli (ed.), *Actas II Congreso Internacional de la Asociación de Cervantistas*, Istituto Universitario Orientale, Napoli, 1995, pp. 513-533.

[7] La línea positiva está representada en particular por Marcel Bataillon (*Erasmo y España*, Fondo de Cultura Económica, México, 1950, pp. 792-794), Alberto Sánchez ("El Caballero del Verde Gabán", *Anales Cervantinos*, IX (1961-1962), pp. 169-201), Joaquín Casalduero (*Sentido y forma del "Quijote"*, Ínsula, Madrid, 1970, pp. 259 y ss.), Martín de Riquer (*Cervantes y el "Quijote"*, Teide, Barcelona, 1960, pp. 141-142); también ha opinado favorablemente sobre don Diego de Miranda, Anthony Close (*Miguel de Cervantes. "Don Quixote"*, Cambridge University Press, Cambridge, 1990, pp. 48 y ss.). Adversos en su interpretación, con diversas matizaciones, son Américo Castro (*Hacia Cervantes*, Taurus, Madrid, 1967, pp. 255-256; *Cervantes y los casticismos españoles*, Alfaguara, Madrid-Barcelona, 1966, pp. 138-142), Francisco Márquez Villanueva (*Personajes y temas del "Quijote"*, Taurus, Madrid, 1975, pp. 147 y ss.), Helena Percas de Ponseti (*Cervantes y su concepto del arte*, Gredos, Madrid, 1975, t. II, pp. 332 y ss.), Michel Moner

Pero, para volver al traje de don Diego, el Caballero del Verde Gabán, no hay que perder de vista que el conjunto y armonía de los colores, en especial en el Siglo de Oro, es muy diferente del que podemos conocer hoy y hay que tener mucha cautela cuando se quiere dar una interpretación simbólica del empleo de las tonalidades utilizadas. Monique Joly ha subrayado con acierto que la unión de colores de una manera que a nosotros pueden parecernos exageradamente contrastante y llamativa, correspondía a otros criterios de elegancia y armonía, incluso de estética, con una peculiaridad: el gusto y valoración que se hacía de la repetición del colorido del vestido en los aderezos de la montura.[8] Bernardo Vargas Machuca escribe por ejemplo en su *Teórica y exercicios de la gineta* de 1619: "Los borceguíes ya todos saben que han de responder al jaez del caballo".[9]

En el caso del Caballero del Verde Gabán, los tres colores que están vinculados entre sí son el verde, el leonado y el morado. Pues son precisamente estos tres colores los que van siempre unidos entre sí, diríamos que se considera que 'hacen juego', según las *Ordenanzas sobre el obraje de los paños, lanas, bonetes y sombreros* que se publican en 1558 y vuelven a editarse posteriormente varias veces, señal de su validez. En efecto, estas ordenanzas ponen de relieve, en primer lugar, la importancia del color verde (tanto oscuro como claro), pero, además, al hablar de los tintes, indican lo siguiente:

> Otrosí mando que todos los paños veyntiquatrenos y dende arriba, que fueren morados y verdes claros y leonados, que sean tintos en lana, en la qual quantidad que a cada uno convenga y que de otra manera no se

---

(*Cervantes: deux themes majeurs (l'amour - les armes et les lettres)*, France-Iberie-Recherche, Toulouse, 1986, pp. 93-100). En su "Introducción" al *Quijote* (Crítica, Barcelona, 1990), Edward C. Riley adopta una posición equilibrada entre las dos posiciones.

[8] Véase Monique Joly, "Semiologie du vetement et interpretation de texte", *Revista Canadiense de Estudios Hispánicos*, II:l (1977), pp. 54-64.

[9] Bernardo Vargas Machuca, *Teorica y exercicios de la gineta,* Maxtor, Valladolid, 2009, p. 160.

> puedan teñir so pena de ser perdidos [...]. E mando que todos los otros paños tintos en lana para verdes y leonados y morados no los echen en el sello de la tinta fasta que sean demudados.[10]

Gringras,[11] apoyándose en un análisis minucioso de los trajes de la época, concluye que el atuendo del Caballero del Verde Gabán coincide en líneas generales con el preferido por los caballeros españoles tanto de la época anterior como de la contemporánea de Cervantes. En otro estudio posterior también se muestra convincentemente que el gabán descrito por Cervantes con tanto detalle correspondería al llamado "gabán lombardo" de los libros de sastrería del siglo XVII, de color verde, y que era el favorito entre los trajes de camino.[12] Todos estos trabajos redimensionan y limitan las interpretaciones simbólicas o ideológicas[13] del uso del verde en la caracterización de dicho caballero.

Como han planteado Gingras, Joly y Redondo, el traje y el caballo del caballero don Diego, descritos en el *Quijote,* se corresponden con los usados por el grupo social de los hidalgos rurales ricos de la época para salir de paseo. Si esto es así, lo que habría que destacar son el cuidado y la atención que el personaje presta al detalle de la vestimenta, como manifestación de un orden que prefigura el ideal burgués, y la agudeza de la visión cervantina.

[10] Véase *Ordenanças sobre el obraje de los paños: lanas: bonetes: e sombreros. Nuevamente hechas. De cómo se han de hazer y teñir: y vender...* (Alcalá de Henares, Athanasio de Salzedo, 1558) *apud.* A. Redondo, *op. cit.*, p. 524.

[11] Gerald L. Gringras, "Diego de Miranda, 'Bufón' or Spanish gentleman? The social background of his attire", *Cervantes: Bulletin of the Cervante Society of America*, V:2 (1985), pp. 129-140.

[12] Carmen Bernis, *El traje y los tipos sociales en el "Quijote"*, El Viso, Madrid, 2001.

[13] Como los de Josefa Álvarez, "El caballero del Verde Gabán: algunas consideraciones desde el epicureísmo y el estoicismo", *Anales Cervantinos*, XXXIX (2007), pp. 147-158 y Francisco Márquez Villanueva, "El caballero del Verde Gabán y su reino de paradoja", en *Personajes y temas del "Quijote"*, Taurus, Madrid, 1975, pp. 147-227.

Otro elemento que hay que subrayar es la relación que existe entre la condición, actitud y sentimientos de un personaje y su apariencia. De ahí que a continuación de la aparición de don Diego, el narrador diga que "miraba don Quijote al de lo verde, pareciéndole hombre de chapa" (*Quijote*, II, 16), y después el narrador asegure que "en el traje y apostura daba a entender ser hombre de buenas prendas" (II, 16). Por el contrario, el caminante don Diego se admira "de la apostura y rostro de don Quijote" (II, 16).[14]

La presencia del color verde en los trajes cervantinos es constante, más allá de cualquier referencia simbólica y del uso cotidiano del color en la realidad de la época, podríamos decir que en los textos de Cervantes es casi una marca de estilo del autor. En este sentido, también Sancho, cuando es enaltecido socialmente, es vestido de verde:

> Diéronle a don Quijote un vestido de monte, y a Sancho otro verde, de finísimo paño, pero don Quijote no se le quiso poner, diciendo que otro día había de volver al duro ejercicio de las armas y que no podía llevar consigo guardarropas ni reposterías. Sancho sí tomó el que le dieron, con intención de venderle en la primera ocasión que pudiese (*Quijote*, II, 34).

La mención al "finísimo paño" es complementada por el color verde. En este caso además de ser el color habitual de los cazadores, contrasta con el color de las telas bastas y pardas del vestir campesino habitual de Sancho. Después llama la atención el espíritu práctico de Sancho y la reutilización que hace de dicha prenda cuando la envía a su esposa ya siendo gobernador de la ínsula Barataria. La reutilización de telas en las faldas del vestido femenino era habitual en el traje campesino, ya fuera cosiéndolas en franjas o añadiendo una sobre otra.

[14] Francisco Vivar, "El Caballero del Verde Gabán y el Caballero de los Leones: La plenitud del encuentro", *Anales Cervantinos*, XXXVI (2004), p. 171.

En este caso la instrucción de Sancho en la carta a su esposa es hacer todo el vestido para Sanchica:

> Mujer de un gobernador eres: ¡mira si te roerá nadie los zancajos! Ahí te envío un vestido verde de cazador que me dio mi señora la duquesa; acomódale en modo que sirva de saya y cuerpos a nuestra hija. Don Quijote mi amo, según he oído decir en esta tierra, es un loco cuerdo y un mentecato gracioso, y que yo no le voy en zaga (*Quijote*, II, 36).

No hay que olvidar que precisamente, el traje que se lleva cuando se va de caza o asimismo cuando se camina es fundamentalmente de color verde (o pardo algunas veces) es decir del color del campo y del bosque, del color del monte, de la naturaleza, el color que permite pasar inadvertido en el caso de la caza. De ahí que la duquesa cuando sale al bosque vista de tal color y su montura también tiene guarniciones verdes:

> Sucedió, pues, que otro día, al poner del sol y al salir de una selva, tendió don Quijote la vista por un verde prado, y en lo último dél vio gente y, llegándose cerca, conoció que eran cazadores de altanería. Llegóse más, y entre ellos vio una gallarda señora sobre un palafrén o hacanea blanquísima, adornada de guarniciones verdes y con un sillón de plata. Venía la señora asimismo vestida de verde, tan bizarra y ricamente que la misma bizarría venía transformada en ella. En la mano izquierda traía un azor, señal que dio a entender a don Quijote ser aquélla alguna gran señora, que debía serlo de todos aquellos cazadores, como era la verdad, y, así, dijo a Sancho (*Quijote*, II, 30).

Don Quijote también viste prendas caballerescas, aunque en la descripción se puede marcar el contraste de su extraña condición, así se describe su vestimenta en el castillo o casa del Caballero del Verde Gabán donde suceden "cosas extravagantes":

> Entraron a don Quijote en una sala, desarmole Sancho, quedó en valones y en jubón de camuza, todo bisunto con la mugre de las armas: el cuello era valona a lo estudiantil, sin almidón y sin randas; los borceguíes eran datilados, y encerados los zapatos. Ciñose su buena espada, que pendía de un tahalí de lobos marinos; que es opinión que muchos años fue enfermo de los riñones; cubriose un herreruelo de buen paño pardo (*Quijote*, II, 18).

Don Quijote viste sin lujos: "valones" que son calzones o pantaloncillos a la flamenca, atados en las rodillas; el habitual "jubón": vestido que cubre medio cuerpo, el torso, ceñido y con faldones de "camuza", esto es de gamuza, piel delgada que usaba incluso para guantes; el cuello extendido de la camisa que viste, caído sobre los hombros es una "valona", más bien pobre pues es calificada de estudiantil y por tanto sin adornos de encaje ("randas"); calza borceguíes cafés ("datilados") y "zapatos", que en esa época era un calzado que no pasaba del tobillo, con la parte inferior de suela y lo demás de piel, fieltro, paño u otro tejido, más o menos escotado por el empeine; el tahalí era de "lobos marinos", piel o cuero de foca al que se le atribuían propiedades curativas (de ahí el comentario sobre el padecimiento de los riñones de nuestro hidalgo), y una capa corta con cuello y sin capilla de "buen paño pardo" llamada "herreruelo" o ferreruelo.

Esta vestimenta de don Quijote contrasta con la que llevará más adelante en el palacio de los duques, cuando el felino encuentro con Altisidora, en esa ocasión don Quijote viste de manera más elegante y refinada:

> [...] lo cual visto por don Quijote, dejó las blandas plumas, y nonada perezoso se vistió su acamuzado vestido y se calzó sus botas de camino, por encubrir la desgracia de sus medias; arrojose encima su mantón de escarlata y púsose en la cabeza una montera de terciopelo verde, guarnecida de pasamanos de plata; colgó el tahelí de sus hombros con su

> buena y tajadora espada, asió un gran rosario que consigo contino traía, y con gran prosopopeya y contoneo salió a la antesala, donde el duque y la duquesa estaban ya vestidos y como esperándole (*Quijote*, II, 46).

Destaca en este atuendo la montera verde con adornos de pasamanería, esto es galones, trencillas, cordones, borlas y flecos de plata y el elegante manto de paño fino de color rojo encendido —escarlata— el color más caro de los tintes textiles.

En otros episodios la caracterización por medio del vestuario es indirecta. Así, el vestido, aunque sea como equipaje, sirve para caracterizar a otros personajes como los estudiantes con los que se encuentra don Quijote al alejarse de la casa de don Diego antes del episodio del pastor enamorado:

> Poco trecho se había alongado don Quijote del lugar de don Diego, cuando encontró con dos como clérigos o como estudiantes y con dos labradores que sobre cuatro bestias asnales venían caballeros. El uno de los estudiantes traía, como en portamanteo, en un lienzo de bocací verde envuelto, al parecer, un poco de grana blanca y dos pares de medias de cordellate; el otro no traía otra cosa que dos espadas negras de esgrima, nuevas y con sus zapatillas (*Quijote*, II, 19).

Curiosamente lo que traen estos estudiantes en su "portamanteo" (aditamento que sirve al que va de camino para cargar un paquete y llevar la ropa) es un paño fino, llamado "grana" independientemente del color que tuviera, envuelto en "bocací" (tela falsa de lienzo teñida de diversos colores, también llamada tarlatana, que podía estar encerada para volverla impermeable), y un par de medias de un tejido basto de lana conocido como "cordellate". Estas prendas caracterizan al personaje de los clérigos o estudiantes (ambos visten casi igual), pues no son prendas de lujo, pero tampoco rústicas y además llevan espada, aunque sea de esgrima, esto es sin filo y con la punta cubierta (la mencionada "zapatilla") para que no hiera.

De manera similar se caracteriza el mozo que va a la guerra y que alcanzan don Quijote y Sancho cuando dejan la Cueva de Montesinos y se dirigen a la venta:

> Con esto dejaron la ermita y picaron hacia la venta, y a poco trecho toparon un mancebito, que delante dellos iba caminando no con mucha priesa, y, así, le alcanzaron. Llevaba la espada sobre el hombro, y en ella puesto un bulto o envoltorio, al parecer de sus vestidos, que al parecer debían de ser los calzones o greguescos, y herreruelo, y alguna camisa, porque traía puesta una ropilla de terciopelo con algunas vislumbres de raso, y la camisa, de fuera; las medias eran de seda, y los zapatos cuadrados, a uso de corte; la edad llegaría a diez y ocho o diez y nueve años; alegre de rostro, y, al parecer, ágil de su persona (*Quijote*, II, 24).

En este caso se trata de una vestimenta común y corriente, los calzones o greguescos, muy anchos cuyas perneras llegaban hasta media pierna o la rodilla, la camisa que era una prenda interior de tela fina de algodón o lino que también llegaba hasta media pierna y la "ropilla" que cubría el tórax y se usaba sobre el jubón. En este caso la ropilla remite al medio cortesano por el detalle de ser de terciopelo con algunos restos de raso, así como las medias de seda y los zapatos al uso de la corte que no sirven para ir de viaje y menos caminando. Cómo después hará explícito el joven, va a enrolarse en una compañía de infantería, pues está cansado de servir a pretendientes de la corte y gente sin mayor nivel que no le han dejado nada, ni siquiera, como le pregunta don Quijote, una librea —otra prenda de vestir— por los años que sirvió a distintos amos. Así, Cervantes completa toda una amplia visión de la sociedad de su tiempo y las relaciones de servicio por medio del vestido que lleva el mozo como equipaje.

El tópico de la mujer vestida de hombre tan común en el teatro áureo, también está presente en la novela cervantina en el episodio que tiene lugar mientras Sancho, ya gobernador de la ínsula, ronda de noche y se encuentra con la hija de don Diego de la Llana. Así se describe en este episodio cómo está vestida la joven doncella que quiso salir disfrazada a conocer las cosas del mundo:

> —Señor gobernador, este que parece hombre no lo es, sino mujer, y no fea, que viene vestida en hábito de hombre.
> Llegáronle a los ojos dos o tres lanternas, a cuyas luces descubrieron un rostro de una mujer, al parecer de diez y seis o pocos más años, recogidos los cabellos con una redecilla de oro y seda verde, hermosa como mil perlas. Miráronla de arriba abajo y vieron que venía con unas medias de seda encarnada con ligas de tafetán blanco y rapacejos de oro y aljófar; los greguescos eran verdes, de tela de oro, y una saltaembarca o ropilla de lo mesmo suelta, debajo de la cual traía un jubón de tela finísima de oro y blanco, y los zapatos eran blancos y de hombre; no traía espada ceñida, sino una riquísima daga, y en los dedos, muchos y muy buenos anillos (*Quijote*, II, 49).

La descripción de la mujer vestida de hombre se inicia con el detalle que es esencial para el disfraz: la manera en que se recogen los cabellos femeninos con una redecilla de materiales fino y como es de esperar, tratándose de Cervantes, la seda de la redecilla es de color verde. Las telas y vestido en general son todos finos y lujosos y subrayan la condición social del personaje; por ejemplo, incluso algo menor como las ligas de las medias son de "tafetán", que es una tela delgada de seda muy tupida con flecos ("rapacejos") de oro y perlas. Desde luego con el predominio en el vestuario del verde con oro, pues además de en la redecilla que recogía el cabello, está en los greguescos o calzones —pantalones diríamos ahora— y la casaca corta ("ropilla").

Otra descripción de vestimenta que sirve para ocultar la verdadera identidad, esto es que funciona como disfraz, es la siguiente descripción de la condesa Trifaldi y su cortejo:

> Detrás de los tristes músicos comenzaron a entrar por el jardín adelante hasta cantidad de doce dueñas, repartidas en dos hileras, todas vestidas

de unos monjiles anchos, al parecer de anascote batanado, con unas tocas blancas de delgado canequí, tan luengas, que sólo el ribete del monjil descubrían. Tras ellas venía la condesa Trifaldi, a quien traía de la mano el escudero Trifaldín de la Blanca Barba, vestida de finísima y negra bayeta por frisar, que a venir frisada descubriera cada grano del grandor de un garbanzo de los buenos de Martos. La cola o falda, o como llamarla quisieren, era de tres puntas, las cuales se sustentaban en las manos de tres pajes asimesmo vestidos de luto, haciendo una vistosa y matemática figura con aquellos tres ángulos acutos que las tres puntas formaban, por lo cual cayeron todos los que la falda puntiaguda miraron que por ella se debía llamar la condesa Trifaldi, como si dijésemos la condesa "de las Tres Faldas" (*Quijote*, II, 38).

Lo primero es la descripción del cortejo con las mujeres vistiendo trajes de luto —los "monjiles"— sueltos y de "anascote batanado" (tela de lana ligera y muy compacta, gracias al uso del batán hidráulico que por medio de golpes regulares compactaba las mantas de lana, y que por tanto eran nada suaves y propias de vestimenta religiosa). La imagen luctuosa del cortejo se completa con las largas tocas que cubren la cabeza de las mujeres, hechas de "canequí", una tela delgada de algodón que venía de la India y por tanto indicaba un prestigio. A continuación, se presenta la condesa con su traje de bayeta —franela de lana floja— negra sin "frisar", esto es sin los pelillos de la lana rizados por la carda, y con tres colas en la falda. La cola del traje femenino elegante sigue siendo una señal de lujo y más en este caso que son tres y dan lugar al juego del nombre de la condesa "Tri-faldi". Aunque se trata de un disfraz, lo detalles nos remiten al lujo cortesano característico de la corte de los duques.

Finalmente, también Sancho, cuando cambia de condición y oficio tiene que cambiar su vestimenta y así su imagen deja de ser la del sencillo aldeano labrador para aparecer como un juez con una imagen mucho más impresionante gracias a su nueva vestimenta. El primero que le hace saber a Sancho cual debe ser su imagen y cómo debe vestir es don Quijote, dentro de la amplia serie de consejos que le da que incluyen la limpieza, comportamiento, qué comer, cómo cabalgar y desde luego cómo vestir: "Tu vestido será calza entera, ropilla larga, herreruelo un poco más largo; greguescos, ni por pienso, que no les están bien ni a los caballeros ni a los gobernadores" (*Quijote*, II, 43).

La imagen que debe tener Sancho lleva además una valoración por parte de don Quijote de las prendas adecuadas al gobernador, rechazando los greguescos o calzones anchos introducidos en España por los valones y de uso habitual y privilegiando la ropa larga más formal tanto en las calzas como en la capa (el "herreruelo"). Este es el resultado final de la transformación de Sancho que deja atrás su vestir rústico:

> Salió, en fin, Sancho, acompañado de mucha gente, vestido a lo letrado, y encima un gabán muy ancho de chamelote de aguas leonado, con una montera de lo mesmo, sobre un macho a la jineta, y detrás dél, por orden del duque, iba el rucio con jaeces y ornamentos jumentiles de seda y flamantes. Volvía Sancho la cabeza de cuando en cuando a mirar a su asno, con cuya compañía iba tan contento, que no se trocara con el emperador de Alemaña (*Quijote*, II, 44).

El vestido "a lo letrado" es del tejido más fino el "chamelote", tela originalmente traída de Oriente, de lana o pelo de camello (que cuando se hacía en España se substituía por pelo de cabra) mezclada con seda y tejida con un dibujo de ondas —"aguas"—. Este cambio de imagen de Sancho alcanza al rucio de rústica estampa que ahora va 'vestido', esto es enjaezado con seda y finos adornos tal como mandarían las ordenanzas jumentiles si las hubiera.

El abundante recurso de la descripción de vestuario en la Segunda parte del *Quijote* se debe a que claramente el vestido adquiere una significación profunda al expresar la conciencia de un grupo o nivel social y así lo puede descodificar el lector. Más que decir la condición social del personaje se nos describe cómo va vestido y el receptor puede visualizar una realidad conocida. Por otra parte también, con el detallismo cervantino al tratar el vestido se refuerza la oposición realidad-apariencia, pertenencia y exclusión, y así, al mostrar cómo viste el personaje, además se crea una imagen que puede llegar a corresponder con lo que el personaje siente y con su actitud ante los hechos, y no simplemente a ubicarlo en la escala social. De esta manera la descripción del vestuario es un recurso más amplio de caracterización más profunda y no sólo de ubicación del personaje.

ESTANTIGUAS CERVANTINAS: UNA VISITA DE LAS LEGIONES INFERNALES

Ignacio Padilla
Universidad Iberoamericana

En la mente perturbada o simplemente transformadora del Caballero de la Triste Figura las visiones discordaban con frecuencia con las de los habitantes de la realidad y aun con las de su crédulo escudero. No obstante, en algunas ocasiones las figuras enemigas, fantasmales, aterradoras o de plano demoníacas de la caballería coincidieron con las que sembraban espanto en el vulgo del siglo xvi. Tal es el caso de las diversas estantiguas que, merced al trabajo de Agustín Redondo, podemos identificar en las dos entregas de la gran novela cervantina.

Es sabido que la pluralidad es una de las deformaciones físicas que reflejan la monstruosidad ontológica de ciertas entidades; de ahí, entre otras cosas, que el término 'legión', muy citado y hasta prevaricado en la obra de Cervantes, aluda a lo plural monstruoso en la precaria unidad demoníaca. No menos frecuente en la obra del alcalaíno es la referencia a los fantasmas, cuyas connotaciones limítrofes y ontológicas son asimismo propicias para una obra que con justa razón es el paradigma de la disolvencia entre este mundo y los otros.

Aparentes escuadrones ultramundanos que por algún motivo tomaron forma en el Más Acá, las huestes antiguas, las compañas, los ejércitos de demonios y fantasmas, habrían sido adoptados, no creados, por los autores de las novelas de caballería para engrosar la nómina de demonios, encantadores, generaciones giganteas y magas gregarias a los que el caballero andante debía enfrentarse en su gesta ordenadora del infierno mundo. De ahí que don Quijote, al enfrentar lo que él cree que son precisamente este tipo de visiones, se constituya también en paladín de lo popular tanto como de lo unitario divino, es decir, en combatiente de los terrores que el hombre había vertido en el folclore.

* * *

El fantasma singular o solitario es ya en sí mismo una monstruosidad, una perturbación, una transgresión. Como cualquier narrativa o ficción, su existencia ultramundana responde a obsesiones individuales muy tempranamente colectivizadas, en especial las que atañen a la muerte y a la invención misma del concepto de alma. Que un hombre atormentado por la transgresión o sencillamente interesado en imponerse como capaz de superar no sólo lo real sino lo meta-real, resulta lógico y hasta deseable.

Al final de su definición del fantasma, Covarrubias nos deleita y confunde con una segunda acepción: "del hombre seco, alto y que no habla, dezimos que es un fantasma".[1] Fantasmal es sin duda la imagen que inspira a Sancho a dar a su amo el nombre de Caballero de la Triste Figura. Es curioso, por otra parte, que esta misma acepción de fantasma, o una muy similar, la repita Corominas como acepción tercera del concepto de estantigua. Escribe Corominas que se trata de una "procesión de aparecidos", de "fantasmas" o de "una persona muy alta, seca y mal vestida". Añade a esto el lexicógrafo algunas referencias históricas, mitográficas y, por si eso no bastase, demoníacas:

> ...Antiguamente HUEST ANTIGUA, aplicado al diablo o a un ejército de demonios, y procedente del lat. HÖSTIS ANTÏQUUS, propiamente 'el viejo enemigo', que los Padres de la Iglesia aplicaron al demonio; en

[1] Sebastián de Covarrubias, *Tesoro de la lengua castellana o española*, ed. integral e ilustrada de Ignacio Arellano y Rafael Zafra, Universidad de Navarra-Iberoamericana-Vervuert-Real Academia Española-Centro para la Edición de Clásicos Españoles, Madrid, 2006, *s.v.* "fantasma".

castellano *HUES ANTIGUO tomó el género femenino a causa del género de HUESTE 'ejército', procedente de HOSTIS.[2]

Cuando Miguel de Cervantes recurre a la estantigua para escribir ciertos pasajes del *Quijote*, ésta ya contaba con una tipología más o menos identificable, y si bien la estantigua presentaba ciertas variantes acordes con las regiones en las que se les invocaba o representaba, su carácter diabólico era ya indiscutible: nocturnas, difusas, estridentes, casi siempre a caballo y apenas alumbradas por la luz de sus antorchas, las estantiguas eran ante todo huestes salvajes nacidas del mundo demonizado de las cacerías, si bien estaban también estrechamente vinculadas con las creencias en fantasmas y aparecidos. Antiguamente este vocablo, según nos indica Corominas,

> procede de la creencia germánica en la cabalgata nocturna del dios Wodan y sus seguidores, en constante marcha e incapaz de reposo, creencia que arraigó fuertemente en el folklore germánico y romance aun después de la muerte del paganismo.

No es entonces de extrañar que el vulgo, ante la ineptitud del clero para desterrar plenamente el paganismo, enlace con legiones demoniacas a la estantigua como ritual de caza pagano. Tampoco sorprende que este enlace ocurra en el ámbito de la fantasmagoría. Satanás, inclemente cazador de almas, habría reclutado en el infierno a un conjunto de demonios o almas perdidas para constituir con ellas un ejército, una hueste o mesnada en la que el carácter adverso y perverso del Mal, congruente con su negación de lo único, se habría visto multiplicado por el número de miembros de dicho ejército, así como por su aspecto aterrador, ruidoso, violento, atrabiliario.

[2] Joan Corominas, *Breve diccionario etimológico de la lengua castellana*, Gredos, Madrid, 1987, *s.v.* "estantigua".

Cierto es que, en ocasiones, la estantigua podía parecer más bien una suerte de peregrinación doliente y apacible de almas en pena, lo cual las haría parecer menos amenazantes que lastimeras, mas no por ello resultaban menos demoníacas, menos inquietantes en su recordatorio de que las almas en pena eran malvadas y por lo tanto dignas de ser evitadas. Como quiera que fuese, lo cierto es que estos escuadrones diabólicos podían circular o penar por un mundo que era sensiblemente demasiado pecaminoso como para ser considerado paradisíaco. Por más que la Iglesia y su doctrina insistiesen en demostrar al creyente que ningún ejército maligno podía en realidad hacer daño al buen cristiano, la dificultad de asumir, entender y por supuesto seguir a una Iglesia que era en sí misma contradictoria —y no menos de saber qué exactamente nos hacía buenos cristianos— volvía más verosímil la posibilidad de que el hombre mismo, en su peregrinar por la tierra, se encontrase con una estantigua dispuesta a dañarlo y, en el peor de los casos, a reclutarlo entre sus dolientes filas.

* * *

Opina Redondo que son tres los momentos de la novela en que don Quijote se topa con una estantigua, o algo que lo parezca: en la aventura del cuerpo muerto, en la aventura de las Cortes de la Muerte y en la procesión del bosque. Aunque reconozco que esta clasificación es bastante verosímil y se encuentra bien justificada por el ilustre cervantista, me permito hacer en ella algunos añadidos: en primer lugar, descarto el análisis del episodio de las Cortes de la Muerte como una estantigua y remito al lector a otros estudios dedicados a los demonios del escenario; en segundo término, incluyo en la lista el episodio de los disciplinantes, el cual, si bien no responde a las características de nocturnidad de un encuentro quijotesco con la estantigua, no deja de tener connotaciones fantasmales y arroja a mi entender algunas luces sobre la manera en que el caballero, en la gradual derrota que entrevé entre los portadores del cuerpo muerto y su resignación frente al triunfo de los encantadores.

Don Quijote, criatura de soldado viejo y consciente como nadie de que las fuerzas del mal imperan en el mundo, no podía menos toparse con estas huestes infernales. Y lo hizo más de una vez. En su visión maniquea, el caballero solitario requería de un enemigo plural cuyo vencimiento acentuase su unicidad. Si no lo había, era preciso inventarlo. ¿Qué mejor manera de probar la destreza del hidalgo ya no contra una persona común sino contra un ejército poco común? No le bastan al hidalgo, para probar la fuerza de su brazo, los ejércitos de Alifanfarrón, que él cree escuadrones de carne y hueso, como los que constituyen las ovejas y los toros; es necesario que su poder vaya más lejos y que los ejércitos vengan respaldados por una fuerza ultramundana más poderosa que la de un rey moro o un general: así pues, luchar contra una hueste fantasmal que refleje la propia pluralidad de su yo tiene más mérito que el combatir un ejército ordinario, pues al vencerla no se vence solamente al malvado enemigo, sino al mismo diablo, más cercano a sus demonios y a las almas en pena que al hombre mismo.

Manos en sagrado: la aventura del cuerpo muerto

La crítica cervantina, comúnmente reacia al consenso, parece estar de acuerdo con la singularidad del encuentro de don Quijote con los encamisados (*Quijote*, I, 19). Antes de este episodio, el ingenioso hidalgo se ha mostrado capaz de transformar las escenas y los objetos más cotidianos en demonios, gigantes o encantadores; a partir de su encuentro con el cuerpo muerto, sucedido justo después de su encuentro con el ejército de ovejas, la realidad parece ya transformada antes de que el caballero la transforme. La aparición del cuerpo muerto y sus guardianes en plena noche y a la luz de las antorchas, algo de por sí inusual y desconcertante para espíritus más lúcidos, su carácter misterioso y macabro es espontáneo: no necesita de una prevaricación radical de lo real —a diferencia de las ovejas— para acusar un carácter transgresor, subversivo, aunque sea luego objeto de distintas interpretaciones (por venir como veníais, de noche... dice don Quijote). Ciertamente, como afirma Williamson, el hidalgo puede y suele convertir lo ordinario en prueba de su visión caballeresca, "pero en este capítulo le sucede una aventura 'que *sin artificio alguno, verdaderamente lo parecía*'".[3] La procesión de encamisados hubiera presentado de por sí un espectáculo bastante raro en aquellas soledades (así lo percibe luego en la aventura de los disciplinantes); pero de noche y a la luz de múltiples hachas encendidas, parece escena del otro mundo.

En efecto, ni para Sancho ni para el caballero cabrá duda de que, más que *parecer*, esta procesión *es* una escena de ultramundo (como lo habría sido para el lector de entonces, y aun el de ahora con suficiente suspensión de la incredulidad). Sólo el lector —y, ante la ulterior evidencia, el escudero— acabará por reconocer que se trata sólo de una apariencia, pero ello no obsta para despojar al evento en sí mismo de su extrañeza. Mucho se ha especulado sobre el origen real o literario de este pasaje: la gran mayoría se muestra favorable a la idea, expuesta inicialmente por Navarreta, de que el episodio alude a "un suceso histórico post mortem del fraile carmelita",[4] es decir, el traslado nocturno de sus restos mortales desde Úbeda hasta tierras segovianas en 1593, poco antes o durante la escritura del *Quijote* de 1605; otros críticos, tales como Clemenín y Avalle-Arce, han añadido a este episodio una impronta caballeresca —no necesariamente incompatible con la atribución histórica—, de ciertos pasajes del *Amadís de Gaula*, *Florisel de Niquea* y, sobre todo, *Palmerín de Inglaterra*, el cual, como hace notar Ferreras, es una de las novelas salvadas del brazo seglar del ama.[5]

[3] Edwin Williamson, *El Quijote y los libros de caballerías,* Altea-Taurus-Alfaguara, Madrid, 1991, p. 56.

[4] Alberto Sánchez, "Posibles ecos de San Juan de la Cruz en el *Quijote* de 1605", *Anales Cervantinos*, XXVIII (1990), p. 7.

[5] Juan Ignacio Ferreras, *La estructura paródica del "Quijote",* Taurus, Madrid, 1982, p. 45.

Sea cual fuere la raíz del episodio, en todos los casos nos enfrentamos con una escena insólita o enrarecida en la que un grupo de hombres transporta con sigilo un cadáver, lo cual atendiblemente causa curiosidad en el caballero y miedo en el escudero:

> Y, apartándose los dos a un lado del camino, tornaron a mirar atentamente lo que aquello de aquellas lumbres que caminaban podía ser, y de allí a muy poco descubrieron muchos encamisados, cuya temerosa visión de todo punto remató el ánimo de Sancho Panza, el cual comenzó a dar diente con diente, como quien tiene frío de cuartana; y creció más el batir y dentellear cuando distintamente vieron lo que era, porque descubrieron hasta veinte encamisados, todos a caballo, con sus hachas encendidas en las manos, detrás de los cuales venía una litera cubierta de luto, a la cual seguían otros seis de a caballo, enlutados hasta los pies de las mulas, que bien vieron que no eran caballos en el sosiego con que caminaban. Iban los encamisados murmurando entre sí con una voz baja y compasiva (*Quijote*, I, 19).[6]

Si atendemos a los antecedentes supersticiosos de la estantigua, el miedo de Sancho Panza se explica, no menos la reacción del caballero. La escena, escribe Williamson, "le viene de perlas a Don Quijote, porque la realidad por fin se muestra a la altura de su estrambótica imaginación".[7] El caballero ve ante sí una hueste infernal procedente lo mismo del mundo de las caballerías que de la tradición popular a la que no es ajeno, pero también el escudero ve una hueste extraída en su caso del sentir popular. Por ello no pretende Sancho, como es su

[6] Miguel de Cervantes, *Don Quijote de la Mancha*, ed. de Francisco Rico, Instituto Cervantes-Crítica, Barcelona, 1998.

[7] E. Williamson, "Lectura del capítulo XIX", en Miguel de Cervantes, *Don Quijote de la Mancha*, ed. del Instituto Cervantes, dirigida por Francisco Rico, con la colaboración de Joaquín Forradellas, estudio preliminar de Fernando Lázaro Carreter, Instituto Cervantes-Crítica, Barcelona, 1998. Versión en línea: http://cvc.cervantes.es/literatura/clasicos/quijote/edicion/parte1/cap19/nota_cap_19.htm (20/02/2017).

costumbre, devolver a su amo a la realidad, más bien le admira cuando éste, enardecido ante el apremio del primer fantasma, arremete contra aquellos que él llama diablos.

Hasta el momento del ataque contra la estantigua, don Quijote permanece ante nuestros ojos y los de Sancho como un auténtico combatiente de la oscuridad diabólica, pero poco a poco, conforme nos aproximamos a la verdad, el ataque del caballero se convertirá en una falta grave contra el orden. Ya antes los encamisados, al ver a don Quijote en plena refriega, habían visto no un hombre "sino diablo del infierno, que les salía a quitar el cuerpo muerto que en la litera llevaban" (*Quijote*, I, 19). Y este carácter diabólico será más abiertamente declarado cuando la estantigua se revele ni más ni menos como una hueste de religiosos que llevan el cuerpo de un caballero a Segovia. Don Quijote entonces se muestra confundido, y busca reinvertir la falta preguntando quién mató al caballero, para vengarle. Pero el hombre ha sido aniquilado por la enfermedad, es decir, por Dios y don Quijote ni siquiera tiene ese consuelo para salir del dilema en que se ha puesto por poner mano en cosa sagrada:

> —Desa suerte —dijo don Quijote—, quitado me ha Nuestro Señor del trabajo que había de tomar vengar su muerte, si otro alguno le hubiera muerto; pero, habiéndole muerto quien le mató, no hay sino callar y encoger los hombros, porque lo mesmo hiciera si a mí mismo me matara (*Quijote*, I, 19).

El transgresor, santo o demonio, tiene que someterse al hecho divino como ha debido someterse tantas veces ante la realidad que comienza a derrotarlo. Esta, sin duda, será una de las múltiples transgresiones contra el orden en que incurrirá el caballero en su cruzada, derrotas que no quedarán impunes. Don Quijote quiere justificar su ataque señalando que los encamisados han cometido la falta de aparentar ser demonios,

> en venir como veníades, de noche, vestidos con aquellas sobrepellices, con las hachas encendidas, cubiertos de luto, que propiamente semejábades cosa mala y del otro mundo; y, así, yo no pude dejar de cumplir con mi obligación acometiéndoos, y os acometiera aunque verdaderamente supiera que érades los mesmos satanases del infierno, que por tales os juzgué y tuve siempre (*Quijote*, I, 19).

La justificación parece lógica, pero esto no impedirá que el triunfo del ser sobre la apariencia sea también el triunfo del orden sobre el caballero quien, apenas en el capítulo siguiente, dará muestras de una cobardía que hasta entonces hubiera resultado inverosímil en él. Este sentimiento de falta y debilidad queda claro cuando es justamente en este pasaje donde Sancho decide bautizar a su amo con el ambivalente nombre de Caballero de la Triste Figura "porque le he estado mirando un rato a la luz de aquella hacha que lleva aquel malandante, y verdaderamente tiene vuestra merced la más mala figura, de poco acá, que jamás he visto; y débelo de haber causado, o ya el cansancio deste combate, o ya la falta de las muelas y dientes" (*Quijote*, I, 19). El caballero acepta este nombre, mas no por los motivos que aduce Sancho, sino que la atribuye a la voluntad de ese demiurgo a medias benigno y a medias maligno que es el autor de la historia. ¿Será acaso que comienza a aceptar el castigo de su falta contra una hueste de demonios que era más bien una hueste de eclesiásticos? ¿Es este el principio de la derrota que lo hará mantenerse impávido ante la diabólica procesión de encantadores, otra estantigua, que los duques preparan para él en el bosque? Sancho no duda en advertirle a su amo que "queda descomulgado por haber puesto las manos violentamente en cosa sagrada, iuxta illud, 'Si quis suadente diabolo', etcetera" (*Quijote*, I, 19). Pero don Quijote no entiende esos latines, rechaza la excomunión con el salvoconducto de la apariencia:

> Mas yo sé bien que no puse las manos, sino este lanzón; cuanto más que yo no pensé que ofendía a sacerdotes ni a cosas de la Iglesia, a quien

respeto y adoro como católico y fiel cristiano que soy, sino a fantasmas y vestiglos del otro mundo (*Quijote*, I, 19).

El recurso del caballero sólo es válido en el mundo de las apariencias. Su victoria sobre los vestiglos sólo ocurre allí donde Unamuno, en entusiasta interpretación del pasaje, identifica un "vencer su miedo a lo fantástico con lo fantástico".[8] Pero la realidad insiste en imponerse, de modo que, en la medida en que don Quijote sepa, como lo muestra en repetidas ocasiones y cada vez con mayor claridad, que el mundo en que habita no es el mundo en que él desea habitar, su excomunión terminará por dejarle no como un caballero que ha vencido a las huestes infernales, sino como el hombre que ha sido derrotado por ellas.

La aventura de los disciplinantes o la primera muerte de don Quijote

A primera vista se explica claramente por qué motivo Redondo no incluye a los disciplinantes (*Quijote*, I, 52) entre las estantiguas a las que se enfrenta el caballero, pues nada hay en esta ocasión que cause extrañeza o acuse misterio alguno para quienes los miran desde la realidad. Las escenas de disciplinantes, especialmente en tiempos de sequía, eran cosa común en aquellos tiempos, y siguen siéndolo. Esta legión no va a caballo, ni de noche ni a la luz mortecina de las hachas. Los disciplinantes no murmuran ni llevan en andas cadáver alguno. En fin, se trata a primera vista de una de esas realidades que constituían la España cervantina y la de ahora.

Para don Quijote, sin embargo, la escena que se le presenta no es tan sencilla, y antes le conduce a comportarse como lo hiciera en la

[8] Miguel de Unamuno, *Vida de don Quijote y Sancho Panza*, Alianza, Madrid, 1987, p. 243.

gloriosa batalla contra el gallardo vizcaíno y frente a los encamisados que conducían el cuerpo muerto a Segovia. ¿A qué se debe esta actitud? Evidentemente, hay en el aspecto en apariencia inofensivo de los disciplinantes algo "o aún algos" que hacen pensar al caballero en una legión diabólica nada diferente de las anteriores. Lo extraño o lo macabro de esta peregrinación sólo puede identificarse o bien a partir de sus similitudes con las huestes diabólicas del mundo de la caballería, o bien desde la perspectiva de un observador lo bastante hábil como para distanciarse de aquellos desfiles, en apariencia tan comunes y piadosos, y mirarlos como lo hacen hoy en día muchos extranjeros y como acaso debían mirarlos muchos pensadores antisupersticiosos: un triste escándalo de trompetas, un grupo de encapuchados que se abren las carnes y ocultan el rostro como si deseasen ocultar algo vergonzoso o maligno, y la imagen inanimada de una mujer enlutada y doliente, podrán parecer a algunos cosa ordinaria y ejemplo de devoción, pero no podemos negar que, en la distancia que imponen la locura o las culturas, el espectáculo no es apaciguador. Es así como lo ve don Quijote, y así como no lo quiere presentar Cervantes:

> Don Quijote, que vio los estraños trajes de los disciplinantes, sin pasarle por la memoria las muchas veces que los había de haber visto, se imaginó que era cosa de aventura y que a él solo tocaba, como a caballero andante, el acometerla, y confirmóle más esta imaginación pensar que una imagen que traían cubierta de luto fuese alguna principal señora que llevaban por fuerza aquellos follones y descomedidos malandrines (*Quijote*, I, 52).

La visión no podía ser menos evocadora de la aventura del cuerpo muerto, como tampoco puede serlo la actitud de don Quijote al encararla como si se tratase, efectivamente, de una hueste infernal parecida a los ejércitos malignos de los modelos caballerescos. Ahora, sin embargo, don Quijote ya no tiene a su lado a un Sancho que lo admire ni un ambiente de sigilo que lo justifique. No son esta vez los miembros de la supuesta estantigua quienes ven en él a un demonio, sino su propio escudero, que se pregunta:

> ¿Adónde va, señor don Quijote? ¿Qué demonios lleva en el pecho que le incitan a ir contra nuestra fe católica? Advierta, mal haya yo, que aquella es procesión de diciplinantes y que aquella señora que llevan sobre la peana es la imagen benditísima de la Virgen sin mancilla; mire, señor, lo que hace, que por esta vez se puede decir que no es lo que sabe (*Quijote*, I, 52).

Demasiado tarde: el caballero, que no ha aprendido la lección tristísima del cuerpo muerto, y pensando acaso en que salió triunfante de la aventura del gallardo Vizcaíno, enfrenta a las huestes diabólicas haciendo gala de dureza: "Vosotros, que quizá por no ser buenos os encubrís los rostros, atended y escuchad lo que deciros quiero" (*Quijote*, I, 52). Pero los disciplinantes no están dispuestos a escucharle, le apresuran y lo ignoran,[9] actitud que basta a don Quijote para confirmar la maldad de la hueste y atacarlos. Ahora, no obstante, don Quijote es derrotado y humillado de inmediato, basta un golpe para dejarlo inconsciente. Esta es la primera vez en que el caballero pierde literalmente el sentido, es la primera vez, en el largo camino de su desencanto, en que muere. Dice López Estrada: "Parece muerto,

[9] Avery no duda ni por un instante que el episodio de los disciplinantes sea una más de las parodias antisupercheriles del infierno dantesco, y para comprobarlo afirma que este apresurado clérigo no es otra cosa que la parodia de Brunetto Latini de Dante, quien se cuenta entre los sodomitas condenados a caminar sin tregua bajo una lluvia de fuego: "El apuro de los sodomitas y el de los disciplinantes son iguales, como lo son asimismo las excusas proferidas por Brunetto y el clérigo. El fuego que aflige a los sodomitas cae de arriba como la nieve. Si ellos se detienen aun un segundo en su marcha eterna, se les obligará a quedarse inmóviles... De igual modo los disciplinantes están obligados a continuar azotándose". William T. Avery, "Elementos dantescos del *Quijote*", *Anales Cervantinos*, 13-14 (1974-1975), p. 21.

pero aún no lo está; la muerte vendría después como cierre del libro y esta lo es sólo aparente pero premonitoria".[10]

Este carácter premonitorio de la derrota final del caballero se ve con mayor claridad cuando situamos el episodio dentro del contexto de la obra: hemos visto por un lado que don Quijote, al poner mano con violencia contra las cosas sagradas que integraban la estantigua del cuerpo muerto, ha comenzado a perder vigor y legitimidad como divulgador del bien en la tierra, a lo cual hay que agregar que este nuevo episodio tiene lugar cuando el caballero está en poder de los encantadores que lo conducen a casa enjaulado y humillado. Tal es la decadencia espiritual del ingenioso hidalgo, que al principio del propio capítulo 52 ha olvidado su categoría caballeril para enfrentarse a puñadas con un cabrero al que demoniza, y al hacerlo, se demoniza él mismo:

> Hermano demonio, que no es posible que dejes de serlo, pues has tenido valor y fuerzas para sujetar las mías, ruégote que hagamos treguas, no más de por una hora, porque el doloroso son de aquella trompeta que a nuestros oídos llega me parece que a alguna nueva aventura me llama (*Quijote*, I, 52).

¿Está reconociendo don Quijote que su violencia contra el orden le ha ido debilitando al grado de volverlo reductible ante las fuerzas de Satanás? La tregua que pide no durará una hora, ni dos, sino todo lo que le reste de vida. Esta lucha invertida de Jacob contra el Ángel no se resuelve, y por ello don Quijote quedará por siempre en la duda de si sus fuerzas hubieran sido suficientes para someter al enemigo. Por si esto no bastase, el triunfo fácil de los miembros de la estantigua de disciplinantes deja en claro cuán solo y cuán débil está ahora el Caballero de la Triste Figura. Sus palabras al volver en su acuerdo anuncian

[10] Francisco López Estrada, "Lectura comentada del capítulo LII", en Miguel de Cervantes, *Don Quijote de la Mancha*, ed. cit. En línea: http://cvc.cervantes.es/literatura/clasicos/quijote/edicion/parte1/cap19/nota_cap_19.htm (20/02/2017).

este sentimiento de derrota: "El que de vos vive ausente, dulcísima Dulcinea, a mayores miserias que estas está sujeto. Ayúdame, Sancho amigo, a ponerme sobre el carro encantado, que ya no estoy para oprimir la silla de Rocinante, porque tengo todo este hombro hecho pedazos" (*Quijote*, I, 52). Es cierto que todavía habrá una tercera salida del caballero, pero es también verdad que esta salida, en la que tiene lugar el encantamiento de Dulcinea y el iluminador descenso a la cueva de Montesinos, se caracteriza por la progresiva anemia espiritual del caballero, una debacle que comenzó con la aventura del cuerpo muerto, continuó con la muerte premonitoria en el episodio de los *diciplinantes* y que culminará, como veremos a continuación, en el triunfo definitivo de los encantadores del bosque, que forman una estantigua, la más terrible y ominosa, a la que el caballero ya no podrá o no sabrá enfrentarse.

La procesión del bosque

La última estantigua a la que se enfrenta un don Quijote en franca decadencia y aproximándose a su doble muerte, es también uno de los pasajes más claramente demoníacos y alegóricos en la obra del alcalaíno. Su interpretación va mucho más allá de lo que hasta aquí nos ha ocupado en torno a la estantigua y, acaso, a todos los restantes temas demoníacos. No podemos, sin embargo, analizar este episodio cabalmente si antes no agregamos a nuestro prolijo marco de referencia la reflexión de un tema que ha venido insinuándose en toda la investigación pero que sólo ahora procede realizar en profundidad: los encantadores y los encantamientos. Abramos, pues, un paréntesis para reflexionar en torno a tan singulares personajes, estrechamente relacionados con lo diabólico, pero también con temas como la voluntad y la muerte, para más adelante concluir nuestra investigación con el análisis propiamente dicho de esa última y fatal estantigua que es la procesión del bosque.

Cuando el Caballero de la Triste Figura se topa con la más diabólica procesión que los duques han preparado para él (*Quijote*, II, 34-35), su actitud no es precisamente confrontadora ni mucho menos valiente. El caballero, quien antes ha tenido el valor para medir su brazo contra numerosas huestes reales y ultramundanas, ahora apenas se atreve a responder a sus interlocutores demoníacos. Confundido acaso con la transformación de aquellas otras estantiguas en cosas sagradas, y quizá también consciente de que los encantadores de Dulcinea, del mundo y de él mismo lo tienen a su merced, el caballero ahora da muestras de una sumisión que sólo puede explicarse en el sentido de derrota que sus anteriores desventuras han sembrado en él.

> [Escribe Williamson] Don Quijote en la Segunda Parte busca desesperadamente alguna señal positiva proveniente del mundo sobrenatural. En esta Segunda Parte, estará al acecho de augurios, oráculos o portentos que pudieran darle algún indicio del sentido trascendental de sus acciones. Pero no consigue nada. Don Quijote ha perdido el arrojo y el entusiasmo que mostraba en la Primera Parte: es más pasivo, y su pasividad deriva del hecho de que necesita desencantar a Dulcinea antes de poder recobrar la iniciativa en su campaña para restaurar la realidad caballeresca.[11]

En esta Segunda parte el caballero sí ha recibido señales del mundo sobrenatural, pero éstas, en efecto, distan mucho de ser positivas. En el descenso a la Cueva de Montesinos y en episodios sobrenaturales como su encuentro con el Maese Pedro y la cabeza encantada de Antonio Moreno, por mencionar algunos, vendrán sólo a corroborar lo que él, en su interior, presiente: los encantadores, en otros tiempos sus aliados y sus títeres, han salido completamente de su poder, y ahora han sido adoptados por sus verdaderos enemigos, quienes no están dispuestos a dejarlo volver a la realidad sin castigo ni sufrimiento. En

[11] E. Williamson, *op. cit.*, p. 158.

su progresiva anemia espiritual, el caballero ha emitido su famoso "Yo no puedo más" ante las triquiñuelas de los encantadores, y por eso no puede menos que mirar desde abajo esta procesión diabólica que bien puede definirse como el triunfo de Merlín y sus secuaces, incluido el propio Satanás.[12]

En cuanto estantigua en el sentido tradicional de la palabra, Redondo ha identificado en el episodio algunos de los rasgos más distintivos: la previa cacería de un jabalí —"animal a quien persigue con frecuencia la hueste salvaje"[13] y de cuyas connotaciones demoníacas, especialmente en las culturas de raíz celta, hemos hablado con anterioridad—, la nocturnidad, el estrépito, el entorno boscoso, la luz mortecina que incrementa el carácter difuso y siniestro de los miembros de la hueste. Todas estas características habrían bastado, como ocurriera en los otros casos, para sembrar en la mente de don Quijote, y quizá de su escudero, la convicción de encontrarse ante una hueste ultramundana. Esta vez, sin embargo, el afán simulador de los duques ha agregado a la estantigua palaciega elementos que dejan fuera de consideración cualquier posibilidad de justificar la visión por la apariencia. Por otra parte, el sólo hecho de tratarse de una farsa por cuenta de los verdaderos encantadores de la novela —los duques y sus no menos frívolos comensales— hace que la procesión adquiera dimensiones diabólicas aún más allá de la propia simulación: el caballero no sólo se somete pacífica o cobardemente al poderío de

[12] Avery ha querido ver en la procesión del bosque una de las más insignificantes parodias de la *Divina Comedia*. Concretamente, se trataría de una caricatura de la no muy lograda procesión mística de Beatriz de la que es testigo Dante Alighieri en el punto más alto del Purgatorio, "lugar en donde se halla cara a cara con Beatriz por primera vez en el curso de su poema, precisamente como el Caballero de la Triste Figura ve a 'Dulcinea' por primera vez, más o menos como él se la había imaginado, en el curso de la procesión del bosque ducal" (Avery, *op. cit.*, p. 8). Por aventurada que pueda parecer, la interpretación de Avery sólo viene a confirmar, por ser caricatura y parodia, el carácter diabólico o infernal de la estantigua.

[13] Agustín Redondo, *Otra manera de leer el "Quijote": historia, tradiciones culturales y literatura*, Castalia, Madrid, 1997, p. 118.

quienes él cree encantadores de verdad, sino que se pone en manos de los demonios instrumentados por la realidad, casi se diría que él mismo ha pasado a formar parte de la procesión.[14] Su derrota, en suma, que se extiende a la de su escudero, es total, como lo es también el triunfo de este Merlín y este Satanás desenteologado y laico que encabezan la procesión.

Veamos el pasaje con más atención y cómo el diablo y los encantadores aparecen hermanados en la farsa: después de un incendio simulado que recuerda un infierno flamígero, los cazadores escuchan "infinitas cornetas y otros instrumentos de guerra, como de muchas tropas de caballería que por el bosque pasaba"; más adelante, a la luz del fuego, los testigos se sienten casi cegados y ensordecidos. En el estupor sensorial, irrumpe al fin el diablo:

> Luego se oyeron infinitos lelilíes, al uso de moros cuando entran en las batallas; resonaron pífanos, casi todos a un tiempo, tan contino y tan apriesa, que no tuviera sentido el que no quedara sin él al son confuso de tantos instrumentos. Pasmóse el duque, suspendióse la duquesa, admiróse don Quijote, tembló Sancho Panza, y, finalmente, aun hasta los mesmos sabidores de la causa se espantaron. Con el temor les cogió el silencio, y un postillón en traje de demonio les pasó por delante, tocando en vez de corneta un hueso y desmesurado cuerno, que un ronco y espantoso son despedía (*Quijote*, II, 34).

[14] Llamamos aquí la atención del lector sobre uno de los más macabros portentos que sobre la realidad provoca el *Quijote* como libro, fenómeno a través del cual podríamos interpretar aún con más vigor nuestra teoría de que el caballero ha terminado por ser presa de los encantadores creados por él mismo. Escribe Anthony Close: "...a partir de la publicación de la Primera parte del Q., las figuras de DQ y Sancho fueron muy pronto incorporadas al tipo de procesiones que acabo de mencionar; las máscaras palaciegas del siglo XVI y XVII, tal como *La gloria de Niquea* del Conde de Villamediana (1622), se basan a menudo en temas caballerescos, siento tema predilecto el desencantamiento de una doncella encerrada en un castillo encantado" Close, "Lectura de los capítulos XXXIIII y XXXV", en Miguel de Cervantes, *Don Quijote de la Mancha*, ed. cit. En línea: http://cvc.cervantes.es/literatura/clasicos/quijote/edicion/parte2/cap34/nota_cap_34.htm (20/02/2017).

Se diría que esta aparición acusa ya el encantamiento en el sentido de la admiración o el desorden de los sentidos que necesita el demonio para aparecerse a los hombres. Puede ser que se trate de una estantigua, como quiere Redondo, o de una síntesis de los lugares comunes que conformaban las procesiones de encantadores en la novela de caballería o en las fiestas de la corte de Felipe III. Lo cierto es que la magnificencia de la traza expolia por momentos su carácter caricaturesco, y suspende aun a los conocedores del secreto. El postillón en traje de demonio deja por un instante de ser un enmascarado para anunciarse, con sorprendente desenfado, como el mismísimo diablo, que viene en busca de don Quijote encabezando seis tropas de encantadores que traen en un carro a Dulcinea del Toboso y vienen a decirle al hidalgo la manera en que ésta habrá de ser desencantada. García Bacca explica que:

> Para que alguien diga "*Yo soy* el Demonio", es preciso que —ante duque, duquesa y ante el mismo Don Quijote— se atreva, con naturalidad desconcertante, sin protestas de nadie, a poner en el mismo nivel Diablo, Demonio con encantadores, vestiglos, endriagos, malandrines.[15]

Pero este "yo soy" del Diablo no ocurre sin protestas ni dudas. El propio duque señala irónicamente que "si vos fuérades diablo, como decís y como vuestra figura muestra, ya hubiérades conocido al tal caballero don Quijote de la Mancha, pues le tenéis delante" (*Quijote*, II, 34). El diablo procura defenderse, pero sus palabras se revierten en su contra cuando jura por Dios y se atribuye una distracción que son todo menos atributos demoníacos. Sancho descubre la farsa de inmediato, pero la denuncia con reservas:

[15] Juan David García Bacca, *Sobre el Quijote y don Quijote de la Mancha: ejercicios literario-filosóficos*, Anthropos, Barcelona, 1991, p. 242.

> Sin duda —dijo Sancho— que este demonio debe de ser hombre de bien y buen cristiano, porque a no serlo no jurara 'en Dios y en mi conciencia'. Ahora yo tengo para mí que aun en el mesmo infierno debe de haber buena gente (*Quijote*, II, 34).

Puesto en evidencia, el falso demonio ignora al duque y al escudero para dirigirse al único que puede creer en él y, por lo tanto, resignarse a sus designios: el Caballero de los Leones. Satanás no pide, no negocia con el que fuera su más temible opositor, sino que le ordena y, además, lo maldice: "los demonios como yo queden contigo, y los ángeles buenos con estos señores" (*Quijote*, II, 34). Hemos visto que, antes de su encuentro con los disciplinantes, don Quijote había luchado con un cabrero al que denominaba "hermano demonio", de modo que ahora la maldición de este nuevo espíritu maligno sólo confirma su virtud caída. Abandonado de los ángeles, don Quijote sólo puede tener compañía de demonios, pero se trata de demonios "como yo", es decir, de demonios falsos, hechizos y burlones. Tal es la sumisión del caballero a los demonios, que acepta sin chistar la orden de permanecer donde está y como está, plagado de dudas, aunque dispuesto a embestir todo el infierno.

> En esto se cerró más la noche y comenzaron a discurrir muchas luces por el bosque, bien así como discurren por el cielo las exhalaciones secas de la tierra que parecen a nuestra vista estrellas que corren. Oyóse asimismo un espantoso ruido, al modo de aquel que se causa de las ruedas macizas que suelen traer los carros de bueyes, de cuyo chirrío áspero y continuado se dice que huyen los lobos y los osos, si los hay por donde pasan. Añadióse a toda esta tempestad otra que las aumentó todas, que fue que parecía verdaderamente que a las cuatro partes del bosque se estaban dando a un mismo tiempo cuatro reencuentros o batallas, porque allí sonaba el duro estruendo de espantosa artillería, acullá se disparaban infinitas escopetas, cerca casi sonaban las voces de los combatientes, lejos se reiteraban los lilíes agarenos (*Quijote*, II, 34).

Los rasgos de la estantigua se repiten, pero ahora, confrontados con la duda que invade a don Quijote sobre "si será verdad o no lo que le había pasado en la cueva de Montesinos", parecen reflejar la batalla que el caballero está lidiando internamente. La previa aparición del diablo, como corresponde a su natural prevaricador, le ha dejado confuso, y los encantadores, que más parecen amos de Satanás que discípulos de éste, encontrarán el camino allanado para rematarle. Vienen, pues, en un carro tirado por bueyes y guiado por "dos feos demonios vestidos del mesmo bocací", los encantadores Lirgandeo, Alquife, Arcaláus y finalmente, ya en el capítulo 35, el carro triunfal de Merlín, no bajo la apariencia del encantador o el diablo, sino de la muerte.

El hecho de que Merlín aparezca ante el caballero y los demás testigos de la procesión como la muerte es el rasgo más significativo de la derrota del caballero, que se aproxima a pasos agigantados a su doble extinción. Ni encantadores ni diablos han sido hasta ahora definitivos, no pueden serlo. Unos y otros se someten, como los hombres, ante la verdad última e inequívoca: la pálida muerte que iguala a todos los hombres y contra la que ningún acto de voluntad, como no sea la resignación, puede nada. Merlín es hijo del diablo, pero lo ha dominado de la misma manera en que la muerte anula con su certidumbre el ir y venir de fuerzas que imperan en el mundo. La muerte es, entonces, un aliado de la unicidad divina, no así de la pluralidad demoníaca. Y por eso es que sólo Merlín tiene la suma autoridad para poner las cosas en su sitio: es él quien establece los términos del desencantamiento de Dulcinea, haciendo pagar a un reticente Sancho su culpa por haber sido en realidad el encantador de la dama; es él quien, incitando la cobarde y desleal respuesta del escudero, enfrenta a don Quijote con la más absoluta soledad; es él quien se atreve aún contra el mismo diablo y alardea de su total dominio sobre los encantadores al desmentir al escudero:

> El Diablo, amigo Sancho, es un ignorante y un grandísimo bellaco: yo lo envié en busca de vuestro amo, pero no con recado de Montesinos, sino mío, porque Montesinos se está en su cueva entendiendo, o, por mejor decir, esperando su desencanto, que aún le falta la cola por desollar. Si os debe algo o tenéis alguna cosa que negociar con él, yo os lo traeré y pondré donde vos más quisiéredes (*Quijote*, II, 35).

Merlín, en suma, triunfa sobre don Quijote no como encantador o demonio, sino como verdad última e impartidor a lo divino de la justicia suprema. El sí de Sancho a la penitencia que se le impone será entonces el sí de su amo, el reconocimiento de que sólo a Merlín hay que sujetarse, es decir, sólo a la muerte que se aproxima.

PRESENCIA DE ITALIA (Y DEL ITALIANO) EN LA SEGUNDA PARTE DEL *INGENIOSO HIDALGO DON QUIJOTE DE LA MANCHA*

Mariapia Lamberti
Universidad Nacional Autónoma de México

Todos sabemos que unos años importantes en la vida de Miguel de Cervantes transcurrieron en Italia. Después de una estancia en Roma, en la corte de los Acquaviva en 1569, se enroló en la milicia bajo el mando de Diego de Urbina, y sabemos que combatió y fue herido en la batalla de Lepanto. Su estancia en Italia se prolongó hasta 1575, trasladándose nuestro autor a varias partes de la entonces Italia española: Lombardía, Nápoles, Sicilia y Cerdeña.

En el siglo XVII Italia sufría en buena parte la dominación directa de España, y en otra no menor la influencia española. La paz de Cateau Cambrésis de 1559 había sancionado el término de una larga contienda entre Francia y España, en territorio italiano, por la conquista de Italia; y la balanza había favorecido a España. La contienda había tenido como inicio el deseo de Carlos V de hacerse de los territorios del norte de Italia, bajo influencia francesa desde que Ludovico el Moro, en defensa de sus intereses, había llamado a Carlos VIII en 1494, iniciando así el sometimiento de Milán a una esclavitud de potencias extranjeras que duraría más de tres siglos. El Ducado de Milán se volvió posesión de España, se volvió directamente España; Nápoles ya estaba bajo la dominación primero aragonesa y luego española, desde la contienda contra Francia de dos siglos antes, pero en forma de virreinato. Y Nápoles significaba Sicilia también. Cerdeña, punto estratégico para la navegación mediterránea, aunque poco interesante por otras conveniencias, era española también; y el papado, bajo la influencia española, tuvo pontífices españoles tan emblemáticos como Rodrigo Borja.

La estancia de Cervantes en tierras italianas, por lo tanto, fue estancia en tierras españolas. Pero las lenguas habladas eran otras, y la lengua de cultura, el florentino, era la que se hablaba internacionalmente y en las cortes; y la literatura que se había gestado en esta lengua, en los siglos del Renacimiento, tan nefastos y humillantes desde el punto de vista histórico para Italia, había resplandecido como modelo en toda Europa, así como las obras del arte plástico y figurativo.

No es de extrañar entonces que nuestro gran escritor haya tenido un profundo acercamiento con la lengua escrita que sólo desde 1612 empezó a definirse como "italiano", pero que en la época de la estancia cervantina en Italia se definía todavía como "florentino"; pero el contacto lo hubo también con este florentino hablado como lengua de intercomunicación en las clases encumbradas que él frecuentó, como parte que era del ejército y el pueblo dominador. Sabemos que en su permanencia en Sicilia, después de Lepanto, debe de haber conocido y entendido también la lengua siciliana, si en la estancia en Argel pudo leer, comprender y alabar (y en cierta forma sacar de ella modelos a imitar) la obra poética en siciliano de Antonio Veneziano, su compañero de cautiverio.[1]

Y no es de extrañar que este conocimiento, uso y familiaridad se refleje y transparente en sus obras. Por ejemplo, en *El viaje del Parnaso* no sólo se afirma en los primeros versos la inspiración que para componer esta obra le derivó de una homónima de un autor perusino, sino que en ella se encuentran también paráfrasis y ecos de

[1] Trata de esta relación humana y literaria mi artículo "La correspondencia poética Antonio Veneziano-Cervantes. Textos y contexto", en María Luisa Cerrón Puga y Patrizia Botta (eds.), *Rumbos del hispanismo en el umbral del Cincuentenario del AIH*, Bagatto, Roma, 2012, t. III, pp. 203-211.

versos célebres en obras italianas, y un pequeño diálogo directamente en italiano.[2]

En la Segunda parte del *Ingenioso Hidalgo Don Quijote de la Mancha* encontramos en varias formas estos recuerdos de Italia: menciones de lugares, citas literarias, citas y palabras directamente derivadas del italiano, en forma y significado, que fueron reconocidas como tales; y también una buena cantidad de palabras y estructuras que podían muy bien pertenecer a la lengua castellana, pero que suenan y resuenan como las que eran —y son— más bien usuales en Italia.

1. Menciones de Italia[3]

El conocimiento de Roma se trasluce de varias menciones. En el capítulo 8, platicando con Sancho sobre los malos efectos del desear fama a cualquier precio sin merecerla por buenas obras, don Quijote menciona el episodio que se narraba de un caballero que para adquirir fama quería echarse desde la abertura redonda de la cúpula del Pantheon de Roma abrazado a Carlos V. Describe nuestro autor con precisión este monumento que es el único perfectamente conservado de la época imperial romana (época de Adriano, se supone construido entre 118-125; aunque tenga fama de haber sido construido en época republicana). Y sabe Cervantes que en Roma a este templo popularmente se le llama "la Rotonda":

[2] Traté este tema en dos ocasiones: "'Un quídam Caporal italiano...' Relaciones del *Viaje del Parnaso* de Cervantes con los antecedentes italianos", en María Caterina Ruta y A. Robert Laues (eds.), *Un paseo entre los centenarios cervantinos*, *Cuadernos AISPI*, 5 (2015), pp. 97-116; y en "El *Viaje* italiano del Parnaso. Ecos e influencias de Italia", en Aurelio González y Nieves Rodríguez Valle (eds.), *Viaje del Parnaso: texto y contexto (1614-2014)*, El Colegio de México, México, 2017, pp. 49-62.

[3] La edición consultada es la a cargo de Florencio Sevilla Arroyo y Antonio Rey Hazas, Alianza, Madrid, 1996, t. V de *Cervantes completo*.

> Quiso ver el emperador aquel famoso templo de la Rotunda, que en la antigüedad se llamó el templo de todos los dioses, [...] y es el edificio que más entero ha quedado de los que hizo la gentilidad en Roma [...]: él es de hechura de una media naranja, grandísimo en extremo, y está muy claro, sin entrarle otra luz que le concede una ventana, o, por mejor decir, claraboya redonda que está en su cima [...] (*Quijote*, II, 8).

De Roma menciona también nuestro autor la "aguja [*guglia*] de San Pedro" (*Quijote*, II, 8), pero con unas determinaciones inquietantes. Este obelisco egipcio, trasladado a Roma por Calígula en el año 40 desde Helópolis, siempre estuvo presente y erigido en la urbe; pero la instalación en la plaza de San Pedro se realizó por voluntad de Sisto V en 1585. Era famoso que en un globo broncíneo que se encontraba en su cúspide, y que fue sustituido por el símbolo cristiano, se encontraban las cenizas de Julio César. Cervantes menciona esta creencia como real, pero define el obelisco como "pirámide", acaso por su línea geométrica que, sobre base cuadrangular, se restringe hacia lo alto. Dice don Quijote hablando de las sepulturas de los paganos:

> Los sepulcros de los gentiles fueron por la mayor parte suntuosos templos: las cenizas de Julio César se pusieron sobre una pirámide de piedra de desmesurada grandeza, a quien hoy llaman en Roma *La aguja de San Pedro* [...] (*Quijote*, II, 8).[4]

A continuación, menciona don Quijote el monumento fúnebre de época imperial más famoso y emblemático de Roma, la Mole Adrianea, llamada popularmente en Roma "castillo", o sea Castel Sant'Angelo:

[4] Es singular que una pintura mural en el interior de la Biblioteca Vaticana represente el momento del levantamiento del obelisco mediante una estructura de forma piramidal. Pero esta pintura data de casi cien años después de que la "aguja" fuera instalada en la primitiva plaza, todavía sin la columnata de Bernini (realizada entre 1656 y 1667). El término cervantino "pirámide" es sólo su forma de definir la estructura del obelisco.

> al emperador Adriano le sirvió de sepultura un castillo tan grande como una buena aldea, a quien llamaron *Moles Hadriani*, que agora es el castillo de Santángel en Roma [...] (*Quijote*, II, 8).

Y la última mención de Roma es la del capítulo 41, de Tor di Nona, calzada a lo largo del Tíber que toma nombre de la adrianea *Turris Annona*, que en la época de Cervantes todavía era una cárcel. Pero se le nombra sólo como destino final de un vuelo diabólico del Licenciado Torralba, "a quien llevaron los diablos en volandas por el aire [...] y en doce horas llegó a Roma y se apeó en Torre de Nona, que es una calle de la ciudad". Pero aquí recuerda nuestro autor también un episodio dramático, la muerte del duque Carlos III de Borbón-Montpensier, comandante de los lanzquenetes en el saco de Roma, permitido —o más bien ordenado— por Carlos V en 1527, la página más trágica de la Ciudad.

Ya fuera de Roma, en dos ocasiones se menciona el Santuario de la Santísima Trinidad de Gaeta, capilla establecida en las rocas del golfo homónimo en el siglo XVI, según los comentaristas por Fernando de Aragón. Lo menciona Sancho en dos ocasiones: invocando la protección, sobre don Quijote, de este santuario, la primera (*Quijote*, II, 12), y la segunda invocándola para sí (*Quijote*, II, 41). La invocación de las entidades sagradas, pero no en su esencia, sino ligadas a lugares de culto, es un elemento característico de la devoción popular. Por eso está puesta en boca de Sancho.

Hay unas menciones singulares y graciosas de productos excelentes y exquisiteces gastronómicas italianas: el "jabón napolitano" (*Quijote*, II, 32), cuyas maravillas ignoramos, y los "francolines de Milán, faisanes de Roma, ternera de Sorrento" (*Quijote*, II, 49), que hoy en día no se nos ocurriría considerar típicos de aquellos lugares. Asimismo, menciona don Quijote "el tesoro de Venecia" (*Quijote*, II, 71) como gran riqueza por antonomasia, diciéndole a Sancho que bien se lo pagaría a cambio de los famosos azotes que su fiel escudero tendría que aplicarse para desencantar a Dulcinea.

Y se menciona Nápoles, obviamente: Nápoles que forma parte de España, desde la conquista llevada a cabo por Alfonso V de Aragón en 1442.[5] En el capítulo 60 Roque Guinart interroga al grupo de caballeros, escuderos y carroza con damas que ha detenido en vista de un caballeroso asalto, como es digno de él, y éstos le contestan que son militares "capitanes de infantería española" y que su compañía está en Nápoles, como una cualquier ciudad española. La dama que a estos militares acompaña, doña Guiomar de Quiñones, es "mujer del regente de la Vicaría de Nápoles". Los de la infantería española tienen previsto embarcarse en Barcelona "con orden de pasar a Sicilia", otra posesión española en Italia.

Y esto nos conduce a la mención más singular, la que encontramos en el capítulo 18: la de Colapesce, personaje presentado como nadador prodigioso, o hasta medio hombre y medio pescado, protagonista de varias leyendas del sur de Italia, pero principalmente vivo en Sicilia, donde se han establecido sobre todo las historias que hacen de él uno de los pilares que garantizan la estabilidad de la Trinacria. Colapesce, dice su fama, vio que la isla se sostenía sobre tres columnas, una de ellas dañada, y se sustituyó a ella, y todavía allí está. Cervantes menciona de Colapesce su habilidad de nadador semejante a la de un pez, poniendo en boca de Quijote, que enumera las virtudes que ha de tener un buen caballero andante, esta frase: "digo que ha de saber nadar como dicen que nadaba el peje Nicolás o Nicolao" (*Quijote,* II, 18). La leyenda ya se había extendido a España, a inicios de la dominación; pero nos gusta pensar que la conociera nuestro autor por su familiaridad con Sicilia.[6]

[5] En el famoso romance "Miraba de Campoviejo el rey de Aragón un día", que se refiere precisamente a Alfonso V el Magnánimo, el rey mira en el verso siguiente "la mar de España cómo menguaba y crecía". Pero esta "mar de España" es la mar de Nápoles, donde el rey, que será Alfonso I en la ciudad italiana, residió hasta su muerte en 1458.

[6] La leyenda de Colapesce ha sido mencionada en varias ocasiones por Benedetto Croce (que sabía de esta alusión de Cervantes), y recientemente por Italo Calvino en su recopilación de cuentos populares *Fiabe italiane*. Sobre la difusión en España leemos de

2. Menciones de literatura italiana

Las menciones de obras literarias de Italia no son muchas, y, como es fácil entenderlo, son relativas a los grandes poemas caballerescos, obras maestras del Renacimiento italiano, cuyo tema tanto concuerda con los ideales de don Quijote. Pero también hay que recordar que fueron estos poemas (*Morgante* de Luigi Pulci, *Orlando innamorato* de Boiardo, *Orlando furioso* de Ariosto), con su tratamiento irónico y fantasioso en extremo de un mundo mítico caballeresco nunca existido, los antecedentes directos de esta crítica cervantina, situada en el mundo contemporáneo. No hay que olvidar que al "divino" Ariosto se le exenta de la destrucción operada por el Cura y el Barbero: pues Ariosto también, en su mundo fantasioso vuelca toda la vida humana real, como Cervantes en su novela de profundidad inalcanzable. Es don Quijote que rememora la primera vez el episodio de Brunello y Sacripante: cuando Sancho explica cómo pudo ser que le sustrajeran el rucio de entre las piernas mientras dormía (*Quijote,* II, 4); y la segunda mención la encontramos, a inicio del capítulo 27, cuando nuestro autor menciona que Cide Hamete rememora este mismo episodio de la Primera parte atribuyendo la hazaña a Ginés de Pasamonte: "Ginés le hurtó [el rucio], estando sobre él durmiendo Sancho Panza usando de la traza y modo que usó Brunelo cuando, estando Sacripante sobre Albraca, le sacó el caballo de entre las piernas" (*Quijote,* II, 27). El episodio se encuentra tanto en el *Orlando innamorato* de Boiardo (canto XXXIV, octava 40) como en el *Orlando furioso* (libro II, canto V).

Giuseppe Pitrè, en sus *Fiabe novelle e racconti popolari siciliani*: "In tempi nei quali le nostre relazioni con la Spagna erano strette e frequenti, la leggenda di Cola Pesce se non importata o diffusa per la prima volta potè essere colà [...] rinfrescata e rinverdita". Y agrega que de ello se tiene noticia en un "rarissimo libretto dei primi del sec. XVII", donde se habla de un "*pece Nicolao*", pescador "*medio hombre medio pescado*" nacido en Rota cerca de Cádiz, cuyos descendientes vivían todavía allí. (Giuseppe Pitré, *Fiabe novelle e racconti popolari siciliani,* en línea: http://colapesce.xoom.it/Cola-Dicono/ColaLettItaliana.htm). Y también Croce sabe de esta versión —en verso— de 1608 presente en la biblioteca de Don José de Guayangos.

Se rememora también, por parte de la Dolorida, una serie de famosos caballeros y sus corceles: allí viene Orlando con su Brigliadoro: pero la forma española del nombre, *Brilladoro*, no refleja su verdadero significado, que es "brida de oro".

Hay una mención graciosa, en boca del primo del "diestro licenciado" con que se acompaña don Quijote camino a la Cueva de Montesinos. El primo es "famoso estudiante y muy aficionado a leer libros de caballerías" (*Quijote,* II, 22), y enumera a don Quijote los libros que posee, entre los cuales un *Suplemento a Virgilio Polidoro*, siendo este Polidoro Virgili un humanista italiano naturalizado inglés que escribió un *De inventoribus rerum*, texto enciclopédico, pronto puesto en el Índice, donde se trata de la invención ni más ni menos que de todas las cosas, como dice el título; libro absolutamente ajeno al nuevo espíritu científico, y por lo tanto mencionado como marca de las pocas luces del famoso estudiante.

Pero la mención más graciosa es la que encontramos en el capítulo 62 cuando don Quijote entra en la librería de Barcelona, atraído por el letrero que dice "Aquí se imprimen libros" (*Quijote,* II, 62). La visita da pie a una clase sobre el valor de la traducción, a partir de que el librero le dice que "un hombre de buen talle y parecer, y de alguna gravedad" (como lo menciona el narrador) "ha traducido un libro toscano en nuestra lengua castellana". La lengua entonces se sigue mencionando como toscano; del autor no se da nombre, y el título nos resulta perfectamente desconocido y su grafía hispanizada: *Le bagatele* (en lugar de *bagatelle*) (*Quijote,* II, 62). Don Quijote rebaja el valor de quien traduce de las lenguas modernas: "el traducir de lenguas fáciles, ni arguye ingenio ni elocución". Antes se ha mofado del traductor con falsas alabanzas por encontrar correspondencia castellana de las palabras italianas *piñata* (pignatta), *piache* (piace), *piú, su, giú* (*Quijote,* II, 62). Pero luego hay lugar para alabanzas reales de dos destacados traductores poetas de dos obras italianas canónicas: *Il pastor fido* de Giambattista Guarini, que iniciara la moda del teatro pastoril,[7] traducido por Cristóbal Suárez de Figueroa; y la obra poética también teatral *Aminta* de Torquato Tasso, que tradujera el famoso Juan de Jáuregui.

La última mención de un autor italiano la encontramos en el último intento del Bachiller Carrasco de reanimar al moribundo Alonso Quijano, al que insta a iniciar su "pastoral ejercicio, para el cual ya había compuesto una écloga, que mal año para cuantas Sanazaro había compuesto" (*Quijote,* II, 63). Como sabemos, nuestro héroe no se deja convencer de dejar las armas desfacedoras de entuertos por la lira pastoril.

No se puede concluir este recuento de la presencia literaria de Italia en el segundo *Quijote* sin recordar que por tercera vez en esta magna obra se cita un verso de Ariosto que contiene una poética metáfora: "fors'altri canterà con miglior plettro" (*Orlando furioso*, XXX, 16), es decir con mejor capacidad poética. Este verso se reporta en italiano en la primera parte en el capítulo 52, y en español en esta Segunda parte en el capítulo 1, cuando don Quijote habla de la bella Angélica en unas páginas dedicadas a rememorar y alabar héroes y gestas ariostescos: "Y como del Catay recibió el cetro / quizá otro cantará conmejor plectro" (*Quijote,* II, 1); y se inserta la misma imagen y su eco literario en el canto que se oye frente a Altisidora que se finge muerta (*Quijote,* I, 69): "cantaré su belleza y su desgracia / con mejor plectro que el cantor de Tracia".

3. Palabras en italiano (señaladas o mencionadas como tales)

Algunas palabras en el ilustre texto están con toda claridad señaladas como italianismos, o como pretendidas palabras en italiano; sin embargo, algunas merecen un poco de atención.

[7] Es singular que tanto el texto de Cervantes como en las notas de comentario se escriba *Pastor Fido* con mayúscula como si fuera nombre, y no adjetivo (fiel).

El primer término italiano que encontramos es "trastulo" ("trastullo", *Quijote,* II, 7); además de significar juguete o diversión, se nos informa que fue el nombre de un personaje gracioso de una compañía de comediantes del Arte, la compañía de Zan Ganassa, activa en España entre 1575 y 1585, y que probablemente a este personaje aludía Cervantes con este término.

Encontramos después "madrina" (*Quijote,* II, 14), palabra idéntica en español e italiano en forma y significado, pero empleada en el sentido de "madrastra", pues se refiere el término a Juno, madrasta cruel de Hércules. En italiano el término es *matrigna,* y la transformación en español hubiera preferido una *ñ,* para no confundirla con el otro vocablo. Pero nunca sabremos cómo la haya escrito Cervantes.

En el capítulo 19 se nos señala como italianismo "aspetatores" por el italiano *spettatori,* o sea espectadores, pero con una *a-* eufónica al inicio de la palabra en lugar de la *e-* propia del español; luego un "tremente" (*Quijote,* II, 21) por *tremante* o sea tembloroso; encontramos *gola* por garganta (*Quijote,* II, 39); y, como podemos esperar, "novela" (*Quijote,* II, 44) en el sentido italiano que Cervantes usa, hasta en la denominación de una serie de obras maestras de su producción. También, como término literario, encontramos "estrambotes" (*Quijote,* II, 38), o sea *strambotti,* término ya en uso en español tanto como para no estar señalado ya como italianismo, pero usado en español para indicar las "caudas" de los sonetos u otras formas métricas cerradas; mientras que aquí Cervantes lo menciona en el significado italiano de breve composición (normalmente ocho endecasílabos con rima alterna) de carácter amoroso o burlesco: son los versos que menciona en su largo discurso la Trifaldi, versos que oye cantar.

Pero los italianismos más graciosos son otros. En el capítulo 24 encontramos uno que el mismo Cervantes —en boca de don Quijote— nos señala: "Notable espilorchería, como dice el italiano— dijo don Quijote" (*Quijote,* II, 24). *Spilorcio* y *spilorceria* son las palabras italianas más plásticas y contundentes (aunque de etimología incierta) para definir la falta de generosidad o liberalidad, como se decía en tiempos de Boccaccio. Y es una pena que no se hayan insertado en la lengua española, siguiendo el ejemplo de Cervantes.

En el capítulo 25, a propósito del Maese Pedro, dice el ventero de él que es "*hombre galante*, como dicen en Italia" y "*bon compaño*" (*Quijote*, II, 25). La mezcla de las dos lenguas es completa: "hombre" por *uomo*, y "bon" por *buon*; además de la grafía española de "compaño". Pero la palabra italiana, para el sentido que conviene al pasaje, es *galantuomo*, que quiere decir hombre de bien, honrado, y también de clase acomodada: término que tendrá una resonancia histórica en Italia,[8] ya en uso en el siglo XVI, y no *uomo galante* que sólo significaría que aplica su "galantería" con las mujeres.

A estas definiciones italianizantes, contesta don Quijote con otra frase italiana hispanizada: "*¿Qué peje pillamo?*" es decir *che pesci pigliamo?* o sea ¿qué vamos a hacer? Allí "peje" es español y no reproduce la pronunciación italiana que lleva un sonido inexistente en español (*-sc*) y "pillamo" puede sonar como forma del verbo "pillar", que puede corresponder como sentido al verbo italiano; pero, para imitar la lengua italiana, carece de la *-s* final.

El término "bon compaño" no aparece sólo en el pasaje de Maese Pedro, sino también cuando nuestro Sancho se topa con la escuadra de los compañeros de Ricote, en el capítulo 54. Al empinar las botas le dicen: "*Español y tudesqui tuto uno: bon compaño*". Y Sancho respondía: "*Bon compaño, jura Di*". Aquí se nota no una interferencia, sino la intención de imitar el italiano en boca de estos personajes: "tuto" por *tutto*, "tudesqui" por *tedeschi*.

Una verdadera interferencia la encontramos sólo una página antes (*Quijote*, II, 54) cuando el narrador nos dice que Ricote y Sancho se

[8] Cuando se formó el Reino de Italia, en 1861, se instituyó un régimen monárquico constitucional, con un parlamento y senado; la participación en la vida política —votar y ser votados— se reservó a los hombres de un nivel socioeconómico, un *censo*, establecido (democracia censitaria). Ese periodo, de unos cuarenta años antes de que se extendiera el voto a niveles más bajos, con el gobierno en mano de los magnates, se definió "l'Italia dei galantuomini".

pusieron a comer "un manjar negro que dicen que se llama *cavial*". *Caviale* es la forma italiana para el español "caviar". Un italianismo tan claro como el que encontramos en el capítulo 62: el autor que don Quijote encuentra en la librería, le dice, pavoneándose de su fama y capacidad de medrar con ella: "Provecho quiero, que sin él no vale un quatrín la buena fama". La espresión *non vale un quattrino* todavía está en uso en Italia, aunque muchas veces ya se ha cambiado de moneda... Y esto nos remite a la presencia de palabras con doble valencia, la italiana y la castellana: palabras que al lector italiano le suenan más que familiares, pero que el lector de lengua española precisa a menudo de notas explicativas para una correcta comprensión.

4. Palabras de uso y significado italiano, aunque en uso en español

Hay otras palabras y construcciones en el texto que suenan más italianas que españolas; pero no hay bases para poder señalarlas realmente como interferencias lingüísticas. Sin embargo, podemos señalar algunas que se hacen notar: en tres ocasiones Cervantes usa "tal vez" en el significado italiano de *talvolta*, es decir "algunas veces" (pp. 842, 912, 1173), algo que habíamos ya notado en *El viaje del Parnaso*. Dice "bisunto" (p. 809), y en italiano hay una expresión todavía viva: *unto e bisunto* que significa algo que presenta una suciedad extrema. Dos veces usa el adjetivo "bravo" en el sentido italiano, alabatorio: "¡Brava comparación!" (p. 753); "Bravo mojón!" (p. 767); usa el término "fracaso" en el sentido italiano de estruendo, destrucción (p. 1017); dice "aposta" como el italiano *apposta* para decir "a propósito" (p. 1055); usa el sustantivo "tuerto" (p. 734 y 1114) en el sentido de ofensa, daño, como el italiano *torto*, pero con una más clara percepción del significado originario: "enderezándole el tuerto". Encontramos un "padre putativo" (p. 890), un "tinelo" (p. 876) unos "ginasios" (p. 812), una "mantellina" (p. 1091) que se nos antoja leer con la doble "l" italiana, una "crianza" (p. 1168) en el sentido de *buona creanza*, o sea buena educación; así como unas tres veces nos sorprende el sustantivo "ánima" en lugar de "alma" (pp. 917, 982, 1045); y no faltan unas "calzas *atacadas*" (p. 1099) y el "camino del *interese*" (p. 1112). Encontramos los adjetivos "felice" (p. 921), "funesto" (p. 842), "sólito" (p. 808); el verbo "molificar" (p. 992) y la expresión "atiende" por espera, o sea *attende* como en italiano (p. 1010). Y no faltan dos construcciones más acordes con el italiano que con el castellano: "da de comer al que *ha* hambre" (p. 734) y "no he visto *que* el sol de día" (p. 1088).

Y no podemos cerrar este simpático (y un poco inquietante) recorrido sin recordar el humorístico apodo de Ginés de Pasamonte, *Parapilla* (con la sustitución gráfica de la *-ll* por el italiano *-gl* que tiene casi el mismo sonido) digno de un personaje de la Comedia del Arte, pues *parapiglia* en italiano significa la confusión que sucede a una riña o a un momento de pánico: zafarrancho.

Sin ahondar más en esta panorámica, sólo se puede concluir que Italia estaba en la mente y en el corazón de Cervantes, y que a menudo este recuerdo salía a flote y se expresaba, espontáneamente, en recuerdos, imágenes… y palabras.

RETRATO A VARIAS MANOS DE CIDE HAMETE BENENGELI Y SU PLUMA

Gustavo Illades Aguiar
Universidad Autónoma Metropolitana, Iztapalapa

El presente retrato de Cide Hamete y su pluma combina 32 estudios publicados entre 1956 y 2013.

1. Imprimatura

Granada, años 1588-1595. En el Monte Valparaíso, luego conocido como Sacromonte, fueron desenterrados "por azar" ciertos libros con caracteres arábigos impresos en hojas redondas de plomo —*Libros plúmbeos*—, los que excitaron de inmediato la imaginación del arzobispo de Granada, Pedro de Castro, quien apuró su traducción. Poco tiempo después convocó dos juntas de teólogos que fallaron en favor de la ortodoxia de los escritos. Estos, supuestamente, fueron dictados por la Virgen María al apóstol Santiago el Zebedeo a modo de evangelio traducido al árabe por su discípulo Ibn 'Attar. Entre otros asuntos, la Virgen declara que Dios eligió a los árabes y su lengua para "ayudar su ley". De donde se colige que habían sido ellos los primeros cristianos en España.[1]

[1] Véase Thomas E. Case, "Cide Hamete Benengeli y los *Libros plúmbeos*", *Cervantes: Bulletin of the Cervantes Society of America*, 22:2 (2002), pp. 11-12. Asimismo, Luce López-Baralt, "El sabio encantador Cide Hamete Benengeli: ¿fue un musulmán de al-Andalus o un morisco del siglo xvii?", en Ruth Fine y Santiago Alfonso López Navia (eds.), *Cervantes y las religiones. Actas del Coloquio Internacional de la Asociación de Cervantistas*, Universidad de Navarra-Vervuert-Iberoamericana, Madrid-Frankfurt, 2008, p. 353.

En la actualidad se da por hecho que la escritura pseudobíblica y proárabe de dichos libros fue un intento desesperado de evitar la expulsión de los moriscos luego de la rebelión en las Alpujarras (1568-1570).[2] Ahora bien, los posibles falsificadores serían dos de los individuos comisionados por el arzobispo para hacer la traducción al castellano: Alonso del Castillo y Miguel de Luna, ambos médicos moriscos, uno intérprete y otro traductor del mismísimo Felipe II. Y en opinión de El-Outmani también participó un traductor a quien no mencionan las fuentes españolas: Ahmad ben Qásim Al-Hayari, granadino huido a Marruecos, embajador ambulante y teólogo polemista. Este Ahmad o Hamete tenía un apodo cristiano, Bejarano, lo cual prefigura el nombre de Cide Hamete Benengeli.[3]

Es posible que Cervantes, quien estuvo en Granada en 1594, participara en la controversia[4] desatada por el inusitado hallazgo. De hecho, el tema morisco seguía siendo uno de los más importantes en círculos políticos y literarios cuando se publicó la Primera parte del *Quijote*. Ante tal panorama, Thomas Case asevera[5] que Cide Hamete "tiene su origen en los textos falsos de los *Libros plúmbeos* y es la respuesta de Cervantes a la falsificación de las historias[6] tan prevaleciente

[2] Case, art. cit., pp. 13-14.

[3] Ismail El-Outmani, "El morisco Cide Hamete Bejarano, autor del *Quijote*", *Espéculo: Revista de Estudios Literarios*, 30 (2005), p. 2. Por su parte, Geoffrey Stagg menciona a Cid Amet Alubedi, sabio moro residente en Argelia hacia 1579, de quien oiría hablar Cervantes. Véase "El sabio Cide Hamete Venengeli", *Bulletin of Hispanic Studies*, 33 (1956), p. 225.

[4] Según nos recuerda Thomas Case (art. cit., p. 20), para conmemorar el descubrimiento de los *Libros plúmbeos*, en 1598 Góngora escribió el soneto "Al monte santo de Granada".

[5] En este punto, Case se hace eco de las observaciones de Américo Castro, Leonard Harvey y Thomas Lathrop.

[6] Entre otras, Leonard Harvey menciona *Las guerras civiles de Granada*, de Ginés Pérez de Hita, cuya primera parte fue publicada en 1595, y la *Historia verdadera del rey don Rodrigo*, publicada en 1592 y escrita por Miguel de Luna, uno de los posibles autores y luego traductores de los *Libros plúmbeos* (*apud.* Case, art. cit., p. 20).

[en la época]", una respuesta paródica advertida sin duda por los discretos lectores del *Quijote* de 1605.[7]

Se recordará que esta Primera parte de la novela cervantina cierra con algunas observaciones de la instancia diegética según las cuales "el autor desta historia" no habría conocido el "fin y acabamiento" de don Quijote:

> *si la buen suerte no le deparara un antiguo médico* [Alonso del Castillo] que tenía *en su poder una caja de plomo que según él dijo, se había hallado en los cimientos derribados de una antigua ermita* [la Torre Vieja de la mezquita] que se renovaba; en la cual caja se habían hallado unos pergaminos escritos con letras góticas [¿aljamiado?], *pero en versos castellanos, que contenían muchas de sus hazañas y daban noticia* [...] *de la sepultura del mesmo don Quijote, con diferentes epitafios y elogios de su vida y costumbres.*[8]

Si tantas analogías no son casuales,[9] Cide y su manuscrito parodian, es cierto, las pseudofuentes arábigas y griegas de los libros de caballerías, pero en primer término parodian la traducción castellana de los *Libros plúmbeos*, es decir, un manuscrito apócrifo, aunque no fabulado, sino realmente existente.[10]

[7] *Ibid.*, pp. 15 y 19-21.

[8] *Ibid.*, pp. 21-22; cursivas y corchetes de Case.

[9] Luce López-Baralt nota más analogías: "Los paralelos de la crónica de Cide con las supercherías granadinas (y con tantas predicciones o aljofores aljamiados, por cierto) son más estrechas de lo que vio Américo Castro. El 'segundo autor' de la crónica de Don Quijote se lleva secretamente al morisco aljamiado a su hogar para que traduzca la historia bajo su vigilancia, no sin antes negociar la transacción apartado con él 'por el claustro de la iglesia mayor'. Y a una iglesia 'mayor' o diócesis granadina que quería dejar enaltecida pertenecía justamente el Arzobispo Vaca de Castro, que solía negociar la traducción de las reliquias sacromontanas con sus trujamanes de manera 'apartada' y secretiva. Y luego se los llevaba a trabajar a su hogar arzobispal, como hizo con Ignacio de las Casas. Por cierto, que los traductores regateaban sus sueldos con el arzobispo, que tenía fama de no pagar bien. Otro tanto el 'segundo autor', que 'premia' al morisco aljamiado con unas irónicas arrobas de pasa y fanegas de trigo" (López-Baralt, art. cit., p. 355).

[10] Harvey *apud.* Case, art. cit., p. 20.

2. Grisalla

Luce López-Baralt, a quien se deben las siguientes observaciones, advierte que en el *Quijote* II, 48, a propósito del encuentro entre la Dueña Rodríguez y el de la Triste Figura, Cide comenta que daría "por ver a los dos así asidos y trabados desde la puerta al lecho, la mejor almalafa de dos que tenía". Nos hallamos aquí ante un par de dificultades. Una es histórica, pues a partir del 1 de enero de 1568 nadie podía usar en España hábito morisco. La segunda dificultad es de género, ya que la almalafa era manto femenino según se ve en las miniaturas de las *Cantigas* de Alfonso el Sabio o en el *Libro del ajedrez* o en las pinturas murales de la Alhambra, que datan del siglo XIV, o también en los comentarios de visitantes extranjeros a la Granada recién conquistada. Con todo, la mora Zoraida y su padre Agi Morato portan almalafa. ¿Acaso Cide se traviste al modo del cura Pero Pérez y de Dorotea o, más aún, condice la fama de sodomitas que los españoles atribuían a los musulmanes? Sea como fuere, femenina o masculina, la prenda era atuendo islámico antiguo.[11]

¿Y cuál es la lengua de nuestro cronista? Escribe "en su árabe materno sin la más leve queja de que su instrumento verbal se le hubiese atrofiado y mucho menos prohibido", no obstante, la Ordenanza granadina de 1567. ¿Y su religión? Es "filósofo mahomético", según se lee en II, 53. Más todavía, en II, 8, cuando exclama tres veces seguidas "Bendito sea el poderoso Alá", está alabando a su Dios como solicita la azora inicial del Corán, con lo cual demuestra su "conocimiento de los protocolos escriturarios de un musulmán tradicional".[12]

¿Cide es moro o morisco? Las instancias narradoras, don Quijote y el mismo Sancho Panza se refieren a él como *moro*. Asimismo, su nombre, lengua, religión, vestimenta y el hecho de que su *Historia* sea valorada por los anticuarios del Alcaná de Toledo esbozan la figura de

[11] López-Baralt, art. cit., pp. 346 y 348-350.

[12] *Ibid.*, pp. 344-346.

un cronista medieval de Al-Andalus. En contrapartida puede argumentarse que la obra que busca el "segundo autor" en I, 9 "debía de ser moderna", esto es, contemporánea de Cervantes. Además, Cide es pariente de un arriero de Arévalo, el mismo que en I, 16 solicita a Maritornes una noche de placer. No los árabes, sino los moriscos fueron quienes tomaron el oficio de muleros después de las conversiones forzadas del siglo XVI. Para más señas, de ese mismo lugar era el Mancebo de Arévalo, famoso cronista musulmán encubierto.[13]

Si a lo dicho agregamos la conjetura de James Parr[14] según la cual Cide fue un joven morisco que evitó la expulsión de 1609 alegando ser historiador arábigo y manchego, se trataría de un criptomusulmán, alguien que de puertas adentro escribe en árabe, ostenta un nombre islámico y porta almalafa. Adviértase que tal perfil lo identifica con Miguel de Luna y Alonso del Castillo, los supuestos autores de los *Libros plúmbeos*, esto es, de pseudocódices hispanoárabes antiguos.[15] No obstante, sus señas de identidad religiosas y étnico-culturales resultan contradictorias, pues bendice a Dios y a Alá, es andalusí y a la vez pariente de un arriero de Arévalo y, a un tiempo, autor árabe y manchego. Si bien se considera, estas contradicciones son solidarias de la "cronología imposible" del *Quijote* porque nuestro Cide antiquísimo se adelanta en el tiempo al caricaturizar a un hidalgo prosaico del siglo XVII que quiere vivir como si fuera un caballero andante de la Edad Media.[16]

Ahora vayamos al nombre. Para Sancho, ya sabemos, Benengeli suena a *berenjena*. Pero con los siglos cambian los pareceres, así los de Clemencín, Eguílaz y Rodríguez Marín, que oscilan entre Benengeli, 'hijo del ángel' o 'hijo del ciervo'. Astrana Marín se decanta por 'berenjenero'. Y si Cide significa 'mi señor' y Hamete, 'digno de alabanza',

[13] *Ibid.*, pp. 340 y 350-354.

[14] James A. Parr, *Don Quixote, an anatomy of subversive discourse*, Juan de la Cuesta, Newark, 1988, p. 18.

[15] López-Baralt, art. cit., pp. 354-355.

[16] *Ibid.*, p. 352.

el nombre completo viene a decir, como sugiere López-Baralt,[17] 'mi loable señor berenjenero'. Otro es el parecer de Ismail El-Outmani,[18] para quien Benengeli o *Ben-enegeli* significa en árabe 'hijo de bastardo' o 'hijo de sangre no limpia', lo cual equivale a "cristiano nuevo", descendiente, no de Isaac, sino de Ismael. En cambio, Maurice Molho sigue al arabista José Antonio Conde: Ben, 'hijo de', *iggel(i)*, 'ciervo de ciervos'. Y agrega Molho: el único nombre de animal que figura en el *Quijote* es Rocinante, "el que es antes y primero que todos los rocines del mundo", así que por analogía *Cervante* significa "el que es antes y primero que todos los ciervos del mundo".[19]

De su lado, el hispanista egipcio Mahmud Ali Makki nos informa lo siguiente: en las cuatro traducciones del *Quijote* al árabe Hamete se lee como Hamid, 'Alabado, Agradecido'. Inscrito en los muros de la Alhambra, el emblema de los Nazaríes reza "*Wa la galiba illa Allah*", 'Y no hay más vencedor que Dios', sentido equivalente a '¡Quién es como Allah!'. Esta fórmula la usan los musulmanes para pedir protección divina y victoria en las batallas, la misma que empleaban otros pueblos semitas: *¡Mi-ka-El!* en hebreo, *¡Mi-ka-Il!* en eblaita y *¡Man-ka-El!* en amorreo, es decir, ¡Miguel! en castellano, '¡Quién es como Dios' en el sentido de '¡Alabado sea Dios!'. Al respecto, José Olivier Asín nota los paralelismos entre el Miguel guerrero del cristianismo, el Mikail del islam y, antes, un Mikail también guerrero del judaísmo. En cuanto al patronímico Benengeli, Ali Makki asevera que proviene de *Ibn al-ayyil*, 'hijo del ciervo'. De tal manera, Cide Hamete Benengeli corresponde, palabra por palabra, a 'Mi señor Miguel de Cervantes'.[20]

Por último, Guillermo Schmidhuber descifra, en su opinión, el anagrama implicado en el nombre completo de Cide a través de un

[17] *Ibid.*, pp. 342-344.

[18] Art. cit., p. 3.

[19] Maurice Molho, "Instancias narradoras en *Don Quijote*", en *De Cervantes*, Hispaniques, Paris, 2005, pp. 439-440.

[20] Mahmud Sobh, "¿Quién fue Cide Hamete Benengeli?", *El País*, 30 de diciembre de 2005, pp. 30-31.

estudio estadístico consistente en dos pruebas: una de distribución binominal y otra de distribución hipergeométrica. Su conclusión es esta: el autor del *Quijote* ocultó su nombre, *Miguel de Cervantes*, en el de *Cide Hamete Benengeli* a través de un anagrama perfecto —por coincidir en todas las letras—, impuro —por tener varias letras repetidas— e híbrido —por mezclar castellano con árabe—.[21]

3. Manchadura

La función del cronista moro dentro del panorama diegético del *Quijote* es el aspecto suyo que más ha atraído la atención de los cervantistas. Antes de ceder a estos la palabra, escuchemos las opiniones de la pareja protagónica de nuestra novela. En II, 3, don Quijote dice que Cide es un "ignorante hablador" y Sancho le llama "hi de perro" (*Quijote*, II, 3).[22] De su lado, las instancias narradoras ofrecen imágenes desiguales, no exentas de contradicciones.

Ruth El Saffar lo ve, no como un "copista impersonal de la historia de otro", sino como atractivo personaje que habla de sí mismo y del cual hablan los demás.[23] Edward Riley lo considera "una especie de burla" y "único ejemplo de total inverosimilitud en el libro".[24] John J. Allen tiene otro punto de vista; para él, Cide es un narrador desconfiable y su perspectiva sobre don Quijote lo aleja progresivamente de los lectores, perspectiva que diverge de la cervantina por

[21] Guillermo Schmidhuber de la Mora, "Comprobación matemática de un anagrama de *Miguel de Cervantes: Cide Hamete Benengeli*", *Sincronía*, 63 (2013), pp. 6-7.

[22] Miguel de Cervantes, *Don Quijote de la Mancha*, ed. de Francisco Rico, Instituto Cervantes-Crítica, Barcelona, 1998.

[23] Ruth El Saffar, "The function of the fictional narrator in *Don Quijote*", *Modern Language Notes*, 83 (1968), pp. 164-177.

[24] Edward C. Riley, "El recurso a los autores ficticios", en *Teoría de la novela en Cervantes*, trad. Carlos Sahagún, Taurus, Madrid, 1971, p. 323.

más que ambas converjan en el párrafo final del libro.[25] De su lado, Colbert Nepaulsingh separa la voz de Cervantes de la voz de Cide, a quien identifica con el *yo* que declara "En un lugar de la Mancha".[26]

Howard Mancing infiere una dialéctica metaficcional y, haciéndose eco de otros especialistas, distingue tres voces narrativas en la novela; a saber, la del autor —Cide Hamete—, la del traductor —el morisco aljamiado— y la del editor —Cervantes—. Luego abunda: en la Primera parte, Cide es un narrador confiable, pero en la continuación resulta tan desconfiable que el editor señala sus defectos aquí y allá hasta ridiculizarlo. Es más, sustituye a don Quijote en cuanto sujeto de risa al punto de convertirse en el carácter cómico más consistente de la Segunda parte de la novela.[27]

He aquí otra perspectiva, la de Michel Moner, para quien no existe una verdadera solución de continuidad entre los ocho primeros capítulos —¿diegéticos?— de la Primera parte y los restantes —¿metadiegéticos?—, imputados a Cide. A partir del capítulo 9, la historia de don Quijote se nos da como una 'reescritura', un prodigioso palimpsesto donde el cronista moro, ni del todo narrador ni del todo personaje, deviene distribuidor de apostillas. En cualquier caso, la historia está controlada de cabo a cabo por un narrador extradiegético distinto de Cide.[28]

James Parr percibe al final de I, 8 otra voz, también anónima, que ejerce de allí en adelante el control silencioso de la organización del texto y de las demás voces. Se trata de un 'supernarrador', el cual

[25] John J. Allen, "The narrators, the reader and don Quijote", *Modern Language Notes*, 91 (1976), pp. 211-212.

[26] Colbert Nepaulsingh, "La aventura de los narradores del *Quijote*", en Alan M. Gordon y Evelyn Rugg (eds.), *Actas del Sexto Congreso Internacional de Hispanistas*, Universidad de Toronto, Toronto, 1980, pp. 515 y ss.

[27] Howard Mancing, "Cide Hamete Benengeli *vs.* Miguel de Cervantes: The metafictional dialectic of *Don Quijote*", *Cervantes: Bulletin of the Cervantes Society of America*, 1:1-2 (1981), pp. 63-64, 67-68 y 81.

[28] Michel Moner, *Cervantès conteur. Écrits et paroles*, Casa de Velázquez, Madrid, 1989, pp. 90-91.

en 1615 transforma a Cide con el fin de divertirse y divertirnos. El cronista moro "no es un personaje activo sino pasivo. Nunca habla en primera persona. Aunque Cervantes le asigna un papel paródico de autor [...] no interviene activamente ni en la acción ni en la narración".[29] Su mayor actividad ocurre en los últimos párrafos del libro, cuando se dirige a su pluma en calidad de participante honorífico del coro diegético; asimismo, constituye una refutación de Alisolán, el cronista moro del *Quijote* apócrifo. En último análisis, es un fantasma comparable, en el plano narrativo, con la misma Dulcinea.[30]

A decir de Javier Blasco, Cervantes divide la entidad del emisor en tres narradores diferentes: el autor arábigo, el traductor aljamiado y el editor o "autor cristiano". Cada uno de ellos tiene un punto de vista particular sobre don Quijote, lo que afecta el contenido de sus discursos e imprime sobre la historia del personaje las marcas de un género literario singular. Así, Cide Hamete se preocupa más "de la verdad poética que de la verdad histórica" en la medida en que se hace eco del *Relox de príncipes o Marco Aurelio*, cuyo modelo fue, a su vez, Heliodoro. Sin embargo, "la lectura del libro de Cide nos ha sido vedada. Sólo el traductor, y en menor medida el editor, gozaron de tal privilegio. Ellos la leyeron y cada cual la transformó a su antojo".[31]

Jesús G. Maestro identifica tres entidades enunciativas en la novela: Cervantes, el narrador-editor y un sistema retórico de autores ficticios en el que incluye a Cide. ¿Quién es nuestro cronista moro para este crítico que lo analiza con tanto ahínco? Es un recurso

[29] James A. Parr, "Las voces del *Quijote* y la subversión de la autoridad", en A. David Kossoff, Geoffrey Ribbans, Ruth H. Kossoff y José Amor y Vázquez (coords.), *Actas del VIII Congreso de la Asociación Internacional de Hispanistas*, Istmo, Madrid, 1986, t. 2, pp. 402-404.

[30] James A. Parr, "*Don Quijote*: meditación del marco", en Antonio Vilanova (coord.), *Actas del X Congreso de la Asociación Internacional de Hispanistas*, Promociones y Publicaciones Universitarias, Barcelona, 1992, t. 1, pp. 663 y 666.

[31] Javier Blasco, "La compartida responsabilidad de la 'escritura desatada' del *Quijote*", *Criticón*, 46 (1989), pp. 54-56.

estilístico desprovisto de función actancial, pero cuya función retórica tiene consecuencias profundas en el conjunto del relato. Un narrador formal con valor metadiscursivo. Su estilo hiperbólico, enfático e inverosímil semeja el de los autores ficticios de novelas caballerescas. Jamás habla por sí mismo y su texto, citado o referido, aunque inaccesible, es resultado de dos revisiones, la del traductor aljamiado y la del narrador-editor, sobre todo en pasajes cómicos a propósito de nimiedades, lo cual le recubre de ironía. Como personaje literario posee nombre propio. No obstante, en relación con los personajes actanciales deviene fantasmagórico, legendario y su autoridad y trabajo resultan discutibles, incluso desconfiables, pues "todos [los moros] son embelecadores, falsarios y quimeristas" (*Quijote*, II, 3). También hace las veces de intermediario, como otros narradores de cuentos en el libro. Una función más, no prevista inicialmente, reside en deslegitimizar la autoridad de Avellaneda, haciéndose así portavoz de los pensamientos cervantinos. Con todo, la función retórica primordial de Cide consiste en complicar, fragmentar, multiplicar, disgregar la unidad autorial representada por Cervantes.[32]

Fernando Romo Feito ve las cosas de otra manera, ya que para él las "máscaras auctoriales" funcionan como parodias del sistema de "sustitutos auctoriales" ensayado en las novelas de caballerías.[33]

Ante la acumulación de estudios, Ruth Fine separa el corpus disponible en dos temas polémicos. El primero confronta a quienes consideran a los autores como narradores con quienes los ven como autores ficticios cuyo rol es sólo actancial. El segundo tema se centra en el cómputo de narradores y/o autores. Fine zanja los disensos recurriendo a la noción de metalepsis, es decir, la transgresión de niveles diegéticos en su variable de "sustituto auctorial"; entiéndase:

[32] Jesús G. Maestro, "El sistema narrativo del *Quijote*: la construcción del personaje Cide Hamete Benengeli", *Cervantes: Bulletin of the Cervantes Society of America*, 15 (1995), pp. 113, 121-123 y 126-128.

[33] Fernando Romo Feito, "Hermenéutica de Cide Hamete Benengeli: Perspectivas", *Anales Cervantinos*, 13 (1995-1997), pp. 117 y ss.

el narrador que se asume como autor. En el nivel extradiegético, nos dice, operan tres instancias: Cide Hamete o primer autor, el traductor y el segundo autor. De Cide comenta que siempre es posible distinguir su voz respecto de la voz del narrador-autor, a pesar del juego intencional entre estilo directo e indirecto. Asimismo, recurre a la noción de pseudodiégesis con el fin de explicar la falta de delimitación entre las voces, las cuales se contienen unas a otras a modo de cajas chinas. Su conclusión es que el *ethos* lúdico del *Quijote* se funda en la disolución del narrador, cuyas palabras "están habitadas por las voces de los otros", lo que, por otra parte, pone en jaque las jerarquías diegéticas. De fondo, la sobrecarga "auctorial" de la voz narrativa socaba la pertenencia del relato al discurso histórico y relega la mímesis a favor del acto de enunciación, lo que termina por exhibir "la naturaleza ficticia del texto, al tematizar su propio proceso de escritura".[34]

La voz de Cide se ha percibido también como vehículo de parodia e ironía con vistas a generar autorreflexividad crítica, toda vez que coexiste conflictivamente dentro del texto y fuera de él en cuanto voz árabe y por lo mismo deslegitimada y sospechosa. Más que un apoyo estilístico, su discurso se construye para oponerse a otros discursos en una lucha constante por el sentido.[35]

Los estudios de Maurice Molho, en cambio, involucran al autor del *Quijote*. Recuérdese que en la Primera parte el nombre Cervantes figura sólo como autor de la *Galatea* (*Quijote*, I, 6). En el relato del Cautivo, a quien se menciona es a un "tal de Saavedra", apellido con el cual Miguel enmascaró el de la madre, Leonor de Cortinas. En I, 32 el ventero muestra al cura un manuscrito anónimo, la *Novela del*

[34] Ruth Fine, "Hacia una nueva lectura semiótica de *El Quijote*: el caso de las voces narrativas", en Christoph Strosetzki (coord.), *Actas del V Congreso Internacional de la Asociación Internacional Siglo de Oro (AISO)*, Iberoamericana-Vervuert, Madrid-Frankfurt am Main, 2001, pp. 584-586 y 589-590.

[35] Jorge Moreno Pinaud, "La voz de Cide Hamete Benengeli: autorreflexividad crítica en *El Quijote de la Mancha*", *Espéculo: Revista de Estudios Literarios*, 30 (2005), pp. 1-2 y 4.

Curioso impertinente y, en I, 47, el manuscrito de la *Novela de Rinconete y Cortadillo*, anónimo hasta su publicación en 1613. Más aún, en el Prólogo de 1605 se lee la célebre frase "yo, aunque parezco padre, soy padrastro de don Quijote". Y en la portada de *El ingenioso hidalgo don Quijote de la Mancha* se especifica: "compuesto por Miguel de Cervantes Saavedra". Todos estos son indicios de la tachadura del nombre o denegación de la paternidad del libro. Prueba de ello es la portada de 1615: *Segunda parte del ingenioso caballero don Quijote de la Mancha. Por Miguel de Cervantes Saavedra, autor de su Primera parte*. El paso de componedor a autor se debió —¿qué duda cabe?— a la novela apócrifa del autor tordesillesco. Ciertamente, al herirlo en lo más vivo, Avellaneda obligó a Cervantes a quitarse la máscara y asumir por fin su nombre, "sin renunciar por ello a ese anonimato de doble o triple fondo en que consiste la fabricación de *Don Quijote* por el equipo de las instancias narradoras subterráneas". Así entonces, pregunta Molho: "¿de qué sirve apuntar que Cide [...] o cualquiera de las demás instancias narradoras es una realización o modalidad de Cervantes, si el libro ha sido ideado y compuesto para desautorizar semejantes identificaciones?".[36]

El *Quijote* conforma "un organismo narrativo en que cada sujeto de enunciación engendra un sujeto de enunciado, que a su vez pasa a ser sujeto de enunciación".[37] Por lo tanto, Cide, además de cronista y narrador, es "puntualísimo escudriñador de los átomos desta verdadera historia" (*Quijote*, II, 50), vale decir, glosador crítico de sus fuentes o narrador de su narración. La suya, entonces, viene a ser una o varias de las historias posibles de don Quijote. Así, para el lector sagaz la intervención del historiador arábigo no ha de ser parodia, sino transferencia de la autoría a la misma obra "por endogénesis, sin referirl[a]

[36] Maurice Molho, "El nombre tachado", en *De Cervantes*, Hispaniques, Paris, 2005, pp. 65 y 69.

[37] *Idem.*

a ningún principio o motor externo". De donde se desprende que el personaje más problemático del *Quijote* es el propio libro.[38]

4. Veladura

Atendamos ahora a la pluma de Cide Hamete. De los críticos que he consultado, sólo López-Baralt estudia la pluma, esa que termina colgada de un hilo de alambre atado a una espetera. Podría tratarse de una alusión al Cálamo Supremo o *al-qalam al'lā* del Corán (68:11), que, asociado al Dios creador y a su Intelecto Supremo, escribe sobre la Tabla Guardada (Corán, 85:21-22) "el destino inexorable de los seres humanos". Además, la pluma parlante se jacta de que la escritura del texto ha sido destinada sólo a ella, siendo que en el Islam el Cálamo Supremo y la Tabla Guardada conforman un matrimonio espiritual inviolable, alusivo a Adán y Eva, pareja primordial de la creación de Dios.[39] Asimismo, *Intelecto* —*'aql* en árabe— significa 'atar', 'constreñir', y en su variante *'iqal* significa 'cuerda'. En otras palabras:

> un árabe no puede pensar al Intelecto Supremo sin asociarlo con una cuerda y una atadura. Acaso el sabio historiador, al colgar de un hilo de alambre su prodigioso cálamo, nos esté indicando con una sonrisa cómplice que su pluma de ave es la intermediaria simbólica entre el Intelecto creador —el máximo autor, Cervantes— y su creación escrita [...].[40]

En adición, existe un *hadîz* atribuido a Mahoma el cual dice, cuando un destino ha sido sellado, *qad jaffa' l-qalam*, "la tinta ya se ha secado". Si relacionamos estos datos es posible concluir que, al colgar

[38] Maurice Molho, "Instancias narradoras en *Don Quijote*", en *De Cervantes*, Hispaniques, Paris, 2005, pp. 435-437 y 441.

[39] Luce López-Baralt, "El Cálamo Supremo (Al-Qalam A'lā) de Cide Hamete Benengeli", *Sharq al-Andalus*, 16-17 (1999-2002), pp. 175 y 181-182.

[40] *Ibid.*, p. 183.

la pluma, Cide pone a secar la tinta con el propósito de que ningún Avellaneda vuelva a profanar su verdadera historia.[41]

Vayamos a los versos, atribuidos a la pluma de manera unánime por la crítica. Helos aquí según la versión en prosa de la *editio princeps*: "Tate tate, follonzicos, de ninguno sea tocada, porque estâ impressa buen Rey, para mi estaua guardada".[42] Helena Percas nota la ambigüedad acerca de la cosa que no debe ser tocada por ninguno: ¿se trata de la pluma o de la *impressa*? Asimismo, analiza la *lectio* original —*estâ impressa*— que la mayoría de los editores subsiguientes ha enmendado como 'esta empresa' y en algunas ocasiones como 'esta impresa'.[43] Su lectura implica la siguiente significación "baciyélmica": 'esta empresa está impresa', en el sentido de que nada hay que añadir a la vida de don Quijote. Sin embargo, la locución podría ser error del editor, ya que en el siglo XVII *emprimir* e *imprimir* son intercambiables, como *emprenta* e *imprenta*, pero nunca *empreso* sustituye a *impreso* ni *empresor* a *impresor*.[44]

En otro artículo, la misma Helena Percas enfatiza respecto de los autógrafos cervantinos que el autor del *Quijote* no se molestaba en marcar las tildes acentuales y sí, en cambio, sobre un trazo vertical ponía los puntos sobre las íes o a veces una rayita encima.[45] Por lo tanto, la tilde sobre *estâ* habría sido enmienda del editor o compositor con vistas al participio adjetival que le sigue, *impressa*.[46]

[41] *Ibid.*, pp. 178 y 186.

[42] Para la procedencia de la estrofa, véase Helena Percas de Ponseti, "'Tate, tate, follonzicos…' Once again: The metamorphosis of a locution", *Cervantes: Bulletin of the Cervantes Society of America*, 7:2 (1987), p. 86.

[43] Véase, para las enmiendas de las ediciones antiguas, Helena Percas de Ponseti, art. cit., p. 89.

[44] *Ibid.*, pp. 85-88.

[45] Helena Percas cita aquí el libro *Autógrafos cervantinos* de Miguel Romera-Navarro.

[46] Helena Percas de Ponseti, "A revision: Cervantes's writing", *Cervantes: Bulletin of the Cervantes Society of America*, 9:2 (1989), p. 62.

Daniel Eisenberg rebate a Percas atribuyendo la *lectio —estâ impressa—* al cajista, quien "se enfocaría en lo *impreso* y (desde su punto de vista) incambiable". Para él, Cervantes habría manuscrito *esta empressa* o *esta empresa.*[47]

Tiempo después, volviendo a las andadas, Helena Percas contradice a Eisenberg con el siguiente argumento: *impresa* es forma desusada de *empresa,* lo cual condice la estrofilla característicamente burlona, de lenguaje familiar y aire de romance antiguo, "Tate tate, follonzicos [...]". Así entonces, los editores modernos que sustituyen la locución adverbial de 1615 con *esta impresa* están en lo correcto, pues sin violentar la gramática queda vigente el juego de ideas 'esta empresa está impresa'.[48]

5. Detallado

¿Quién es finalmente Cide Hamete Benengeli? Una representación ficticia del Cide Hamete Bejarano histórico, una parodia de Alonso del Castillo y Miguel de Luna, supuestos autores y traductores de los *Libros plúmbeos*, un cronista araboparlante, un filósofo mahomético avezado en los protocolos escriturarios musulmanes, un joven morisco criptomusulmán, un autor andalusí y a la vez manchego que viste femenina almalafa y bendice tanto a Alá como a Dios. ¿Y qué significa su nombre completo? Loable señor berenjenero o señor hijo del ángel o de bastardo o del ciervo o señor ciervo de ciervos o ¡Quién es como Dios!

¿Cuáles funciones desempeña en el *Quijote*? Es un personaje. No, una especie de burla y alarde de inverosimilitud. Tal vez el *yo* que dice

[47] Daniel Eisenberg, "'Esta empressa' no 'está impressa'", *Cervantes: Bulletin of the Cervantes Society of America*, 13:2 (1993), p. 126.

[48] Helena Percas de Ponseti, "Nota a la nota sobre una nota: 'impressa,' no 'empressa'", *Cervantes: Bulletin of the Cervantes Society of America*, 15:1 (1995), pp. 165-166.

"En un lugar de la Mancha" o un modesto apostillador de la historia. Acaso un autor inicialmente confiable, después desconfiable y por fin objeto de risa. Quizá un personaje pasivo que, además, refuta al Alisolán de Avellaneda. Incluso un imitador de Heliodoro vía fray Antonio de Guevara y cuyo texto nos es inaccesible. Más todavía: un recurso estilístico sin función actancial, fantasmagórico y legendario, portavoz de Cervantes y disgregador de la unidad autorial. Posiblemente una parodia de los sustitutos "auctoriales" de las novelas caballerescas y, mejor, un "sustituto auctorial" pseudodiegético que disuelve la voz del narrador. Quién sabe si un promotor de autorreflexividad crítica cuya lengua árabe comporta sospecha y marginalidad. Y por qué no una tachadura del nombre *Cervantes*, sin función paródica, que transfiere la autoría al propio libro.

¿Y la pluma de Cide? Cálamo Supremo cuya tinta, seca ya, sella el destino de don Quijote, evitando así la proliferación de nuevos autores tordesillescos. Pluma parlante para quien la historia del protagonista es su *empresa*, la cual *estâ impressa* ya.

* * *

Libro que discurre sobre libros, obra cuyo tema de fondo es ella misma, el *Quijote* a lo largo de cuatro siglos ha fascinado y ha sumergido en debates a una ingente nómina de editores, críticos y lectores. En las últimas décadas señaladamente, el interés de los cervantistas se ha desplazado del contexto histórico-cultural, los personajes y la lengua hacia la enunciación. Inmersos en la cultura escritocéntrica y en la lectura silenciosa, nos desvelamos en clasificar las modalidades diegéticas y en identificar las voces discursivas de la manera más objetiva posible.

Los intentos de explicar el cierre del libro son buen ejemplo de lo anterior. Me refiero al segmento textual que abarca desde las palabras que Cide "dijo a su pluma" hasta el "Vale" de despedida. Algunos estudios referidos aquí y tantos otros interrogan la identidad y extensión de las voces participantes. ¿Cuándo calla el cronista moro, dónde la pluma y, singularmente, quién dice las últimas frases? ¿El supernarrador, el editor-autor, el narrador-editor, el narrador-autor, el autor implícito, portavoz inmediato del autor real?

Con el paso de los siglos, no cabe duda, la recepción del *Quijote* se ha alejado progresivamente del horizonte de expectativas de Cervantes y de los lectores para quienes noveló. ¿Acaso, según discurre Borges al comentar la Cábala, el libro destina un sentido particular a cada lector? O, por el contrario, a decir de Jean Bollack, el sentido del libro es único y la diversidad de interpretaciones refleja diversidad de lecturas erróneas. Tratándose del *Quijote*, intentamos esto último —establecer el sentido único y definitivo—, con lo cual, paradójicamente, multiplicamos sin cesar la pluralidad de sentidos, recuperando así, a contracorriente de nuestro propósito y tal vez sin saberlo, la hermenéutica de los cabalistas.

EL ARTE DE CONTAR EN EL *QUIJOTE*

Nieves Rodríguez Valle
El Colegio de México

Los rincones fantásticos de la ficción narrativa, ofrecen, según el Canónigo, a quien tiene buen entendimiento, un "largo y espacioso campo por donde sin empacho alguno pudiese correr la pluma".[1] En este espacio de la prosa de ficción, de quien Cervantes fue dueño y señor, el arte de contar orbita en la reflexión continua del relato y en el pacto establecido y aceptado por el receptor; y en este arte se entretejen, como trama y urdimbre, la consciente referencia a la verosimilitud y los rompimientos constantes que se empeñan en recordarnos que se trata de una ficción.[2]

[1] Miguel de Cervantes, *Don Quijote de la Mancha,* 2 vols., ed. de Francisco Rico, Crítica, Barcelona, 1999. "Cervantes sabía medir muy bien las dimensiones de las expectativas y las ansias que sus contemporáneos tenían de contrastar la dura realidad de la vida cotidiana con los rincones fantásticos de la ficción narrativa", Aldo Ruffinatto, "El narrador agotado y los horizontes de expectativas del *Persiles*", en Alicia Villar Lecumberri (ed.), *Peregrinamente peregrinos. Actas del V Congreso Internacional de la Asociación de Cervantistas,* Asociación de Cervantistas, Madrid, 2004, p. 902.

[2] Se desmonta el mecanismo de la ilusión mediante "las intrusiones autorales o los comentarios de los narradores ficticios no le permiten al lector olvidar por mucho tiempo que el texto no es más que ilusión, una ilusión que depende del arte del poeta y de la cortesía o de la voluntad del lector, más que de la observancia de una verosimilitud estrictamente identificada como conformidad con lo esperable en el mundo de referencia del lector [...] Las intervenciones de las voces narrativas exponen la arbitrariedad, la libertad del narrador omnipotente", Christine Marguet, "El *Persiles* y la estética de la ilusión", en Alicia Villar Lecumberri (ed.), *Peregrinamente peregrinos. Actas del V Congreso Internacional de la Asociación de Cervantistas,* Asociación de Cervantistas, Madrid, 2004, p. 544. "El individuo ficticio tiene existencia, pero prestada, no la suya propia, sino la existencia y realidad de la imagen. Pues que algo sea y funcione como imagen, significa

Si, para Pinciano, el poeta (como el pintor "porque la pintura es poesía muda, y la poesía, pintura que habla"),[3] dista tres grados de la verdad, poniendo como ejemplo a un lecho, del cual "el primero, principal y verdadero autor es Dios, el segundo, el carpintero y el tercero el pintor",[4] en la obra cervantina, el lecho que pinta el poeta también se pinta a sí mismo, o es narrador de la historia de otros lechos, y produce efectos en los lechos a quienes habla por cómo lo hace: gusto, admiración e incluso puede ser criticado por cómo cuenta lo que cuenta; además de que la propia historia del lecho es creación divina de un sabio encantador que a su vez requiere ser traducida y editada. En la prosa cervantina, narrador y personajes narran, son receptores y críticos, la mayoría de las veces, de lo que otros cuentan y de cómo lo cuentan. Las narraciones se suceden debido a que la literatura de los andantes (caballeros o peregrinos de las novelas de caballerías y de las bizantinas), por la naturaleza del viaje (unos con itinerario impreciso y otros con meta clara de llegada), propicia el encuentro con otros personajes portadores de sus propias historias.[5]

[...] que no se da como lo que es, sino como si fuera aquello que es imagen. La ficción es, pues, una ilusión, pero, como tal, un hecho real de nuestra vida psíquica", Félix Martínez Bonati, *La ficción narrativa. Su lógica y ontología*, LOM, Santiago de Chile, 2001, p. 118.

[3] Alonso López Pinciano, *Filosofía antigua poética*, Consejo Superior de Investigaciones Científicas, Madrid, 1953, t. I, p. 169.

[4] *Ibid.*, p. 168.

[5] "En los relatos construidos en torno a un viaje, solía ser también motivo habitual que alguno de los personajes relatase una historia a los demás con el fin de hacer más ameno el camino. La función de dichas historias en tales ocasiones consistía, pues, en entretener a los oyentes —lo que con términos de Timoneda podemos considerar el motivo del *alivio de caminantes*—", Ana L. Baquero Escudero, "El viaje, principio de cohesión para la narración de historias: el *Quijote* de 1605", en Felipe B. Pedraza Jiménez y Rafael González Cañal (eds.), *Con los pies en la tierra. Don Quijote en su marco geográfico e histórico. Homenaje a José María Casasayas. XII Coloquio Internacional de la Asociación de Cervantistas*, Universidad de Castilla-La Mancha-Asociación de Cervantistas, Cuenca, 2008, p. 211. "Esas historias aparecen ensartadas en la trama primera, normalmente dependiendo del relato oral de un personaje y ajustándose a la mencionada función explicativa", *ibid.*, p, 214.

La curiosidad es un ingrediente esencial de los protagonistas cervantinos, como lo comprueba don Quijote una y otra vez:

> —Por ver que tiene este caso un no sé qué de sombra de aventura de caballería, yo por mi parte os oiré, hermano, de muy buena gana, y así lo harán todos estos señores, por lo mucho que tienen de discretos y de ser amigos de curiosas novedades que suspendan, alegren y entretengan los sentidos, como sin duda pienso que lo ha de hacer vuestro cuento. Comenzad, pues, amigo, que todos escucharemos (*Quijote*, I, 50).

Sancho prefiere irse al arroyo a comer su empanada, en este pasaje, pero para don Quijote, las curiosas novedades son "refacción del alma" (*Quijote*, I, 50). Recordemos que incluso para que el conductor de las armas le cuente las prometidas maravillas, cambia su itinerario (de la ermita que el primo sugiere para pasar la noche) a la venta;[6] y al llegar, como "no se le cocía el pan" ayuda a dar de comer a los animales: "ahechandole la cebada y limpiando el pesebre, humildad que obligó al hombre a contarle con buena voluntad lo que pedía; y sentándose en un poyo, y don Quijote junto a él, teniendo por senado y auditorio al primo, al paje, a Sancho Panza y al ventero" (*Quijote*, II, 25), como sabemos, contará la historia del pueblo del rebuzno.[7]

La avidez por escuchar curiosas novedades que suspenden, alegren y entretengan constituye la base sobre la cual de estructuren los relatos, lo que prepara el terreno para el proceso de narración que se organiza a continuación. De acuerdo con Antonio Garrido, los términos que mejor definen el arte novelesco de Cervantes son la delegación y la

[6] "[…] no tuvo lugar don Quijote de preguntarle qué maravillas eran las que pensaba decirles, y como él era algo curioso y siempre le fatigaban deseos de saber cosas nuevas, ordenó al momento se partiesen y fuesen a pasar la noche en la venta, sin tocar la ermita, donde quisiera el primo que se quedaran" (*Quijote*, II, 24).

[7] La curiosidad de los protagonistas cervantinos comienza con Erastro y Galatea y se continúa hasta sus últimos protagonistas peregrinos, empeñados en saber de los demás ¿quiénes son? ¿de dónde vienen? y ¿a dónde van?

especularidad: delegación de la autoría o función narrativa (confiando a otros la tarea de contar una historia) y la delegación de la actividad ficcionalizadora (trasladando a los personajes gran parte del poder de inventar), en consecuencia, las imágenes se van multiplicando en el fondo del espejo:

> el demiurgo hace partícipes a sus personajes de unos poderes que él solo posee [...] los personajes terminan participando de los privilegios exclusivos de la autoría —inventar y contar una historia— en una serie de remedos e imágenes que proyectan varias veces en el espejo del relato la imagen básica de ese pantocrator que es el autor (y, por delegación, el narrador).[8]

Esta apuesta novelesca, Florencio Sevilla la define como grande, recia y aun descabellada del excautivo, "—acaso nunca imaginada de otro alguno, al par de los pensamientos del hidalgo—, como para sostener textualmente su verdadero alcance experimental bajo tantos y tantos intrusos ficticios".[9]

Esta delegación, dar la voz para que otros cuenten, no está exenta de la reflexión sobre el contar, que es un arte. Desear saber novedades e interrumpir los relatos cuando éstos no están bien contados son el sello de don Quijote, quien cuestiona a Sancho las repeticiones con que este

[8] Antonio Garrido Domínguez, "Ficción, ficciones en el *Quijote*", en Antonio Garrido (ed.), *El* Quijote *y el pensamiento teórico-literario. Actas del Congreso Internacional celebrado en Madrid del 20 al 24 de junio de 2005*, Consejo Superior de Investigaciones Científicas, Madrid, 2008, p. 225.

[9] Florencio Sevilla Arroyo, "La voz de Cervantes 'creador' en el *Quijote*", *Anales Cervantinos*, XLII (2010), p. 89. "Cervantes gustó de enmascarar ficticiamente su quehacer novelesco tras múltiples disfraces, delegando en ellos toda la responsabilidad de la historia y del relato [...], la voz cervantina queda irrecuperablemente silenciada en la ficción por un sinfín de 'instancias narradoras' y la historia del ingenioso hidalgo manchego ha de ser leída como reconstrucción multitudinaria de no se sabe cuántos artífices: primer autor, autor segundo, cronistas, Cide Hamete, traductor, editor, pluma, autor final, autor textualizado, narrador extradiegético-heterodiegético, etc.", *idem*.

le cuenta un cuento tradicional o las imprecisiones en los contenidos de los relatos de los otros personajes que encuentra en el camino. En esta reflexión participan además el narrador y los otros personajes.

Dos preguntas se abren y se discuten a lo largo de la narrativa cervantina (incluido el *Viaje del Parnaso*): ¿qué contar y qué omitir? y ¿cómo contar? Cuestionándose así, contenido y forma, trama, fábula y discurso. Si bien es el narrador quien se ocupa de esta reflexión en *La Galatea*, va ganando terreno en los personajes en el *Quijote* de 1605, en las *Novelas*, en las cuales, según afirma el viajero al Parnaso, ha abierto el "camino con que la lengua castellana puede mostrar con propiedad un desatino", en la reflexión sobre este arte, lleva la voz cantante un perro, pues, según Berganza:

> los cuentos unos encierran y tienen la gracia en ellos mismos; otros, en el modo de contarlos; quiero decir que algunos hay que es menester vestirlos de palabras, y con demostraciones del rostro y de las manos y con mudar la voz se hacen algo de nonada, y de flojos y desmayados se vuelven agudos y gustosos.[10]

En el *Quijote* de 1615, del que me ocuparé enseguida, continúan los cuestionamientos con la añadidura de que la reflexión puede hacerse también de la historia de los protagonistas que ya vio la estampa, y, será el tema que abordará Cervantes a sus anchas en la *Historia septentrional.*

La práctica de la intercalación de historias sucede generalmente de dos maneras: el ensartado y el encuadre. En el ensartado el relato intercalado aparece dependiendo de un personaje que de alguna forma se incorpora a la trama primera, mientras que en el encuadre dicha historia permanece ajena a la acción principal.[11] Como sabe-

[10] Miguel de Cervantes, *El coloquio de los perros, Novelas ejemplares,* ed. de Juan Bautista Avalle-Arce, Castalia, Madrid, 2001, t. II, p. 247.

[11] Baquero, art. cit., p. 210.

mos, la estructura del relato con marco desaparece en 1615,[12] lo cual seguramente hubiera agradecido don Quijote pues en esta Segunda parte el sabio su enemigo se abstiene de distraerse en "contar otras acciones fuera de lo que requiere la continuación de una verdadera historia" (*Quijote*, II, 8), que es la historia del protagonista. Aunque de dicha historia tampoco es bien que se cuente añadiendo detalles que no sean convenientes, pues:

> —A lo que yo imagino— dijo don Quijote—, no hay historia humana en el mundo que no tenga sus altibajos, especialmente las que tratan de caballerías, las cuales nunca pueden estar llenas de prósperos sucesos.
>
> —Con todo eso— respondió el bachiller—, dicen algunos que han leído la historia que se holgaran se les hubiera olvidado a los autores della algunos de los infinitos palos que en diferentes encuentros dieron al señor don Quijote.
>
> —Ahí entra la verdad de la historia— dijo Sancho.
>
> —También pudieran callarlos por equidad— dijo don Quijote—, pues las acciones que ni mudan ni alteran la verdad de la historia no hay para qué escribirlas, si han de redundar en menosprecio del señor de la historia. A fee que no fue tan piadoso Eneas como Virgilio le pinta, ni tan prudente Ulises como lo describe Homero.
>
> —Así es— replicó Sansón—, pero uno es escribir como poeta, y otro como historiador: el poeta puede contar o cantar las cosas, no como fueron, sino como debían ser; y el historiador las ha de escribir,

[12] "La 'Segunda parte' del *Quijote* carece de un centro narrativo comparable con lo que la venta de Juan Palomeque el Zurdo representaba en el *Quijote* de 1605. Se omiten los cuentos 'im-pertinentes', desligados del relato principal y, a un tiempo, privilegiados para asumir la función de *mise en abyme*; se incluyen, en cambio, varios episodios bien conectados con la trama (el encuentro con el Caballero del Verde Gabán, las bodas de Camacho, la cueva de Montesinos, la permanencia de don Quijote y Sancho en el castillo de los Duques, la hospitalidad que les ofrece Roque Guinart, la estancia en Barcelona, etc.), que se corresponden con etapas del viaje de don Quijote y Sancho o con sus estancias prolongadas en este o aquel lugar", Georges Güntert, *Cervantes: narrador de un mundo desintegrado*, Academia del Hispanismo, Vigo, 2007, p. 148.

> no como debían ser, sino como fueron, sin añadir ni quitar a la verdad cosa alguna (*Quijote*, II, 3).

Lo que se cuenta, aunque sea verdad, según Sancho, debía callarse por equidad, "no hay para qué escribirlas", según don Quijote, como hacen las más grandes autoridades pues eligen qué contar y qué no, incluso Ariosto cuando se trata de los desvíos de Angélica:

> El gran cantor de su belleza, el famoso Ariosto, por no atreverse o por no querer cantar lo que a esta señora le sucedió después de su ruin entrego, que no debieron ser cosas demasiadamente honestas, la dejó donde dijo:
>
> Y cómo del Catay recibió el cetro
> quizá otro cantará con mejor plectro (*Quijote*, II, 1).[13]

El historiador a quien le tocó en suerte ser el cronista de la historia de nuestro caballero, tiene algo más de poeta que de historiador, aunque la obra se empeñe en demostrar lo contrario, incluso tiene la omnisciencia del poeta, de otra manera, como dice Sancho, cómo podría saber las cosas "que pasamos nosotros a solas, que me hice cruces de espantado cómo las pudo saber el historiador que las escribió"; la respuesta es simple para don Quijote: "—Yo te aseguro, Sancho— dijo don Quijote—, que debe de ser algún sabio encantador el autor de nuestra historia, que a los tales no se les encubre nada de lo que quieren escribir" (*Quijote*, II, 2).[14]

[13] Profecía fue la de este vate o adivino, según don Quijote, pues afirma que se ve esta verdad clara: "porque después acá un famoso poeta andaluz lloró y cantó sus lágrimas, y otro famoso y único poeta castellano cantó su hermosura" (*Quijote*, II, 1), y a la pregunta del barbero sobre si algún poeta ha hecho una sátira a esta señora, don Quijote responde "hasta agora no ha llegado a mi noticia ningún verso infamatorio contra la señora Angélica, que trujo revuelto el mundo" (*Quijote*, II, 1). Según anota Rico, se refiere a Luis Barahonda de Soto y sus *Lágrimas de Angélica* (1586), y a *La hermosura de Angélica* (1602) de Lope de Vega.

[14] Lo que sí preocupa a don Quijote es lo siguiente: "no se podía persuadir a que tal historia hubiese, pues aún no estaba enjuta en la cuchilla de su espada la sangre de los

Pero, además de aquello que no le esté bien a un protagonista, ¿qué contar y qué omitir para que una historia esté bien narrada? ¿Qué no se debe callar y qué si no se cuenta no altera la verosimilitud? Parece que depende del tema que se aborde, si se trata de contar aventuras, no contar parece que agrega verosimilitud a la historia general, pues ocurre a veces que a caballero y escudero no les acontece "cosa que de contar fuese" (*Quijote*, II, 8). Los encargados de la historia de don Quijote, a su vez, juegan con las minucias del relato: Cide Hamete se autocensura, por ejemplo, al hablar de la amistad entre el rucio y Rocinante, lo cual desde luego sería una digresión innecesaria, pero que, a su vez, al negarla el narrador la acrecienta:

> hay fama, por tradición de padres a hijos, que el autor desta verdadera historia hizo particulares capítulos della, mas que, por guardar la decencia y decoro que a tan heroica historia se debe, no los puso en ella, puesto que algunas veces se descuida deste su prosupuesto y escribe que así como las dos bestias se juntaban, acudían a rascarse el uno al otro. [...] Digo que dicen que dejó el autor escrito que los había comparado en la amistad a la que se tuvieron Niso y Euríalo, y Pílades y Orestes; y si esto es así, se podía echar de ver, para universal admiración, cuán firme debió ser la amistad destos dos pacíficos animales (*Quijote*, II, 12).

El traductor, a su vez, censura a Cide Hamete el exceso en la descripción de la casa de don Diego, retórica que la hace más rica también al contar que la decidió omitir: "pero el traductor desta

---

enemigos que había muerto, y ya querían que anduviesen en estampa sus altas caballerías. Con todo eso, imaginó que algún sabio, o ya amigo o enemigo, para engrandecerlas y levantarlas sobre las más señaladas de caballero andante; si enemigo, para aniquilarlas y ponerlas debajo de las más viles que de algún vil escudero se hubiesen escrito, puesto —decía entre sí— que nunca hazañas de escuderos se escribieron; y cuando fuese verdad que la tal historia hubiese, siendo de caballero andante, por fuerza había de ser grandílocua, alta, insigne, magnífica y verdadera" (*Quijote*, II, 3). Con esto se consoló un poco, pero le desconsoló que el autor fuera moro.

historia le pareció pasar estas y otras menudencias en silencio, porque no venían bien con el propósito principal de la historia, la cual más tiene su fuerza en la verdad que en las frías digresiones" (*Quijote*, II, 18). Y unas líneas más adelante, el narrador se vuelve puntilloso en lo que atañe a detalles como cuántos calderos de agua fueron necesarios para que don Quijote se lave el suero de los requesones (*Quijote*, II, 18); así como si la cabalgadura de las aldeanas del Toboso consistía en tres pollinos o pollinas "que el autor no lo declara, aunque más se puede creer que eran borricas" (*Quijote*, II, 10).

Cuando se trata de contar historias amorosas, por el contrario, se pide que no se omitan detalles; así lo afirma Cardenio: "No os canséis, señores, de oír estas digresiones que hago, que no es mi pena de aquellas que puedan ni deban contarse sucintamente y de paso, pues cada circunstancia suya me parece a mí que es digna de un largo discurso" (*Quijote*, I, 27). La reacción no se ha de esperar, el cura responde que "no solo no se cansaba en oírle, sino que les daba mucho gusto las menudencias que contaba, por ser tales, que merecían no pasarse en silencio, y la mesma atención que lo principal del cuento" (*Quijote*, I, 27). De este modo, contar con brevedad o con minucias, dependerá de la voz que cuente, si se cuenta la historia propia o en general si es una historia amorosa se justifican los largos discursos y los detalles pues se ameritan,[15] si la historia que se cuenta es de otro se pueden juzgar los detalles como digresiones y menudencias; y si lo que se cuenta es una necedad, como afirma Sancho gobernador, se pide brevedad:

> para contar esta necedad y atrevimiento no era menester tantas largas ni tantas lágrimas y suspiros, que con decir "Somos fulano y fulana, que nos salimos a espaciar de casa de nuestros padres con esta invención,

[15] Como remata el Cautivo su extenso relato: "No tengo más, señores, que deciros de mi historia; la cual si es agradable y peregrina júzguenlo vuestros buenos entendimientos, que de mí sé decir que quisiera habérosla contado más brevemente, puesto que el temor de enfadaros más de cuatro circunstancias me ha quitado de la lengua" (*Quijote*, I, 41).

solo por curiosidad, sin otro designio alguno", se acabara el cuento, y no gemidicos y lloramicos, y darle (*Quijote*, II, 49).

Si tradicionalmente las narraciones intercaladas podían surgir por su relación temática con la historia que funciona como marco, o incluso aparecer a modo de ejemplificación práctica en un deseo de persuadir al oyente para que adopte una determinada actitud,[16] el primer cuento del *Quijote* de 1615, y el único con esta tesitura, surge cuando el barbero pide licencia para contar uno breve que sucedió en Sevilla, "que por venir aquí como de molde, me da gana de contarle" (*Quijote*, II, 1). Viene tan de molde, que la reacción de don Quijote no se hace esperar y es adversa, pues él no es Neptuno; para él esta historia podía haberse omitido completa.

¿Qué contar y qué omitir? es una pregunta constante que Cervantes seguirá poniendo en la mesa. En el *Persiles*, Mauricio comenta en voz baja a su hija tras la narración de Periandro:

> —Paréceme, Transila, que con menos palabras y más suscintos discursos pudiera Periandro contar los de su vida; porque no había para qué detenerse en decirnos tan por extenso las fiestas de las barcas, ni aun los casamientos de los pescadores, porque los episodios, que para ornato de las historias se ponen, no han de ser tan grandes como la misma historia. Pero yo, sin duda, creo que Periandro nos quiere mostrar la grandeza de su ingenio y la elegancia de sus palabras (*Persiles*, II, 14, p. 372).[17]

Mauricio es de parecer contrario al cura para quien, en las historias amorosas los detalles están al mismo nivel que la historia. Pero con el comentario sobre el ingenio y las palabras pasamos a la siguiente cuestión, ¿cómo contar? Definitivamente no como se cuenta en los

[16] Baquero, art. cit., p. 211.

[17] Miguel de Cervantes, *Los trabajos de Persiles y Sigismunda*, ed. de Carlos Romero Muñoz, Cátedra, Madrid, 2004.

libros de caballerías, pues en ellos las razones pueden hacer perder el juicio, como a don Quijote que "desvelábase por entenderlas y desentrañarles el sentido, que no se lo sacara ni las entendiera el mesmo Aristóteles, si resucitara para solo ello" (*Quijote*, I, 1); en estos libros incluso don Quijote duda del ingrediente principal de todo relato: la verosimilitud: "No estaba muy bien con las heridas que don Belianís daba y recebía, porque se imaginada que, por grandes maestros que le hubiesen curado, no dejaría de tener el rostro y todo el cuerpo lleno de cicatrices y señales" (*Quijote*, I, 1). La verosimilitud es el arte de hacer la mentira creíble, contar con propiedad un desatino.[18] Pero si algo se admira en la obra cervantina es la gracia que se requiere para contar. Reiterados son los adjetivos que utiliza el narrador para elogiar las características de lo bien contado "suelta lengua, con voz suave", "voz reposada y clara" (*Quijote*, I, 28); "voz agradable y reposada" (*Quijote*, I, 38), "breves y discretas razones" (*Quijote*, I, 36), brevedad y discreción que provoca que el público desee oír más: "que quisiera que durara el cuento más tiempo: tanta era la gracia con que Dorotea contaba sus desventuras" (*Quijote*, I, 36), y siempre se hace notar el silencio con el que se debe escuchar. El modo de contar es el que admira, en palabras de don Fernando, que sintetizan la estética:

> [...] el modo con que habéis contado este estraño suceso ha sido tal, que iguala a la novedad y estrañeza del mesmo caso: todo es peregrino y raro y lleno de accidentes que maravillan y suspenden a quien los oye; y es de tal manera el gusto que hemos recebido en escuchalle, que aunque nos hallara el día de mañana entretenidos en el mesmo cuento, holgáramos que de nuevo se comenzara (*Quijote*, I, 42).

[18] En la Primera parte, se plantea esta dicotomía en la historia de Valdovinos "historia sabida de los niños, no ignorada de los mozos, celebrada y aun creída de los viejos, y, con todo esto, no más verdadera que los milagros de Mahoma. Esta, pues, le pareció a él que le venía de molde para el paso en que se hallaba" (*Quijote*, I, 5).

Pues todo es mejor cuando se une fábula y forma, como le dice don Quijote al cabrero: "proseguid adelante, que el cuento es muy bueno, y vos, buen Pedro, le contáis con muy buena gracia" (*Quijote*, I, 12). Gracia que equivale a ser agradable, claro, suave, reposado y discreto.[19]

Don Quijote une en su discurso de las armas y las letras contenido y forma, como observa el narrador "de tal manera y por tan buenos términos iba prosiguiendo en su plática don Quijote, que obligó a que por entonces ninguno de los que escuchándole estaban le tuviese por loco" (*Quijote*, I, 37), pero qué sucede cuando, en la Segunda parte, narra al primo y a Sancho, ya no un discurso sino su experiencia en la cueva de Montesinos. El epígrafe del capítulo reza así: "De las admirables cosas que el estremado don Quijote contó que había visto en la profunda cueva de Montesinos, cuya imposibilidad y grandeza hace que se tenga esta aventura por apócrifa" (*Quijote*, II, 23). La lectura nos conduce a la imposibilidad del suceso, más aún cuando el narrador nos cuenta que el traductor encuentra en el margen del manuscrito estas palabras del mismo Cide Hamete:

> No me puedo dar a entender puntualmente todo lo que en el antecedente capítulo queda escrito. La razón es que todas las aventuras hasta aquí sucedidas han sido contingibles y verisímiles, pero esta desta cueva no le hallo entrada alguna para tenerla por verdadera, por ir tan fuera de los términos razonables. Pues pensar yo que don Quijote miente, siendo el más verdadero hidalgo y el más noble caballero de sus tiempos,

[19] George Haley ha encontrado en el pasaje del titerero Maese Pedro la expresión o la exposición del arte de contar cervantino: "Maese Pedro se oculta tras el retablo. Su ayudante, varilla en mano, se sitúa frente al escenario. Don Quijote, Sancho y los demás espectadores esperan, excitados por la curiosidad. El ayudante empieza a hablar, pero no llega a los oídos del público lo que está modulando. Su discurso ha sido interrumpido por Cide Hamete, que interviene en este instante, y nos recuerda que estamos leyendo, que estamos contemplando el espectáculo de otro público que asiste a la función de que habla", "El narrador en *Don Quijote:* el retablo de Maese Pedro", en G. Haley (ed.), *El* Quijote *de Cervantes,* Taurus, Madrid, 1984, pp. 269-287.

> no es posible, que no dijera él una mentira si le asaetearan. Por otra parte, considero que él la contó y la dijo con todas las circusntancias dichas, y que no pudo fabricar en tan breve espacio tan gran máquina de disparates; y si esta aventura parece apócrifa, yo no tengo la culpa, y, así, sin afirmarla por falsa o verdadera, la escribo. Tú, lector, pues eres prudente, juzga lo que te pareciere, que yo no debo ni puedo más, puesto que se tiene por cierto que al tiempo de su fin y muerte dicen que se retrató della y dijo que él la había inventado, por parecerle que convenía y cuadraba bien con las aventuras que había leído en sus historias (*Quijote*, II, 24).

Don Quijote ha seguido las pautas del buen contar: primero, se crea el ambiente y el espacio propicio para contar: "Las cuatro de la tarde serían, cuando el sol, entre nubes cubierto, con luz escasa y templados rayos dio lugar a don Quijote para que sin calor y pesadumbre contase a sus dos clarísimos oyentes lo que en la cueva de Monesinos había visto" (*Quijote*, II, 23). Va contando puntualmente, con detalles, su descenso y lo que vio "a la derecha mano" (*Quijote*, II, 23), con la autoridad de un testigo a quien se le debe creer. Se detiene cuando es interrumpido por Sancho que comenta sobre el puñal: "esta averiguación no es de importancia, ni turba ni altera la verdad y contesto de la historia" (*Quijote*, II, 23). Continúa contando con gusto y, entre su experiencia, describe que vio a Dulcinea encantada; hasta aquí Sancho había estado atento y parece que creía el relato de don Quijote, pero la verosimilitud se rompe, pues él es el creador del encantamiento. No se persuade a que don Quijote miente (como tampoco Cide Hamete), debe ser entonces que Merlín le ha puesto esta historia en la imaginación o quizá sea un sueño. Duda que continuará y que Sancho quiere que resuelva el mono adivino de maese Pedro.[20] "—El mono dice que parte de las cosas que vuesa merced

[20] "[...] que vuestra merced dijese a maese Pedro preguntase a su mono si es verdad lo que a vuestra merced le pasó en la cueva de Montesinos, que yo para mí tengo,

vio o pasó en la dicha cueva son falsas, y parte verisímiles, y que esto es lo que sabe, y no otra cosa, en cuanto a esta pregunta" (*Quijote*, II, 25). ¿Por qué todos (sabio-historiador, personajes y receptores) dudan de la experiencia en la cueva? ¿No hay acaso realidades que superan la ficción? ¿No ha afirmado Cardenio que la locura de don Quijote es: "tan rara y nunca vista, que yo no sé si queriendo invertarla y fabricarla mentirosamente hubiera tan agudo ingenio que pudiera dar en ella" (*Quijote*, I, 30)?[21] El agudo ingenio que la fabricó e inventó logró que parezca que don Quijote hubiera tenido existencia real, ¿debiéramos no creer el relato de la cueva pero sí la existencia real del caballero andante? A don Quijote le hubiera valido este consejo:

> Cosas y casos suceden en el mundo que, si la imaginación, antes de suceder, pudiera hacer que así sucedieran no acertara a trazarlos y, así, muchos, por la raridad con que acontecen, pasan plaza de apócrifos y no son tenidos tan verdaderos como lo son. Y, así, es menester que les ayuden juramentos o, a lo menos, el buen crédito de quien los cuenta; aunque digo que mejor sería no contarlos, según aconsejan aquellos antiguos versos castellanos que dicen:
>
> Las cosas de admiración
> no las digas ni las cuentes,
> que no saben todas gentes
> cómo son (*Persiles*, III, 16, p. 583).

---

con perdón de vuesa merced, que todo fue embeleco y mentira, o por lo menos cosas soñadas" (*Quijote*, II, 25). Don Quijote concede pues "todo podría ser" (*Quijote*, II, 25).

[21] Forma que también es un recurso para justificar lo que uno puede narrar de sí mismo, y para que todos presten atención y silencio, así el Cautivo empieza el relato de la historia de su vida diciendo: "—Y, así, estén vuestras mercedes atentos y oirán un discurso verdadero a quien podría ser que no llegasen los mentirosos que con curioso y pensado artificio suelen componerse" (*Quijote*, I, 38). También el cura, tras leer la novela del *Curioso impertinente*, no puede persuadirse que sea verdad, incluso que, si es fingido, ha fingido mal el autor pues no puede imaginar que haya marido tan necio "pero entre marido y mujer, algo tiene del imposible; y en lo que toca al modo de contarle, no me descontenta" (*Quijote*, I, 35).

El arte consiste entonces en tener la gracia de crear mundos donde mentiras, sueños y verdades se tejan en el amplio y espacioso campo de la ficción. Cervantes despliega en él temas y estrategias para contar: contar los sucesos personales a través de la oralidad o de cartas, contar experiencias-visiones-sueños extraterrenos, en lo alto o en lo bajo, como el vuelo de Clavileño o la cueva de Montesinos; contar la vida pastoril fingida de la fingida Arcadia; contar lo que puede ocurrir en el mundo de las novelas de caballerías: el barco encantado, el enamoramiento de la princesa del castillo; contar la realidad de la expulsión morisca, a través de un personaje que la experimenta y la narra; contar en retrospectiva lo que no conoce el lector, como las trazas del Caballero del Bosque, contar, en fin, la convivencia entrañable de un hidalgo y su vecino labrador. Con discreción y gracia, Cervantes dio la voz para contar a rústicos, barberos, curas, moriscos, bandidos, pícaros, pastores, personajes de romance, enamorados, cautivos, dueñas, titiriteros, monos, guardias, caballeros, poetas, escritores, impresores, traductores, narradores, encantadores, moros y sabios. En fin, utilizando las palabras de Cide Hamete, pero dedicándoselas a Cervantes:

> ¿Con qué palabras contaré esta tan espantosa hazaña, o con qué razones las haré creíbles a los siglos venideros, o qué alabanzas habrá que no te convengan y cuadren, aunque sean hiérboles sobre todos los hipérboles? Tú a pié, tú solo, tú intrépido, tú magnánimo [...] Tus mismos hechos sean los que te alaben, valeroso manchego, que yo los dejo aquí en su punto, por faltarme palabras con qué encarecerlos (*Quijote*, II, 17).

LOS PLANTOS PARÓDICOS DE SANCHO

María José Rodilla
Universidad Autónoma Metropolitana, Iztapalapa

Existe una gran variedad de nombres para referirse a la composición elegíaca: cantar u oración fúnebre, responso, epitafio, estelas funerarias, endecha, epicedio, planto, entre otros, cada uno con sus pequeñas variantes, pero en todos ellos se cantan las alabanzas a un muerto y se celebran sus virtudes y cualidades naturales, de acuerdo al discurso epideíctico.

Según Félix Lecoy, el *planctus* es un canto fúnebre en el que se alaban las virtudes y cualidades del difunto, y cuya estructura quedó fijada desde el siglo IX con las siguientes características: "demostración de la pena de los supervivientes, elogio del fallecido, oración por el descanso de su alma y con frecuencia una invocación a la muerte".[1] De acuerdo con Carlos Alvar, la estructura de los plantos tanto latinos como provenzales o franceses es más o menos homogénea y concuerda con los elementos de Lecoy, pero le añade tres más: "invitación al lamento, linaje del difunto y enumeración de dominios afectados por la pérdida".[2] Guillermo Serés[3] adjunta dos más para el planto más famoso del siglo XV, las *Coplas* de Manrique: la memoria o el recuerdo de la fama imperecedera y el consuelo.

[1] Félix Lecoy, *Recherches sur le "Libro de Buen amor"*, Droz, Paris, 1938, p. 209.

[2] Carlos Alvar, "El planto por ciudades caídas en manos enemigas", en Concepción Company, Aurelio González y Lillian von der Walde (eds.), *Discursos y representaciones en la Edad Media*, Universidad Nacional Autónoma de México-El Colegio de México-Universidad Autónoma Metropolitana, México, 1999, p. 33.

[3] Guillermo Serés, "La elegía de Juan Rodríguez del Padrón", *Hispanic Review*, 62:1 (1994), pp. 13-14.

Los plantos pueden acompañarse con una serie de manifestaciones y gestos de dolor: además de las lágrimas y suspiros, desgarrarse las vestiduras, arrojarse sobre el cadáver, "mesarse los cabellos, arañarse la cara, despedazarse, mutilarse, gritar".[4]

Son conocidos en la literatura medieval los plantos de Muño Gustioz por sus hijos, los siete infantes de Lara, cuyos elogios hace macabramente al contemplar sus cabezas degolladas; las *Coplas* de Jorge Manrique por la muerte de su padre o el llanto de Pleberio por la de Melibea. Dos casos de lamento paternal y uno filial nos bastan para resumir que el género elegiaco estaba perfectamente aclimatado en la Edad Media. Si continuamos a los siglos áureos, los textos siguen empapados de lágrimas y llantos de pastores, caballeros, amantes de la ficción sentimental y peregrinos de la bizantina. Recordemos sólo un lamento, el de Clareo ante el cuerpo descabezado de Florisea:

> —Oh desdichada y sin ventura Florisea, y qué muerte tan dura los hados te quisieron dar cortando y rasgando la hoja de tu vida en tan tierna edad, no guardando las parcas la orden que a sus tiernos años era debida! ¡Oh mares, oh cielos, oh montes, oh tierras. A vosotros me quejo, a vosotros llamo, a vosotros pido que no consintáis que viva quien tan aborrecida la vida tiene![5]

O cómo el personaje de Isea, la sin ventura, se autodefine por las lágrimas: "Y al derramar destas mis continuas lágrimas, las cuales tan mis amigas son que ni ellas sin mí ni yo sin ellas vivir podemos".[6]

No son menos impresionantes los continuos llantos y lamentaciones por la muerte de Tirante que se oían en toda la ciudad; y no

[4] Eduardo Camacho Guizado, *La elegía funeral en la poesía española*, Gredos, Madrid, 1969, p. 31.

[5] Alonso Núñez de Reinoso, *Los amores de Clareo y Florisea y los trabajos de la sin ventura Isea*, ed. de Miguel Ángel Teijeiro, Universidad de Extremadura, Cáceres, 1991, p. 79.

[6] *Ibid.*, p. 81.

menos imponentes las manifestaciones de dolor: el emperador desgarrándose las vestiduras imperiales, el duque de Macedonia mesándose los cabellos o Carmesina arrojándose sobre el cuerpo muerto de su amado y "ronpiendo sus vestiduras juntamente con los cueros de los pechos y de la cara";[7] "las dueñas y doncellas todas descabelladas, con las caras llenas de sangre, con los pechos descubiertos y llagados manifestando a todos el mucho dolor que en sus coraçones sienten";[8] las imprecaciones contra la "adversa fortuna", los "hados crueles" o la "enemiga muerte" y la petición de la camisa de Tirante como consolación. Inmediatamente, se sucede la muerte del Emperador por la tristeza de ver a su hija sumida en el dolor y se renuevan los llantos "con gran multitud de lágrimas que allí fueron derramadas";[9] la princesa se coloca en medio de los cadáveres de Tirante y el Emperador para dejarse morir y continúan las exequias y lutos por los tres.

Sin embargo, el planto elegiaco tiene su cara jocosa en las parodias que se hacen del mismo. Baste recordar solamente el del Arcipreste por la muerte de la vieja Trotaconventos, aunque la crítica se debate entre la seriedad y la jocosidad de este planto,[10] o entre las parodias de epitafios, las que hace el propio Cervantes por la pluma de dos académicos de Argamasilla ante el sepulcro de Dulcinea donde la recuerdan "de rostro amondongado" y "de carnes rolliza".

Pero vayamos a Sancho, que es bastante temeroso y llorón, aunque él le confiese a Ricote que no suele ser muy llorón (*Quijote*, II, 55). En ambas partes de la novela hay tres plantos por la pretendida muerte de su señor y otros tantos por su rucio.

[7] Joanot Martorell, *Tirante el Blanco*, trad. castellana del siglo XVI, ed., introd. y notas de Martín de Riquer, Planeta, Barcelona, 1990, p. 1074.

[8] *Ibid.*, pp. 1076-1077.

[9] *Ibid.*, p. 1083.

[10] Lecoy es partidario del tono burlesco de la elegía del Arcipreste, en cambio, María Rosa Lida y Pedro Salinas creen en la sinceridad de la misma. Citados por Camacho, *op. cit.*, p. 103.

El primero (*Quijote*, I, 52) por su señor lo encontramos en la última aventura de la Primera parte, la de los disciplinantes, cuando don Quijote ha sido apaleado. El narrador nos predispone a la lectura cómica del mismo: "Sancho no hizo otra cosa que arrojarse sobre el cuerpo de su señor, haciendo sobre él el más doloroso y risueño llanto del mundo, creyendo que estaba muerto".[11] La parodia estriba en que el lector sabe que don Quijote no está muerto y en que el llanto se anuncia paradójicamente como "risueño" y "doloroso". Enseguida las alabanzas al pretendido muerto, altisonantes y alusivas a la honra, a la fama y al valor, se desinflan al convivir con palabras vulgares como "garrotazo". No son extrañas en la elegía la hipérbole y la magnificación, así es que, entre las características que aducía Alvar, el dominio afectado por la ausencia de don Quijote no es sólo la Mancha sino nada menos que el mundo entero, que quedará a merced de los "malhechores", y que se repite inmediatamente en "malas fechorías", como si no hubiera tenido a mano otro sinónimo. Para continuar en la clave paródica, Sancho, entre sus muchas prevaricaciones lingüísticas, trastoca las palabras de Virgilio, quien por boca de Anquises anunciara el destino de Roma: "*parcere subiectis et debellare superbos*"[12] y Sancho dice: "humilde con los soberbios y arrogante con los humildes" (*Quijote*, I, 52). Se suceden otras enumeraciones que podríamos abarcar en el "elogio superlativo",[13] porque el pretendido muerto sobresale por encima de los demás en las virtudes de "caballero andante, que es todo lo que decir se puede" (*Quijote*, I, 52), aunque dos de las alabanzas pertenecen al "elogio comparativo": la primera es la metáfora con la que comienza el panegírico: "¡Oh flor de la caballería" (*Quijote*, I, 52). La segunda es la comparación con hombres ilustres de la Antigüedad:

[11] Miguel de Cervantes, *El ingenioso hidalgo don Quijote de la Mancha*, ed. introd. y notas de Martín de Riquer, Planeta, Barcelona, 1980, I, 52, p. 554.

[12] Citado por Lázaro Carreter en "Estudio preliminar", Miguel de Cervantes, *Don Quijote de la Mancha*, ed. de Francisco Rico, Instituto Cervantes-Crítica, Barcelona, 1998, p. XXX.

[13] Camacho, *op. cit.*, p. 73.

"¡Oh liberal sobre todos los Alejandros" (*Quijote*, I, 52), que le permite a Sancho introducir la nota de gratitud al muerto: "¡pues por sólo ocho meses de servicio me tenías dada la mejor ínsula que el mar ciñe y rodea!" (*Quijote*, I, 52). Lamentación y panegírico y como manifestaciones de dolor: "arrojarse sobre el cuerpo de su señor", "lágrimas en los ojos" y, por último, las "voces y gemidos" que reviven a don Quijote son los elementos en los que se arraiga este llanto sincero y encomiástico de Sancho por su amo.

El segundo planto de Sancho por don Quijote se da en la aventura de los leones (*Quijote*, II, 17). Se trata de una muerte anunciada por el narrador por el peligro al que se expone el caballero:

> Lloraba Sancho la muerte de su señor, que aquella vez sin duda creía que llegaba en las garras de los leones, maldecía su ventura y llamaba menguada la hora en que le vino al pensamiento volver a servirle; pero no por llorar y lamentarse dejaba de aporrear al rucio para que se alejase del carro (*Quijote*, II, 17).

El lamento de Sancho es acompañado por la maldición de su mala ventura y la puesta a salvo de él y su burro. En esta ocasión, según nos informa el narrador, el que hace la alabanza es "el autor de esta verdadera historia", quien parece imitar a Sancho, pero con una retórica ampulosa en la que abundan "hipérboles sobre todos los hipérboles": "Oh fuerte y sobre todo encarecimiento animoso don Quijote de la Mancha"; metáforas: "espejo donde se pueden mirar todos los valientes del mundo"; comparaciones con héroes de la historia reciente de España: Manuel de León, del tiempo de los Reyes Católicos, quien, según Martín de Riquer, entró a la jaula de un león para recoger un guante que se le había caído a una dama (*Quijote*, I, 49) y una serie de apóstrofes en segunda persona: "Tú a pie, tú solo, tú intrépido, tú magnánimo" (*Quijote*, II, 17). Este discurso retórico del autor, que se infla y desinfla en cada frase, está contribuyendo a la parodia cuando, por un lado, se hace uso del tópico de lo indecible, según lo define Curtius, de no hallar palabras suficientes para el encomio del "valeroso manchego" y, por otro, se hace un guiño burlesco aludiendo a las espadas cortadoras del "perrillo" o a que el escudo no era "de muy luciente y limpio acero" (*Quijote*, II, 17).

Después de estas pretendidas muertes de don Quijote, cabría considerar un tercer planto de Sancho por la muerte verdadera de don Quijote, aunque los dos primeros plantos hay que leerlos en clave jocosa y en cambio, en el último, encontramos un discurso jocoserio. Por un lado, don Quijote, en su trance final, ya no admite las burlas de sus paisanos ni las invitaciones a la vida pastoril, pero, por otro, las descripciones de las manifestaciones de dolor por parte del narrador, continúan en clave burlesca, a juzgar por las expresiones "hacer pucheros" o "terrible empujón": Sancho "comenzó a hacer pucheros y a derramar lágrimas"; "estas nuevas dieron un terrible empujón a los ojos preñados de ama, sobrina, y de Sancho Panza, su buen escudero; de tal manera, que los hizo reventar las lágrimas de los ojos y mil profundos suspiros del pecho" (*Quijote*, II, 74). El llanto de Sancho es sincero, por un lado, cuando le insta a no dejarse morir de melancolía, que, a decir de Savater, es "lo que nos mata desde dentro, sin colaboración ninguna de mano ajena, cuando enloquecemos de cordura", [14] y, por otro, lo anima de nuevo a desencantar a Dulcinea y a seguir la vida pastoril. El epitafio a cargo de Sansón Carrasco es igualmente jocoso, con lo cual se desinfla de patetismo la muerte de don Quijote, que no resulta en modo alguno dramática, a pesar de las continuas lágrimas de los asistentes, sobre todo, porque con la herencia se olvidan pronto las penas, como sentencia el narrador.

Veamos ahora los 3 plantos por el burro, su otro compañero inseparable: El primero (*Quijote*, I, 23) aparece en la segunda edición de Juan de la Cuesta: "Comenzó a hacer el más triste y doloroso llanto del mundo…" en el que elogia a su burro como si se tratara

[14] Fernando Savater, "Savater defiende las locuras del caballero andante en su batalla contra la muerte", *El País*, viernes 18 de junio de 2004, p. 32.

de su propio hijo o de un héroe. El enfoque elegiaco de este planto cabría dentro de lo que Camacho Guizado ha calificado de "realismo sentimental",[15] pues confirma la relación personal entre Sancho y su rucio. El sistema encomiástico se hace a través de la *amplificatio* con locuciones que denotan la proximidad y el parentesco por la inclusión del adjetivo posesivo "mi" o el plural "mis", referidos a su familia, a sus vecinos y a su propia persona: "—¡Oh, hijo de mis entrañas, nacido en mi mesma casa, brinco de mis hijos, regalo de mi mujer, envidia de mis vecinos, alivio de mis cargas, y, finalmente, sustentador de la mitad de mi persona, porque con veinte y seis maravedís que ganaba cada día mediaba yo mi despensa!" (*Quijote*, I, 23). La jocosidad reside en el encarecimiento o "sobrepujamiento", según terminología de Curtius, del rucio hiperbolizado como hijo de sus entrañas, por encima de sus propios hijos, que aparecen en segundo lugar, y de su mujer, en tercero. Inmediatamente, la nota interesada de los maravedís que ganaba con él y lo que acaba de perder, que equivaldría a la afectación por la pérdida de las elegías, aunque, en este caso, no se trata de un lamento de muerte sino de ausencia por el robo de Ginés de Pasamonte. Don Quijote es el encargado de hacer la *consolatio* al ofrecerle tres pollinos a cambio: "Consolóse Sancho con esto, y limpió sus lágrimas, templó sus sollozos y agradeció a don Quijote la merced que le hacía" (*Quijote*, I, 23). Más adelante, Sancho recuerda este planto en el capítulo II, 4, cuando le explica a Sansón Carrasco cómo le hurtaron el rucio cuando dormía sentado sobre él y en su lugar le pusieron cuatro estacas, lo cual da pie a otra comparación con personajes de los *Orlandos*, pero no un héroe sino el ladrón Brunelo, y a la evocación del planto: "Acudiéronme lágrimas a los ojos, y hice una lamentación que, si no la puso el autor de nuestra historia, puede hacer cuenta que no puso cosa buena" (*Quijote*, II, 4). Sancho no sólo tiene conciencia de que sus gracias o, en este caso, los lamentos deben ser consignados por el autor, sino que además el llanto por el burro es

[15] Camacho, *op. cit.*, p. 110.

la argucia de la que se vale Cervantes para subsanar el error del robo del rucio en la primera edición.

El segundo planto de Sancho por su asno (*Quijote*, II, 29) se refiere no a la muerte sino al desamparo en que lo dejan a la orilla del Ebro junto a Rocinante: "comenzó a temblar temiendo su perdición, pero ninguna cosa le dio más pena que oír roznar al rucio y el ver que Rocinante pugnaba por desatarse…" (*Quijote*, II, 29). Inmediatamente, se sucede el elogio: "¡Oh carísimos amigos, quedaos en paz y la locura que nos aparta de vosotros, convertida en desengaño, nos vuelva a vuestra presencia!" (*Quijote*, II, 29). La paródica y superlativa prosopopeya con la que califica a las bestias y la *petitio* por la que ruega volverlos a ver desata la ira de don Quijote, quien lo reprende tachándolo de "cobarde criatura", "corazón de mantequillas" y "ánimo de ratón casero", de manera que no hay *consolatio* esta vez para Sancho sino una imprecación por su llanto infundado y una distracción con los cómputos de Ptolomeo, la línea equinoccial y los piojos.

En el tercer planto de Sancho por el burro (*Quijote*, II, 55), al caer a la sima, de nuevo es el rebuzno del rucio el que acongoja a Sancho descrito a través de una prosopopeya: "oyó que el rucio se quejaba tierna y dolorosamente" (*Quijote*, II, 55), como si se tratara del pastor de alguna égloga garcilasiana. Este planto lamenta, desde la misma sepultura, la muerte inminente de ambos por hambre, por estar sepultados en vida y por miedo. Es el planto que más dura, pues las "miserables quejas y lamentaciones" se desarrollan a lo largo de toda una noche y parte de la mañana siguiente hasta que es rescatado por su amo. Comienza con el tópico de la veleidad de fortuna: de gobernador de una ínsula a sepultado en una sima, es decir, Sancho evoca y contrapone "un estado feliz anterior" con el dolor actual, que según Eduardo Camacho "es el elemento elegíaco por excelencia".[16] El temor a la muerte de ambos le lleva a disertar sobre "la acción de

[16] Camacho, *op. cit.*, p. 170.

la muerte en el hombre, en su cuerpo, en su persona",[17] es decir, en los huesos "mondos, blancos y raídos, y los de mi buen rucio con ellos" (*Quijote*, II, 55) y de los huesos mezclados de ambos se deriva al tema de la amistad. Después Sancho dirige el lamento a su único interlocutor, el asno, acompañado de una autoinculpación: "¡Oh compañero y amigo mío, qué mal pago te he dado de tus buenos servicios! Perdóname..." (*Quijote*, II, 55), más una *petitio*: "pide a la fortuna, en el mejor modo que supieres, que nos saque deste miserable trabajo en que estamos puestos los dos" (*Quijote*, II, 55) y en seguida, se parodia la consolación elegíaca con una hipérbole absurda y fuera de lugar como quererle poner una corona de laurel al rucio, "que no parezcas sino un laureado poeta" (*Quijote*, II, 55), al mismo tiempo, que se denigra a los poetas por asimilarlos al asno y porque junto a la corona le promete darle el doble de comida. Las actitudes tópicas que más destacan en este planto son el temor, la angustia, la autocompasión: "desdichado de mí, y en qué han parado mis locuras y fantasías! "¡miserables de nosotros...", la autoinculpación y la consolación, que se pone en práctica literalmente con el refrán: "todos los duelos con pan son menos" y Sancho saca un pan de las alforjas y se lo da a su jumento. Como signos exteriores de las lamentaciones hay continuas voces y los rebuznos del rucio. Aunque de una manera paródica, en este planto por sí mismo y por su rucio es en el que más se aprecia el fin de *movere* los ánimos del receptor para que se compadezca de su situación de sepultado en vida.

Este planto encuentra su simetría en la obra como imitación degradada de la bajada a la cueva de Montesinos que don Quijote acomete con valentía y Sancho *"menoscabado de ánimo"* (*Quijote*, II, 55). El propio Sancho relaciona ambos episodios en dos ocasiones a través de la comparación de amo y escudero, la primera, cuando dice que don Quijote vio "visiones hermosas y apacibles" y él, en cambio, "sapos y culebras" (*Quijote*, II, 55), que parece un eco de la sepultura

[17] *Ibid.*, p. 180.

de don Rodrigo; y la segunda, al decir que su amo tendría esas oscuridades por "jardines floridos y palacios de Galiana", pero para él no son sino "profundidades y mazmorras" (*Quijote*, II, 55).

Como conclusiones podemos adelantar que Cervantes conocía muy bien a los poetas lamentatorios así como la tópica retórica del discurso elegiaco, de la cual echa mano en los plantos de nuestro corpus para distorsionarla, parodiarla o banalizarla. En todos los plantos se dan de una manera más o menos desarrollada, tres elementos fundamentales: el lamento, la alabanza y la consolación. Los lamentos, usualmente a cargo de Sancho, excepto en la verdadera muerte de don Quijote, en la que también lloran ama y sobrina, siempre son descritos con señales externas de dolor: ojos preñados de lágrimas, llanto copioso, gemidos y voces lastimeros, suspiros del pecho, la acción de arrojarse sobre el cuerpo de don Quijote y los rebuznos del rucio; las alabanzas se hacen a través de exclamaciones: ¡oh!; seguidas de apóstrofes: "carísimos amigos", "tú"; metáforas, entre las que sobresalen "flor" y "espejo" y comparaciones encomiásticas, que se dan en los mismos términos que en las elegías serias: a don Quijote se le compara con Alejandro y al rucio con un poeta laureado. El tópico de la *consolatio*, que hemos visto en algunos de estos lamentos, no es la convicción de la idea de que "todos debemos morir", motivo al que "recurrían los poetas y sabios de la Antigüedad",[18] ni la de la moral caballeresca al estilo de Manrique, que halla consuelo en la fama póstuma de su padre o en la salvación cristiana, sino que la consolación cervantina se presenta como una solución material, una moneda de cambio: la cédula con tres pollinos para Sancho o la parte de la herencia que le asigna Alonso Quijano al morir; el pan de las alforjas para el rucio o la promesa de darle los piensos doblados. Finalmente, el epitafio de Sansón Carrasco cierra las paródicas lamentaciones con la fama del valiente manchego resumida en dos palabras irrisorias: "el espantajo y el coco del mundo".

[18] Ernst Robert Curtius, *Literatura europea y Edad Media latina*, Fondo de Cultura Económica, México, 1975, t. I, p. 124.

Corpus de los Plantos

Sancho no hizo otra cosa que arrojarse sobre el cuerpo de su señor, haciendo sobre él el más doloroso y risueño llanto del mundo, creyendo que estaba muerto [...] Oyeron que Sancho Panza, con lágrimas en los ojos, decía:

—¡Oh flor de la caballería, que con solo un garrotazo acabaste la carrera de tus bien gastados años! ¡Oh honra de tu linaje, honor y gloria de toda la Mancha, y aun de todo el mundo, el cual faltando tú en él, quedará lleno de malhechores, sin temor de ser castigados de sus malas fechorías! ¡Oh liberal sobre todos los Alejandros, pues por solos ocho meses de servicio me tenías dada la mejor ínsula que el mar ciñe y rodea! ¡Oh humilde con los soberbios y arrogante con los humildes, acometedor de peligros, sufridor de afrentas, enamorado sin causa, imitador de los buenos, azote de los malos, enemigo de los ruines, en fin, caballero andante, que es todo lo que decir se puede (*Quijote*, I, 52).

* * *

Lloraba Sancho la muerte de su señor, que aquella vez sin duda creía que llegaba en las garras de los leones; maldecía su ventura, y llamaba menguada la hora en que le vino al pensamiento volver a servirle; pero no por llorar y lamentarse dejaba de aporrear al rucio para que se alejase del carro [...] Y es de saber que, llegando a este paso, el autor de esta verdadera historia exclama y dice: '¡Oh fuerte y sobre todo encarecimiento animoso don Quijote de la Mancha, espejo donde se pueden mirar todos los valientes del mundo, segundo y nuevo don Manuel de León, que fue gloria y honra de los españoles caballeros! ¿Con qué palabras contaré esta tan espantosa hazaña, o con qué razones la haré creíble a los siglos venideros, o qué alabanzas habrá que no te convengan y cuadren, aunque sean hipérboles sobre todos los hipérboles? Tú a pie, tú solo, tú intrépido, tú magnánimo con sola una espada y no de las del perrillo cortadoras, con un escudo no de muy luciente y limpio acero, estás aguardando y atendiendo los dos más fieros leones que jamás criaron las africanas selvas. Tus mismos hechos sean los que te alaben, valeroso manchego; que yo los dejo aquí en su punto, por faltarme palabras con que encarecerlos' (*Quijote*, II, 17).

* * *

Sancho —que ya sabía por nuevas del bachiller en qué estado estaba su señor—, hallando a la ama y a la sobrina llorosas, comenzó a hacer pucheros y a derramar lágrimas. Acabóse la confesión, y salió el cura, diciendo:

—Verdaderamente se muere, y verdaderamente está cuerdo Alonso Quijano el Bueno; bien podemos entrar para que haga su testamento.

Estas nuevas dieron un terrible empujón a los ojos preñados de ama, sobrina, y de Sancho Panza su buen escudero; de tal manera, que los hizo reventar las lágrimas de los ojos, y mil profundos suspiros del pecho [...]

—¡Ay! —respondió Sancho, llorando—: No se muera vuestra merced, señor mío, sino tome mi consejo, y viva muchos años; porque la mayor locura que puede hacer un hombre en esta vida es dejarse morir, sin más ni más, sin que nadie le mate, ni otras manos le acaben que las de la melancolía (*Quijote*, II, 74).

* * *

Salió el aurora alegrando la tierra y entristeciendo a Sancho Panza, porque halló menos su rucio; el cual, viéndose sin él, comenzó a hacer el más triste y doloroso llanto del mundo, y fue de manera que don Quijote despertó a las voces y oyó que en ellas decía: —¡Oh, hijo de mis entrañas, nacido en mi mesma casa, brinco de mis hijos, regalo de mi mujer, envidia de mis vecinos, alivio de mis cargas, y, finalmente, sustentador de la mitad de mi persona, que porque con veintiséis maravedís que ganaba cada día mediaba yo mi despensa!— Don Quijote que vio el llanto y supo la causa, consoló a Sancho con las mejores razones que pudo, y le rogó que tuviese paciencia, prometiéndole de darle una cédula de cambio para que le diesen tres en su casa, de cinco que había dejado en ella. Consolóse Sancho con esto, y limpió sus lágrimas, templó sus sollozos y agradeció a don Quijote la merced que le hacía (*Quijote*, I, 23, Juan de la Cuesta, 1605).

* * *

Comenzó a temblar temiendo su perdición, pero ninguna cosa le dio más pena que oír roznar al rucio y ver que Rocinante pugnaba por desatarse, y díjole a su señor:

—El rucio rebuzna, condolido de nuestra ausencia, y Rocinante procura ponerse en libertad para arrojarse tras nosotros. ¡Oh carísimos amigos, quedaos en paz, y la locura que nos aparta de vosotros, convertida en desengaño, nos vuelva a vuestra presencia!

Y en esto, comenzó a llorar tan amargamente, que don Quijote, mohíno y colérico, le dijo:

—¿De qué temes, cobarde criatura? ¿De qué lloras, corazón de mantequillas? ¿Quién te persigue, o quién te acosa, ánimo de ratón casero, o qué te falta, menesteroso en la en la mitad de las entrañas de la abundancia? (*Quijote*, II, 29).

* * *

Sancho se congojó mucho, especialmente cuando oyó que el rucio se quejaba tierna y dolorosamente; y no era mucho, ni se lamentaba de vicio, que, a la verdad, no estaba muy bien parado.

—¡Ay —dijo entonces Sancho Panza—, y cuán no pensados sucesos suelen suceder a cada paso a los que viven en este miserable mundo! ¿Quién dijera que el que ayer se vio entronizado gobernador de una ínsula, mandando a sus sirvientes y a sus vasallos, hoy se había de ver sepultado en una sima, sin haber persona alguna que le remedie, ni criado ni vasallo que acuda a su socorro? Aquí habremos de perecer de hambre yo y mi jumento si ya no nos morimos antes, él de molido y quebrantado, y yo de pesaroso. A lo menos, no seré yo tan venturoso como lo fue mi señor don Quijote de la Mancha cuando decendió y bajó a la cueva de aquel encantado Montesinos, don de halló quien le regalase mejor que en su casa, que no parece sino que se fue a mesa puesta y a cama hecha. Allí vio él visiones hermosas y apacibles, y yo veré aquí, a lo que creo, sapos y culebras. ¡Desdichado de mí, y en qué han parado mis locuras y fantasías! De aquí sacarán mis huesos cuando el cielo sea servido que me descubran, mondos, blancos y raídos, y los de mi buen rucio con ellos, por donde quizá se echará de ver quién somos, a lo menos, de los que tuvieren noticia que nunca Sancho panza se apartó de su asno, ni su asno se apartó de Sancho Panza. Otra vez digo: ¡miserables de nosotros, que no ha querido nuestra corta suerte que muriésemos en nuestra patria y entre los nuestros, donde ya que no hallara remedio nuestra desgracia, no faltará quien dello se doliera, y en la hora última de nuestro pasamiento nos cerrara los ojos! ¡Oh compañero y amigo mío, qué mal pago te he dado de tus buenos servicios! Perdóname y pide a la fortuna, en el mejor modo que supieres, que nos saque deste miserable trabajo en que estamos puestos los dos; que yo prometo de ponerte una corona de laurel en la cabeza, que no parezcas sino un laureado poeta, y de darte los piensos doblados.

Desta manera se lamentaba Sancho Panza, y su jumento le escuchaba sin responderle palabra alguna; tal era el aprieto y angustia en que el pobre se hallaba. Finalmente, habiendo pasado toda aquella noche en miserables quejas y lamentaciones, vino el día [...] y sacando de las alforjas, que también habían corrido la mesma fortuna de la caída, un pedazo de pan, lo dio a su jumento, que no le supo mal, y díjole Sancho, como si lo entendiera: —Todos los duelos con pan son buenos (*Quijote*, II, 55).

TURPITUDO ET DEFORMITAS: ALGUNAS NOTAS SOBRE LA CONSTRUCCIÓN DEL ARTE DE LA BURLA EN LA SEGUNDA PARTE DEL *QUIJOTE* Y SU CORRESPONDENCIA CON LAS TEORÍAS CLÁSICAS Y RENACENTISTAS SOBRE LA RISA

Raquel Barragán Aroche
Universidad Nacional Autónoma de México
Instituto de Investigaciones Filológicas

Bastante se ha dicho sobre la importancia de la risa en la confección del *Quijote*, pues Cervantes le otorgó un nivel de protagonismo que tenía que ver, nada más y nada menos, con la estructura misma de la obra. Me atrevería a decir que es en virtud de los mecanismos y técnicas para provocar la risa que la Primera parte de la obra cervantina alcanza un éxito rotundo, y es también gracias a éstos que en la Segunda parte se puede hallar cierta *perfección técnica*, sobre todo cuando se sabe que Cervantes tenía certeza de lo que había gustado más a sus lectores. No obstante, la riqueza que supone el uso de estos recursos, para el análisis de ambas partes, ha dado pie a distintas interpretaciones basadas, principalmente, en las teorías contemporáneas. Sin duda, se han evidenciado interesantes aristas, pero se ha echado en falta una revisión profunda, siguiendo la línea de Isaías Lerner y Anthony Close,[1] que ponga en perspectiva la obra en relación con los textos

[1] Me refiero a trabajos como los de Isaías Lerner, "El *Quijote* palabra por palabra", *Edad de Oro*, XV (1996), pp. 63-74; y Anthony Close, *Cervantes y la mentalidad cómica de su tiempo*, Centro de Estudios Cervantinos, Alcalá de Henares, 2006. Más recientemente: Marina Mestre Zaragoza "Le rôle du rire dans le *Don Quichotte* de Cervantès" en

canónicos de la época, y, en este caso, con los que preceptuaban el uso de la risa; esto ayudaría a fijar la obra en un sistema referencial para entender más a fondo hasta dónde llega la propuesta del autor. Sin embargo, por ahora mi propósito es esbozar algunas coincidencias que hay entre la obra de Cervantes y las preceptivas sobre la risa.

Este interés por la risa respondió a un gusto del momento que se extendió hasta el ámbito culto, desde el que se fue gestando paulatinamente un cambio en el canon. Las huellas de las preceptivas italianas renacentistas son evidentes, pues hubo una creciente propensión por desarrollar el ingenio en los derroteros de la risa, que más que nada pertenecían al ámbito popular, pero que en ese momento hallaron su legitimación en el ámbito culto por medio de la lectura de autores clásicos como Aristóteles, Cicerón, Quintiliano, Horacio, entre los más sobresalientes. No hay que olvidar que varios humanistas del quinientos se aventuraron a hacer la traducción y exegesis de la *Poética* de Aristóteles, lo que provocó que salieran distintos comentarios que reflexionaban no sólo sobre el primer libro, única parte conservada, sino sobre ese segundo libro en el que supuestamente el estagirita discurrió acerca de la comedia. Este espacio indeterminado de la risa no fue un obstáculo para los comentaristas, al contrario, varios de ellos se dieron a la tarea de reconstruir las características de este género tomando como base lo que Aristóteles había alcanzado a decir sobre esto en la *Poética* y en la *Retórica*. Entre esta nómina de comentaristas encontramos a Fausto (1511), Trissino (1529), Robortello (1548), Maggi (1550), Victorio (1560) y Riccoboni (1585), quienes presentaron estas reflexiones que incorporaban, no sólo la perspectiva aristotélica, sino también tradiciones no aristotélicas como la de Horacio, Cicerón, Quintiliano y Terencio.[2] Éstos fueron una guía para

---

Philippe Rabaté y Hélène Tropè (eds.), *Autour de* Don Quichotte *de Miguel de Cervantes*, Presses Sorbonne Nouvelle, Paris, 2015, pp. 103-111.

[2] Véase Juan Carlos Pueo, *Ridens et ridiculus: Vicenzo Maggi y la teoría humanista de la risa*, Anexos de Tropelías, Zaragoza, 2001.

las reflexiones sobre poética, y específicamente sobre la comedia, que se hicieron en la Península; por ejemplo, Cascales al discurrir sobre la risa en sus *Tablas poéticas* (1604) dice: "Ni yo os pienso decir más acerca de ella; y si deseáis más, leed a Vicencio Madio, leed a Antonio Riccobono, leed a Castelvetro, leed a Trissino, leed a Minturno, y no olvidéis a nuestro Pinciano".[3] Además, en las categorías que propone de lo risible se percibe, muy someramente, la huella de *De ridiculis* de Maggi. Asimismo, el Pinciano en su *Philosophía antigua poética* (1596) al reflexionar sobre la risa respecto a la comedia sigue muy de cerca *Il Cortegiano* (1528)[4] de Castiglione —cuyas lecturas de Aristóteles y Cicerón son evidentes— pues también muestra el nivel de importancia que tenía este recurso dentro del ámbito cortesano: hacer reír se consideraba una marca de inteligencia. Esto a su vez venía de Pontano, quien había recuperado la importancia de lo risible en el concepto de *Vir doctus et facetus* en su obra *De Sermone* (1509). Como se verá más adelante este aspecto de la risa en la corte es imprescindible en la Segunda parte del *Quijote.*

Ahora bien, todas estas referencias nos sirven para darnos una idea de cómo se leían y comentaban las obras clásicas que se usaron para reflexionar sobre qué era y qué causaba la risa. El hecho de que Cascales remita a estas lecturas italianas significa que de alguna manera eran accesibles al ámbito culto y, por tanto, que circulaban en la Península.[5] Ahora bien, no hay que perder de vista que la mediación que hacía esta serie de comentos a la obra de Aristóteles no

[3] Francisco Cascales, *Tablas poéticas*, ed. de Benito Brancaforte, Espasa-Calpe, Madrid, 1975, p. 226.

[4] Como se sabe la traducción de Boscán (1534) gozó de gran éxito en la Península (nueve ediciones), lo que es evidencia de la gran influencia que ejerció en el Siglo de Oro (Marcelino Menéndez y Pelayo, "Estudio sobre Castiglione", en Baldassar Castiglione, *El cortesano*, trad. Juan Boscán, Consejo Superior de Investigaciones Científicas, Madrid, 1942, p. L).

[5] Al respecto Edward Riley (*Introducción al Quijote*, trad. Enrique Torner Montoya, Crítica, Barcelona, pp. cxxx-cxxxi) señala: "[...] no cabe duda de que [Cervantes] había leído mucho, tanto autoridades italianas como españolas [...] se ve una correspondencia

impedía que se conociera de primera mano, ya que era la referencia obligada tanto para la *ratio studiorum* de los jesuitas como para los programas que se impartían en el Estudio de López de Hoyos o las escuelas sevillanas a las que se sabe que Cervantes había asistido. Sin embargo, con esto no estoy tratando de sugerir que él hubiera leído a Aristóteles o sus comentos a modo de receta o manual para hacer su obra —aunque hay evidencia de que tenía estas lecturas en la cabeza—, pues, además de que hacer reír dependía del ingenio, sería poco probable imaginar que aquel que había reprochado a Lope en su primer prólogo el abuso de erudición y había puesto en evidencia que las alusiones clásicas provenían probablemente del *Raviso Textor* u otras misceláneas,[6] hubiera presumido —o al menos no abiertamente— que su obra había surgido de los conceptos y técnicas retóricas que los autores clásicos o los comentaristas italianos preceptuaban para mover a risa; y digo no abiertamente, porque Cervantes no iba en contra del conocimiento humanístico que ponía como modelo a los autores grecolatinos, porque además lo seguía, pero reprobaba ese alarde de erudición que muchas veces provenía tan sólo de manuales, pues tal como lo sugería Castiglione en *Il Corteggiano*, había que huir de la afectación (demasiada diligencia en parecer mejor que todos), encubrir el arte y mostrar cierto descuido para que no se viera la fatiga en adquirir el conocimiento; esto daba como resultado maravilla o admiración: "la mejor y más verdadera arte es la que no parece ser arte".[7] Quizá el problema no era el hecho de que se consultaran esas

---

que parece ser algo más que fortuita con algún pasaje de Torcuato Tasso, Giraldi Cinthio, Alessandro Piccolomi, Minturno y tal vez Castelvetro, entre los italianos".

[6] Véase la relación de la obra de Cervantes con la *Silva de varia lección* en Isaías Lerner, "Formas de conocimiento y ficción cervantina", en Melchora Romanos (coord.), Alicia Parodi y Juan Diego Vila (eds.), *Para leer a Cervantes. Estudios de literatura española Siglo de Oro*, EUDEBA, Buenos Aires, 1999, t. 1, pp. 65-82.

[7] Baldassar Castiglione, *op. cit.*, p. 168 o p. 42. También esta idea de talante ciceroniana aparece en el *Diálogo de la lengua* (1535) de Juan de Valdés (J. Martín Alegría, Madrid, 1860, pp. 160-161).

misceláneas o diccionarios mitológicos, porque sin duda Cervantes las conoció y es probable que las utilizara,[8] sino que se alardeara de ese conocimiento.

Así, no es ningún secreto que en el *Quijote* haya muchas referencias clásicas. Según Antonio Barnés Vázquez hay 1274 alusiones explícitas e implícitas, de las cuales 743 pertenecen a la Segunda parte.[9] Cervantes la mayoría de las veces las encubrió al ponerlas en boca de los más desacreditados. Es una realidad que escondía sus tesoros (o verdades) en la humildad de los personajes, aquellos que eran de barro. El mismo don Quijote, siendo modelo de humanista, resulta una fuente poco fiable por su locura, pero discurre, entre otros temas, sobre la verosimilitud aristotélica y señala la importancia de la retórica ciceroniana para alabar a Dulcinea;[10] en otro pasaje se le llama directamente "Cicerón de la elocuencia". Asimismo, otra alusión a una frase del rétor romano aparece en boca de un personaje bajo como Teresa Panza, pues refiere al "peor perseverar de los maldicientes" (*Quijote*, II, 5), cuyo origen está en las *Filípicas* (XII, II, 5),[11] cuando habla de que no le gustaría ascender de posición social, porque todos murmurarían. Sin duda, se trata de una manera de proponer distintos planos de lectura, ya que sólo el verdadero erudito podía reconocer estas perlas ocultas en trajes humildes. Como se sabe, el ser y el parecer eran parte de la poética de sus obras: desde la *inventio* Cervantes había asimilado los textos clásicos, pero en la *dispositio* creaba paradojas. De esta misma manera hilaba su *Quijote*

[8] Véase Pedro Conde Parrado y Javier Rodríguez, "*Ravisio Téxtor* entre Cervantes y Lope de Vega, una hipótesis de interpretación y una coda", *Tonos Digital. Revista Electrónica de Estudios Filológicos*, 4 (2000), pp. 1-24. En línea: http://uvadoc.uva.es/bitstream/10324/3621/1/Tonos_digital_2002.pdf (17/09/2015).

[9] Antonio Barnés Vázquez, "*Yo he leído en Virgilio". La tradición clásica en el "Quijote"*, Academia del Hispanismo, Vigo, 2009.

[10] Miguel de Cervantes, *Don Quijote de la Mancha*, ed. de Francisco Rico, Punto de lectura, Madrid, 2014, II, 22.

[11] Tomo la noticia de Antonio Barnés Vázquez, *op. cit.*, p. 31.

introduciendo secretas alusiones a las autoridades clásicas, pero se desdecía de ellas, con un guiño, arguyendo que ni Aristóteles ni Cicerón sabían cosa alguna de caballerías (*Quijote*, I, Prólogo).[12] En esto se incluye lo preceptuado sobre la risa, porque al ser piedra de toque de su obra, sabía que había que irse con tiento, puesto que involucraba aspectos éticos que eran ineludibles. Fue necesario preceptuar su uso, pues en esta época hubo una inclinación, casi desmedida, en demostrar el ingenio por medio de la risa, ya entendida como el arte de motejar. Sin duda, como se verá, hay marcas textuales explícitas e implícitas que develan su conocimiento sobre esto. Es evidente que dicho interés pudo generar las condiciones necesarias no sólo para que se produjera una obra como ésta, sino para que tuviera tal éxito que propiciara la aparición de segundas partes, una apócrifa y otra auténtica. Así vemos que la verdadera, la de Cervantes, se erige como un monumento a la risa, tal como Valdivielso refería en su aprobación:

> [...] he visto la Segunda parte de don Quijote de la Mancha [...]. No contiene cosa contra nuestra santa fe católica [...] de honesta recreación y apacible divertimiento que los antiguos juzgaron convenientes a sus repúblicas, pues aun en la severa de los lacedemonios levantaron estatua a la risa, y los de Tesalia la dedicaron fiestas, como lo dice Pausanias, referido de Bosio [...] alentando ánimos marchitos y espíritus melancólicos, de que se acordó Tulio en el primero *De legibus*, y el poeta diciendo: *Interpone tuis interdum gaudia curis*,[13] lo cual hace el autor mezclando las veras a las burlas, lo dulce a lo provechoso y lo moral a lo faceto [...] (*Quijote*, II, Aprobación).

[12] Recuérdese también el capítulo 48 de la Primera parte, en el que se discuten aspectos de la *Poética* de Aristóteles, y se hace mención de algunos señalamientos de Cicerón.

[13] Valdivielso atribuye a Cicerón esta frase en latín, cuando, en realidad, pertenecía a los *Dísticos* de Catón, pues seguramente estaba citando de memoria.

Por un lado, en esta aprobación encontramos uno de los principales argumentos sobre dedicar una obra al deleite, pues se trataba de apelar a esa *apta versatio* contenida en el concepto de *eutrapelía* propuesto por Aristóteles en su *Ética nicomaquea* (IV, 1228a); en ésta se aludía al descanso que la risa daba después de la incesante ocupación. Esta idea junto con el precepto horaciano de unir las cosas agradables con lo útil, componían las bases de los textos que discurrían sobre la risa en la comedia. La bajeza que Aristóteles atribuía en su *Poética* al género cómico, por ser imitación de hombres peores, quedaba justificada —desde el punto de vista de la retórica— siempre y cuando los hombres de tacto o ingeniosos (*eutrapelos*) fueran los que practicaran el arte de motejar o de la burla, ya que conocían el cómo y el cuándo. El mismo Cervantes en su prólogo de la Primera parte había usado este argumento, en boca de su amigo, al sugerir que su obra debía servir para que el melancólico se moviera a risa, el risueño la acrecentara, el simple no se enfadara, el discreto se admirara de la invención, el grave no la despreciara y el prudente no dejara de alabarla (*Quijote*, I, Prólogo).[14] La risa limpiaba los ánimos y deleitaba, pero había que hacerlo con ingenio para no lastimar a ninguno. Sin duda, era el lugar común para justificar este tipo de obras.

Por otro lado, no es ninguna novedad que éste fuera el objetivo de Cervantes desde la primera entrega, no obstante, se hace evidente que, en la Segunda parte, en cierta media, en virtud de la presencia del *Quijote* de Avellaneda (1614), hay una intención de demostrar que su obra era legítima mediante el despliegue de recursos que eran verdaderamente ingeniosos para mover a risa hasta el punto de llegar a 'erigir', simbólicamente, 'una estatua de ella'. Es sabido que Cervantes no redactó la Primera parte en función de este apócrifo —sobre todo por cuestión de tiempo—, pero es claro que desde el prólogo,

[14] Esto lo repite en el capítulo cuarto de su *Viaje del Parnaso* (ed. de Vicente Gaos, Castalia, Madrid, 1973, p. 103): "Yo he dado en Don Quijote pasatiempo / al pecho melancólico y mohíno / en cualquiera sazón, en todo tiempo".

y pasando por ciertos episodios que hacen alusión a su existencia, logró tal unidad de sentido entre sus capítulos que parecen orientados a mostrar lo genuino de sus personajes: las identidades de Sancho y don Quijote se definen de mejor manera frente a sus dobles apócrifos, sobre todo cuando se propician situaciones ridículas. En este aspecto, su obra va en *crecendo*, porque utiliza los mismos mecanismos de la Primera parte, pero se exacerban en función de la presencia de los lectores ficticios dentro de la obra: estos personajes "revientan de risa", como más adelante veremos.

Ahora bien, en todo esto hay, primeramente, una correspondencia con lo que en la época se definía como 'ridículo', basado en lo que Aristóteles definió en su *Poética*: "[...] lo risible es un defecto y una fealdad que no causa dolor ni ruina".[15] Los comentaristas —como Maggi, Minturno y Pinciano— daban una explicación de la Primera parte de esta definición en función de lo que Cicerón había dicho en la segunda parte del libro dos de *De oratore*: "Locus autem et regio quasi ridiculi —nam id proxime quaeritur— turpitudine et deformitate quadam continetur".[16] Por tanto, lo ridículo era lo feo y deforme (*turpitudo et deformitas*). Con base en esto se construían los personajes tipo[17] dentro de los códigos de la risa, los cuales se definían dentro de las categorías desde donde se originaban las fealdades; según Vincenzo Maggi —a quien sigue en cierta manera el Pinciano y Cascales— la fealdad provenía del *cuerpo* (gestos, figura y olor) del *alma* (hechos y dichos del ignorante o del malvado) y de las *cosas externas*

[15] Aristóteles, *Poética*, ed. de Valentín García Yebra, Gredos, Madrid, 1974, V, 1449a.

[16] Cicerón, *De oratore. Acerca del orador*, versión de Amparo Gaos Schmidt, Universidad Nacional Autónoma de México, México, 1995, II LVIII 236. En cambio, el lugar y la región, por así decirlo, de lo ridículo —pues esto enseguida se busca— está contenido en la fealdad y deformidad.

[17] Minturno los define a partir de los personajes cómicos de Plauto y Terencio (*Arte poética*, ed. y trad. de María del Carmen Bobes Naves, Arco Libros, Madrid, 2009, t. 1, pp. 385 y ss.).

(lo que ocurre de manera fortuita).[18] Cervantes, en un nivel básico, se sirvió de un loco y de un simple —don Quijote y Sancho—, cuyas fealdades se originaban, respectivamente, de la locura como un *hecho externo* o fortuito y de la ignorancia que provenía del *alma.*

Así, vemos desfilar una serie de personajes que correspondían con cada una de estas categorías, incluso se percibe la fealdad del cuerpo a partir del olor, como el de ajos de la boca de Dulcinea que golpea en la cara a don Quijote cuando quiere ayudarla a subir a su borrica: "Porque te hago saber, Sancho, que cuando llegué a subir a Dulcinea sobre su hacanea, según tú dices, que a mí me pareció borrica, me dio un olor a ajos crudos, que me encalabrinó y atosigó el alma" (*Quijote*, II, 10). Desde el título del capítulo al que pertenece este pasaje se anticipa que todo será risible mediante la alusión directa al concepto 'ridículo': "Donde se cuenta la industria que Sancho tuvo para encantar a la señora Dulcinea, y de otros sucesos tan *ridículos* como verdaderos" (*Quijote*, II, 10. Las cursivas son mías). Cervantes también ya había usado este concepto en el título del capítulo 3 para aludir al "ridículo razonamiento". Es evidente que el autor complutense era consciente de que este término definía la causa de la risa. No obstante, por aquello de la falta de verosimilitud, equilibró el concepto al conjugarlo paradójicamente con los términos 'verdadero' y 'razonamiento'.

En este sentido, también Cervantes da mayor complejidad a sus caracterizaciones ridículas, pues en el nivel paródico no son lo que parecen: don Quijote es definido a lo largo de este segundo libro como cuerdo-loco (*Quijote*, II, 17), "entreverado loco, lleno de lúcidos intervalos" (*Quijote*, II, 18) "el más gracioso y el más entendido hombre del mundo" (*Quijote*, II, 40) y gracioso-loco (*Quijote*, II, 40); Sancho definido como gracioso y discreto a la vez (*Quijote*, II, 30) y como el más gracioso escudero lleno de "simplicidades agudas"

[18] Vincenzo Maggi, *De ridiculis,* en Bernard Weinberg (ed.), *Trattati di Poetica e Retorica del Cinquecento*, Gius Laterza & Figli, Bari, 1970, p. 302.

(*Quijote*, II, 32); también el hecho de que haya llegado a ser gobernador y que con sus juicios admire —le llaman nuevo Salomón—, demuestra esa discreción contenida en un tonto. No es casual que Cervantes los represente con estas paradojas, pues, por un lado, está justificando que su novela tenga como protagonistas dos personajes ridículos, pero en cierta medida "equilibrados": con un giro *eutrapélico*, si se vale la expresión, van equilibradamente de las burlas a las veras; no obstante, por otro lado, esta falta de coherencia o lógica entre sus características provoca un mayor grado de ridiculización. La unión de conceptos incongruentes lo único que podía provocar era risa, según proponía Horacio en su *Ars poetica*:

> Humano capiti cervicem pictor equinam
> iungere si velit varias inducere plumas
> undique collatis membris, ut turpiter atrum
> desinat in piscem mulier formosa superne,
> spectatum admissi risum teneatis, amici?
> [...] "Pictoribus atque poetis
> quidlibet audendi semper fuit aequa potestas".[19]

El autor latino no celebraba esta falta de decoro, pero señalaba hasta dónde podía osar el ingenio de los pintores y poetas. De alguna manera, Cervantes seguía esta forma de unión desigual, pues sabía que esta suerte de transgresión al *aptum*, propiciada por el sentido paródico del texto, causaba risa. En el caso de Sancho y de don Quijote se refería no a la fealdad que surgía del cuerpo —aunque también su físico era risible—, sino a la incongruencia que

[19] Horacio, *Epístolas. Arte poética*, ed. y trad. de Fernando Navarro Antolín, Consejo Superior de Investigaciones Científicas, Madrid, 2002, 5-10. "Si a una cabeza humana quisiera un pintor unir un cuello de caballo, y aplicar plumas multicolores a un amasijo de miembros dispares de suerte que un hermoso talle de hembra rematara espantosamente en negro pez y os invitara a contemplarlo, ¿podríais, amigos míos, contener la risa? [...] 'Pintores y poetas gozaron siempre de pareja libertad para osarlo todo'".

aparecía al relacionar la fealdad del alma y de las cosas fortuitas con virtudes como la cordura y discreción. Podemos ver cuán ingenioso era el autor complutense al potenciar la *deformitas* por medio de la incongruencia, pero todo tenía un objetivo, porque hacer énfasis en la importancia de estos binomios paradójicos legitimaba la construcción ingeniosa de sus personajes frente a los de Avellaneda. Recordemos que la presencia de estos personajes apócrifos en la novela empieza a vislumbrarse desde el capítulo 16, pues el Caballero del Bosque ya había supuestamente peleado con un Quijote que no era el genuino. No sabemos si a estas alturas Cervantes ya estaba aludiendo al de Avellaneda, pero de cualquier modo esta invención resulta afortunada para introducir la descripción y alusiones de estos personajes en los capítulos finales: el falso Quijote era llanamente un grandísimo loco que necesitó ser recluido en la Casa del Nuncio (manicomio) y Sancho era un mentecato, comelón y borracho que no poseía gracia alguna (*Quijote*, II, 59, 61, y 73). Se hace hincapié, varias veces, en cuán gracioso era el verdadero Sancho frente a las frialdades y rusticidad de su doble, y cuánta fidelidad guardaba don Quijote a Dulcinea en contraste con el apócrifo: virtudes en un loco y agudezas en un tonto. Los lectores-testigos son los que definen y contrastan sus identidades: "bien sea venido, digo, el valeroso don Quijote de la Mancha: no el falso, no el ficticio, no el apócrifo que en falsas historias estos días nos han mostrado [...]" (*Quijote*, II, 61). Esto termina de ser refrendado con la presencia de don Álvaro de Tafe, personaje del *Quijote* de Avellaneda, quien da testimonio de esa falsedad (*Quijote*, II, 72).

En suma, las paradojas de los personajes legítimos no sólo provocaban risa, sino también admiración —en el sentido de sorpresa o maravilla—, característica que era esencial en el Renacimiento para mover a risa.[20] Hay que recordar que el primero en proponer esto

[20] Este vínculo se haya en varias reflexiones del siglo XVII. Por ejemplo, Alonso de Salas Barbadillo en su obra *La estafeta del dios Momo* (1627) dio cuenta de esto al señalar

fue Vincenzo Maggi como reproche a la omisión de Cicerón sobre este tema.[21] En este concepto no sólo se vinculaba la *admiratio* con lo ridículo, sino con la novedad, porque sin ésta, aunque hubiera fealdad, no podría haber risa. El preceptista italiano refería cómo Horacio en un pasaje de su *Ars poetica* había mencionado a un poeta llamado Quérilo que le causaba risa y admiración a la vez.[22] Para Cervantes —como para los hombres del Barroco— éste era un concepto fundamental, así que presenta este vínculo a lo largo de esta parte,[23] pero construye grados de admiración con distintas novedades que no podían funcionar sin aludir a aquellos que pretendía admirar. Hay marcas textuales que el autor usa para enfatizar este efecto en los lectores, mediante la voz del autor ficticio que reconviene al lector de la siguiente manera:

---

que en los donaires de autores como Marcial y Góngora se suscitaba risa y admiración por la forma y la expresión del concepto: "[...] Tal nos sucedía con nuestro gran Luys de Góngora, pues todos traíamos en la memoria sus agudezas inimitables, porque passava en muchas dellas el conceto a más de lo que dezía el exterior sonido, juntando a un mismo tiempo en nuestros semblantes la *risa y la admiración*" (Alonso de Salas Barbadillo, *La estafeta del dios Momo*, Viuda de Luis Sánchez, Madrid, 1627, ff. 6v-7r). También José Navarro, en un vejamen de la Academia del Conde de Andrade (1654) menciona que la risa es hija de la admiración: "Escriviéronle, a un romance que hizo a Olofernes, un comento descabeçado; que esta semejança quiso guardar su autor, a quien por tan conocido por sus obras, palabras y pensamientos no nombro; y porque huvo algunos que la risa que notaron en los circundantes, la atribuyeron a la burla, sin acordarse que la propiedad de risible, que acompaña al hombre, es hija de la admiración" (José María Castro y Calvo, *Justas poéticas aragonesas del siglo XVII*, Universidad de Zaragoza, Zaragoza, 1937, p. 53).

[21] Vincenzo Maggi, *op. cit.*, p. 306. "Parcant mihi Ciceronis manes: praetermisit enim, ni me mea fallit opinio, admirationem in hoc genere, quae ridiculo cuilibet necessaria est" (Los espíritus de Ciceron me perdonen, porque omitió, si mi opinión no me falla, la admiración en este género, la cual es necesaria para cualesquiera cosas ridículas).

[22] Horacio, *op. cit.*, 356-358.

[23] En la Primera parte el canónigo dice al cura: "Hanse de casar las fábulas mentirosas con el entendimiento de los que las leyeren, escribiéndose de suerte que, facilitando los imposibles, allanando las grandezas, suspendiendo los ánimos admiren, suspendan, alborocen y entretengan, de modo que anden a un mismo paso *la admiración y la alegría* juntas" (*Quijote*, I, 47). Las cursivas son mías.

Deja, lector amable, ir en paz y enhorabuena al buen Sancho, y espera dos fanegas de risa que te ha de causar el saber cómo se portó en su cargo, y en tanto atiende a saber lo que le pasó a su amo aquella noche, que si con ello no rieres, por lo menos desplegarás los labios con risa jimia, porque los sucesos de don Quijote o se han de celebrar con *admiración o con risa* (*Quijote*, II, 32. Las cursivas son mías).

Este pasaje resulta muy revelador, pues todo el funcionamiento de la risa en la Segunda parte se construye con base en las expectativas de los lectores. Pero no sólo somos nosotros, sino nuestra representación en los lectores ficticios que Cervantes integra en la trama, porque precisamente son ellos los que pueden legitimar su obra y los que buscan esa dosis de risa y de admiración que ya habían encontrado en la Primera parte. Los recursos para la burla en todas sus modalidades —paradojas, ironías, apotegmas, sátiras, pullas, refranes— son similares a los del primer *Quijote*, pero se potencian en función de la presencia de los letrados, duques y caballeros que leyeron la Primera parte, la segunda apócrifa y que ahora están generando una segunda verdadera. Cervantes pone en evidencia la admiración y risa que don Quijote y Sancho provocan en estos lectores-personajes: "No pudo la duquesa tener la risa oyendo la simplicidad de su dueña, ni dejó de admirarse en oír las razones y refranes de Sancho" (*Quijote*, II, 33). "[...] no poco se río y admiró el bachiller [Sansón Carrasco], considerando la agudeza y simplicidad de Sancho, como del extremo de la locura de don Quijote" (*Quijote*, II, 70); "[...] dijo Sancho tantos donaires y tantas malicias, que dejaron de nuevo admirados a los duques, así con su simplicidad como con su agudeza" (*Quijote*, II, 70). Aunque parecen dos conceptos separados, Cervantes deja claro que en estos casos se suscita la admiración por las gracias de sus personajes paradójicos.[24]

[24] Para una visión más amplia del concepto, Eduardo Urbina, "El concepto de *admiratio* y lo grotesco en el *Quijote*", *Cervantes: Bulletin of Cervantes Society of America*, 9 (1989), pp. 17-30.

Por lo demás, la categoría de mover a risa por medio de *palabras y acciones*, propuestas en las preceptivas, tanto italianas como españolas, que a su vez abrevaban en Cicerón y Quintiliano,[25] adquieren otro nivel significativo a partir de estos lectores-personajes que se admiran. En cuanto a la categoría de *palabras*, ahora sabemos que hay lectores cultos que pueden reír y admirarse de la distorsión de los refranes[26] y de las deformaciones léxicas que dan en equívocos ("Julios y Augustos" por julios y agostos [*Quijote*, II, 7], o "friscal" por fiscal [*Quijote*, II, 19]), de los malos latines de los que alardean saberlo todo ("*Deum de Deo*" traducido como "Dé donde diere" [*Quijote*, II, 71]), de los apodos ridículos que hacían referencia a apellidos de nobles ("Lobuna" o "Zorruna" por Osuna [*Quijote*, II, 38]), de las referencias cultas a la poesía de Garcilaso (Quiteria era "más dura que un mármol y más sesga que una estatua" [*Quijote*, II, 21]) y a la Arcadia contrahecha o las *Metamorfosis* burlescas, de las alusiones clásicas y bíblicas mencionadas en situaciones risibles por la boca de los más desacreditados, entre otras. Sobre estas últimas hay muchas referencias a citas bíblicas directas, no obstante hay algunas que podían haberse salido de lo políticamente correcto; por ejemplo, cuando aparece doña Rodríguez-Magdalena llorando y besando los pies de don Quijote-Cristo: "llegándose a don Quijote se le echó a los pies tendida de largo a largo, la boca cosida a los pies de don Quijote, y daba unos gemidos tan tristes, tan profundos y tan dolorosos, que puso en confusión a todos los que la oían y miraban" (*Quijote*, II, 52).

[25] Cicerón, *De Oratore*, *op. cit.*, II, LIX, 239. Quintiliano, *Institutio Oratoria, Obra completa*, trad. y comentarios Alonso Ortega Carmona, Universidad Pontificia de Salamanca, Salamanca, 1999, VI 3 22.

[26] Los refranes se aluden en la *Institutio Oratoria* (VI 3 96-97) de Quintiliano, pues era una de las agudezas con las que Cicerón hacía reír. El Pinciano también referirá el uso de los refranes como metáforas que causan risa: "son también especies de metáphoras los refranes, en los quales puede aver mucho de ridículo" (*Philosophía antigua poética*, ed. de Alfredo Carballo Picazo, Consejo Superior de Investigaciones Científicas, Madrid, 1953, t. 2, p. 55).

Pero no sólo este tipo de comparaciones desproporcionadas son las que crean lo risible, sino también la mezcla entre referencias paganas y sacras; baste de ejemplo el loco del cuento del cura que se creía Júpiter Tonante y que a la manera del profeta Elías haría que hubiera sequía por tres años para castigar la ignorancia del pueblo (*Quijote*, II, 52).

El lector culto puede discernir estas alusiones porque la burla va dirigida a este espacio o se construye desde ahí. En cuanto a la categoría de las 'acciones', Cervantes coincide de cierta manera con las divisiones propuestas en un primer momento por Maggi[27] y posteriormente por el Pinciano y Cascales, porque no sólo se trata de fealdades 'verdaderas', como lo grotesco de un cuerpo, el mal olor, la locura y la simplicidad; o de las 'accidentales', como ver a la fea-hermosa Dulcinea caer de su borrica o a Sancho trepar torpemente un árbol para huir de unas grotescas narices o colgado de una rama por miedo a un jabalí; sino también de las que son 'fingidas', pues, según se ponderaba en estos tratados, tenía más valor fingir la fealdad en virtud del ingenio que esto conllevaba. Así, en esta parte no sólo nos reímos de las acciones que Sancho o don Quijote creen ver por encantamiento, sino de lo que ahora los lectores ficticios crean por burla fingiendo. La misma duquesa pide a Sancho que le cuente los encantamientos o burlas (*Quijote*, II, 33), pues desde su perspectiva se trata de dos conceptos semánticamente iguales.

La aparición del carro de la muerte presagia estas series de fealdades fingidas en acciones que se llevarán a cabo en el espacio cortesano por medio de representaciones, casi teatrales, que incluyen industria: disfraces y espectacularidad. Los personajes que participan adquieren esa *turpitudo* asombrosa que caracteriza a los protagonistas; como ejemplo tenemos a la dueña dolorida y las otras dueñas con barbas: "Y luego la Dolorida y las dueñas alzaron los antifaces con que cubiertas venían, y descubrieron los rostros todos poblados de barbas, cuáles rubias, cuáles negras, cuáles blancas y cuáles albarrazadas [...]"

[27] Vincenzo Maggi, *op. cit.*, p. 303.

(*Quijote*, II, 39). Es evidente que la risa en estos espacios está más que justificada, pues, como se mencionó anteriormente, salieron obras de facecias,[28] encabezadas por la traducción de Boscán de *Il Cortegiano* de Castiglione, en donde los nobles jugaban en la corte y se ejercitaban en el arte de motejar para evidenciar una marca social de inteligencia e ingenio. Cervantes sigue muy de cerca el manual de Castiglione para la configuración de este espacio.[29] Desde este punto de vista, los disfraces ya no funcionan para hacer volver a don Quijote a su hogar —como en la Primera parte—, sino para generar asombrosas fealdades y aventuras burlescas que darían argumento a la Segunda parte del *Quijote*: "Entre los dos [duques] dieron traza y orden de hacer una burla a don Quijote que fuese famosa y viniese bien con el estilo caballeresco, en el cual le hicieron muchas tan propias y discretas, que son las mejores aventuras que en esta grande historia se contienen" (*Quijote*, II, 33). Con esto es evidente que las aventuras (ahora burlas) representadas se propician ya no con un objetivo épico, sino para tener de qué reír, razón por la que aparecen referencias que van en aumento sobre cómo reían los duques: *renovaron la risa*, *retozaron de risa*, *reventaban de risa y dio que reír no sólo aquel tiempo, sino el de toda su vida*. Cervantes quiere dejar claro a sus detractores cuál era la gran virtud por la que su obra había ganado tanta fama: su ingenio para mover a risa.

Así, los lectores que consumen este tipo de entretenimiento son los que, en una puesta en abismo, marcan la pauta al hacerse parte

[28] Aparecen obras como el *Cortesano* (1560) de Luis Milán, *Sobremesa y alivio de caminantes* (1569) de Juan de Timoneda, la *Floresta española* (1574) de Melchor de Santa Cruz, el *Galateo español* (1593) de Luis Gracián Dantisco, *Diálogos de apacible entretenimiento* (1603) de Gaspar Lucas Hidalgo, *El culto sevillano* (1631) de Juan de Robles, entre otros, que contenían facecias y cuentos populares puestos en boca de los nobles. Se demostraba que decir gracias era todo un arte.

[29] Joseph G. Fucilla ("El papel del *Cortegiano* en la Segunda parte de *Don Quijote*", en *Relaciones hispanoitalianas*, Instituto Miguel de Cervantes, Madrid, 1953, pp. 17-26), tomando como antecedente los trabajos de Américo Castro y Ernesto Krebs, presenta más pistas sobre la estrecha relación entre el *Il Cortegiano* y la Segunda parte del *Quijote*.

de la ficción quijotesca tejida como un arte de las burlas. Ahora bien, si se ve desde el punto de vista más básico, los personajes planean embustes o trazas contra los protagonistas con el fin de ridiculizarlos, lo cual proviene de la tradición de la picaresca, en cuya tipología de buenas y malas burlas ahondó Monique Joly.[30] Sin embargo, el mejor deslinde que Cervantes idea para sus personajes cortesanos, no sólo es el de que estas burlas pertenecían a este ámbito, sino cómo se llevaban a cabo. Con base en esto, el argumento más contundente está en una de las reglas básicas para la burla propuesta en la segunda parte de la definición aristotélica, y que aparece como regla de oro en *Il Cortegiano*: lo risible debía ser sin dolor. Esto se comprueba en la cita anterior donde se aclara que a don Quijote se le harían burlas muy "discretas", y más adelante se dice que sería "una burla que fuese más risueña que dañosa" (*Quijote*, II, 46);[31] esto es claro también en el pasaje donde se especifica cuáles son las burlas que buscaba hacerle Antonio Moreno: "[...] andaba buscando modos, como, sin su prejuicio, sacase a plaza sus locuras, porque no son burlas las que duelen, ni hay pasatiempos que valgan, si son con daño a tercero" (*Quijote*, II, 62).[32] No obstante, vemos que las burlas planeadas por los duques o por Sansón Carrasco no siempre terminan bien, pues, por un lado,

[30] Monique Joly, "Casuística y novela de las malas burlas a las burlas buenas", *Criticón*, 16 (1981), pp. 7-45.

[31] Monique Joly (*ibid.*, p. 39) señala que en este capítulo Cervantes no introduce ninguna advertencia moral sobre que la burla será sin prejuicio, lo que, según ella, justifica que haya dos burlas pesadas. No obstante, creo que con el adjetivo "discretas" se califica que éstas serán acciones hechas con "prudencia y oportunidad" (*Diccionario de Autoridades).* Además, respecto a la burla de los gatos (*Quijote*, II, 46) se avisa que ésta será más risueña que dañosa; consecuentemente en las acciones de los duques y sus criados sí hay una ponderación moral de la burla sin prejuicio.

[32] En las *Novelas ejemplares* Cervantes hace alusión de esta regla mediante la metáfora de la mesa de trucos, "donde cada uno pueda llegar a entretenerse, sin daño de barras"; esto es, donde la diversidad de personajes y voces pudiera albergar la burla como entretenimiento, pero sin dañar a terceros (*Novelas ejemplares*, ed. de Jorge García López, est. preliminar de Javier Blasco, Crítica, Madrid, 2001, p. 18).

don Quijote sale arañado por unos gatos y pellizcado, y, por otro, acaba lastimado física y mentalmente por la caída desde los lomos de Rocinante, hecho que precipita su muerte. En el primer caso, que es el que nos interesa, el narrador en turno hace las acotaciones de que las burlas habían resultado pesadas y de que a los duques les había causado pesar. Estas marcas no son fortuitas. Pese a que dentro de los códigos de la burla no se consideraba una crueldad reírse de un loco y un simple, Cervantes sabe que a esas alturas sus lectores sienten empatía por don Quijote y Sancho, ya que no son sólo eso, así que, aunque deja correr la burla en su narración, pone una distancia ética mediante la exhibición de la pesadumbre que sienten los duques y sus sirvientes. Ahora bien, hay que poner el caso de Sancho aparte, ya que la burla conlleva un castigo físico (darse trescientos azotes en sus valientes posaderas), pero este daño se justifica en el pago que supone haber burlado o engañado a su señor con el encantamiento de Dulcinea. No obstante, como señala Joly, en todo esto se aprecia "la desorbitada tensión creada por la yuxtaposición de argumentos que mutuamente se excluyen", pues la disconformidad con los mecanismos tradicionales de la burla (incluido el daño), resulta paradójica con las ponderaciones morales.[33] Esta paradoja en el ámbito cortesano se justifica por el ingenio, pero cuando la burla se sale de control y se vuelve pesada, la responsabilidad recae en el hecho "accidental". Ahora bien, como bien señala Fucilla, nada es fortuito en la pluma de Cervantes, pues el descontrol de las burlas de los duques también es una mofa "a la aristocracia de su época por la excesiva lenidad que para tal pasatiempo mostraba. [...] La sarta de burlas, en su totalidad, toma los caracteres de una sátira de doble filo dirigida simultáneamente a los dos tipos de caballerías, la andante y la cortesana", lo que se correspondía con el juicio del falso Cide Hamete: "Y dice más Cide Hamete: que tiene para sí ser tan locos los burladores como los burlados, y que no estaban los duques dos dedos de parecer tontos, pues

[33] Monique Joly, art. cit., p. 11.

tanto ahínco ponían en las burlarse de dos tontos" (*Quijote*, II, 70).[34] Cervantes transgrede sutilmente las reglas de la risa para dirigirla a distintas capas de la sociedad de su tiempo.

Con base en esto, se puede decir que Cervantes construye un arte de la burla basado en los principios básicos —categorías y divisiones— de la teoría de lo ridículo, pero la enriquece con la complejidad de todos estos personajes, ahora además partícipes —y a su vez objetos— de burlas hechas aventuras. Habría que agradecer, en cierto sentido, la aparición del *Quijote* de Avellaneda, pues su presencia propició que, en esta Segunda parte, Cervantes tuviera la certeza de que quienes podían legitimar su obra eran sus lectores, aquellos que habían celebrado su Primera parte más que con aplausos, con risa y admiración. No sólo pretendió satisfacer estas expectativas, sino mostrar que su ingenio para las burlas todavía podía sorprender más y más. Quizá se podría afirmar que su obra se convirtió en un paradigma de posibilidades de hablar y actuar graciosamente, que enriqueció el catálogo de las formas para mover a risa, considerada una materia un tanto esparcida, difusa e inabarcable para cualquier tratado de teoría, pues tal como lo afirmaba el Pinciano, había más motivos para reír que para llorar.[35]

[34] Fucilla (*op. cit.*, p. 20), a su vez, relaciona este juicio de valor con una acotación del *Il Cortegiano* que indica que éste no debe excederse en las burlas, pues puede resultar fastidioso.

[35] Alonso López Pinciano, *op. cit.*, p. 31.

NIVELES DE EXPERIENCIA EN EL *QUIJOTE*

Grissel Gómez Estrada
Universidad Autónoma de la Ciudad de México

La cuestión sobre la realidad en el *Quijote* ha sido fuente de una gran variedad de estudios. En un principio, las interpretaciones se reducían al binomio realidad-fantasía en los análisis de autores como Osterc, Auerbach, Basave y Barriga Casalini. Pero cuando se reconoció un perspectivismo en la obra mayor de Cervantes, los especialistas empezaron a hablar de *niveles de realidad* según el ámbito. Desde 1958, Richard Predmore —a partir de las reflexiones de Américo Castro— creyó que el problema en el *Quijote* no es la realidad, sino los personajes que se equivocan al interpretarla, a causa de las apariencias o de sus esperanzas y deseos. Sin embargo, la cuestión de la interpretación de la realidad es un tema filosófico complejo, pues justamente la realidad para los seres humanos es inseparable de sus interpretaciones, las cuales a su vez dependen de la perspectiva desde la que se llevan a cabo. Y si bien en ocasiones los sentidos engañan, como ocurre en el capítulo de los batanes, en otras no es tan fácil llegar a una conclusión, como en el episodio de Ana Félix. Los estudiosos del *Quijote* mencionan frases como "la engañosa realidad", "el engaño a los ojos", "la apariencia y la realidad". Se trata de uno de los temas centrales del Renacimiento. En el Barroco, el juego de apariencia y realidad —según Manuel Durán— se reducía a la fórmula engaño-desengaño, que tenía un fin moralizante producto de la Contrarreforma.[1]

[1] Manuel Durán, *La ambigüedad de "El Quijote"*, Universidad Veracruzana, Xalapa, 1960, p. 203.

Por otro lado, ya varios investigadores han señalado la presencia de la metaficción en el *Quijote*, desde sus dos acepciones: como ficción dentro de la ficción, y como texto que reflexiona sobre sí mismo. Se define como:

> *Metaficción* es un término que se ha dado a la escritura ficcional que, de manera autoconsciente y sistemáticamente, llama la atención sobre su propio estatuto de artefacto, con el fin de cuestionar la relación entre la ficción y la realidad. Esta definición introduce otro de los términos que aluden al mismo fenómeno aunque probablemente de manera más confusa: se trata de la autoconsciencia.[2]

En nuestra obra tenemos muchos casos diversos, que de varias formas son ejemplos de metaficción: las historias enmarcadas, las continuas opiniones de los personajes sobre la obra de Cide Hamete y, sobre todo en la Segunda parte, las continuas puestas en escena de los perseguidores de don Quijote, que no sólo servirán para pasar un buen rato, sino también para dar un hálito de realidad al mundo ficticio que el caballero ha construido, mismas en las que me concentraré en este texto.

Obviamente, la primera ficción es la historia misma de don Quijote, en relación a nosotros los lectores. Pero, en la Segunda parte, el caballero se reconoce, si bien no como personaje ficticio, sí como personaje del cual un sabio árabe ha escrito sus hazañas, y de ese mundo surgen otras figuras con quien se va a topar, como don Álvaro Tarfe, quien además es personaje de la continuación apócrifa de Avellaneda. Además, la obra tratará de sí misma: "gracias a las fuentes indefinidas que afectan a la recepción de la historia, mencionadas en los cuatro

[2] Patricia Waugh, *apud.* Andrea Torres Perdigón, "La noción de metaficción en la novela contemporánea", *Ateliers du Séminaire Amérique Latine de l'Université Paris-Sorbonne*, 5 (2009-2010), p. 3. En línea: http://www.crimic.paris-sorbonne.fr/IMG/pdf/Torresf.pdf (5/07/2015)

primeros capítulos del *Quijote* de 1615, Cervantes se permite justificar criterios de la construcción de la Primera parte".[3] En este nivel, surgen varias ficciones, como las ya mencionadas puestas en escena, y los sueños, mismos que también serán analizados en este estudio como otra experiencia vivida por los personajes.

Conviene revisar con brevedad las propuestas en las cuales se reconoce la existencia de los niveles de realidad mencionados al principio. Aunque no profundiza en el tema, Luis Rosales reconoce en el *Quijote* "un mundo de tres dimensiones: el plano de la realidad natural, el plano de la realidad histórica y el plano de la realidad literaria".[4] De esta forma, Rosales introduce en su clasificación al mundo real, cuando habla de historia, como otro nivel que debe ser considerado.

Ignacio Ferreras propone la existencia de cuatro mundos dentro del *Quijote*: el mundo voluntario o intramundo (el de cada personaje); el mundo transformado, gracias a la acción del intramundo; el mundo real o extramundo (el común a todos); y el mundo fingido (el de los perseguidores de don Quijote).[5] De hecho, los mundos en los cuales la ficción es presentada como realidad —es decir, el mundo transformado y el mundo fingido— son muy parecidos. Lo interesante es que Ferreras reconoce dos extremos: un mundo propio, individual y un mundo social, común a todos, que se acercaría a la noción de esa realidad que los humanos interpretan.

A su vez, Mercedes Juliá opina que Cervantes muestra la 'complejidad' de la realidad. Entiendo por 'complejo' la presencia de múltiples elementos que mantienen relaciones entre sí, y por ello forman redes de relaciones que pueden ser infinitas. Justamente, estas relaciones no son siempre claras, aun cuando se conozca la causa y la consecuencia. En el *Quijote*, esta complejidad se logra:

[3] Santiago López Navia, "Las claves de la metaficción en el *Quijote*: una revisión", *Oppidum*, 2 (2006), p. 175.

[4] Luis Rosales, "La comedia de la personalidad", *Cervantes y la libertad*, Cultura Hispánica, Madrid, 1985, t. 2, p. 659.

[5] Ferreras, Ignacio, *La estructura paródica del "Quijote"*, Taurus, Madrid, 1982, p. 31.

> yuxtaponiendo espacios distintos, o añadiendo capas de ficción: una ficción dentro de otra y de otra. No es mera casualidad el que tantas páginas de la Segunda parte del *Quijote* se dediquen a escenas en el castillo de los duques. Los juegos con los que se entretienen y nos entretienen desempeñan la doble función de estimular nuestra imaginación y expresar una visión peculiar del mundo.[6]

En ese sentido, existen:

> Dos tipos de ficción: la creada en la imaginación propia y la creada en la ajena, que, aun perteneciendo a espacios distintos, producen efectos muy parecidos. Otra vez parece sugerirse que no existe mucha diferencia entre la vida imaginada y la vivida, y que ambas son distintos aspectos de una misma realidad.[7]

Lo anterior resulta muy importante para el desarrollo de la obra, pues la complejidad trae como consecuencia que los límites entre estas capas, en especial de la realidad y la ficción, continuamente se confundan. Más adelante veremos ejemplos de cómo una ficción termina convirtiéndose en realidad. Por otro lado, coincido con Juliá en hablar "de una misma realidad", la cual, pienso, puede ser interpretada de manera distinta por los personajes.

Aunque cualquier tipo de esquematización contiene limitantes, sobre todo si aceptamos que la realidad del *Quijote* es compleja —es decir, no sólo posee varias "categorías", sino también una red de relaciones entre ellas, las cuales, en ocasiones, las harán indistinguibles, pues los límites entre las distintas realidades o mundos no siempre son

[6] Mercedes Juliá, "Ficción y realidad en *Don Quijote* (los episodios de la cueva de Montesinos y el caballo Clavileño)", en *Actas del III Coloquio Internacional de la Asociación de Cervantistas, Alcalá de Henares, 12-16 de noviembre de 1990,* Ministerio de Asuntos Exteriores-Anthropos, Barcelona-Madrid, 1993, p. 279.

[7] *Idem.*

claros—, el análisis nos permite distinguir esas "capas" para entender mejor dichas relaciones.

Según mi juicio, estas "capas" no constituyen necesariamente niveles de la realidad o de mundos, sino niveles de experiencia, si se acepta que la realidad es una y única, pero se percibe de forma distinta según la perspectiva donde se encuentran los personajes. Ya lo dijo don Quijote en la Primera parte: "Eso que a ti te parece bacía de barbero, me parece a mí yelmo de Mambrino, y a otro le parecerá otra cosa".[8]

Los niveles de experiencia se llevan a cabo en la realidad, de la ficción cervantina, claro está; la ficción, creada por los personajes, lo que nos llevaría a calificarla como una suerte de metaficción; y el sueño. Los dos últimos se destacan en la Segunda parte, publicada en 1615.

Ahora bien, a estas alturas es necesario explicar qué es la realidad. "La realidad es aquello tal de manera o cierta verdad, en oposición de los que pertenece al terreno de la fantasía, la imaginación o la ilusión";[9] puede juzgarse de dos modos, según Ferrater Mora, positivo y negativo:

> En el primer caso, se afirma que el ser real [...] sólo puede entenderse como un ser contrapuesto al ser aparente, o al ser potencial, o al ser posible. [...] En el segundo caso se afirma que 'es real' equivale a 'es', 'es actual' o a 'existe' (y realidad equivale a 'ser', a 'actualidad', a 'existencia).[10]

Lo anterior ha propiciado las creencias de que sólo la esencia es real y, en el caso contrario, de que sólo la existencia es real. El

[8] Miguel de Cervantes, *El ingenioso hidalgo don Quijote de la Mancha*, ed. de Martín de Riquer, RBA, Barcelona, 1994, I, 25.

[9] Incola Abbagnano, *Diccionario de filosofía,* Fondo de Cultura Económica, México, 1998, p. 831.

[10] José Ferrater Mora, *Diccionario de filosofía*, Sudamericana, Buenos Aires, 1958, p. 535.

problema puede observarse, de algún modo, en el *Quijote*, pues continuamente se le presentan al caballero y Sancho situaciones ficticias que para ellos son realidad. Algunos episodios muestran cierto parentesco entre las opiniones de Descartes y la idea barroca del "engaño de las apariencias". Pero el verdadero problema al que nos enfrentamos no radica tanto en una discusión entre realismo e idealismo, sino en que esa ficción teatral, creada por los verdaderos perseguidores de don Quijote, tiende en ocasiones a *volverse realidad*, y los sueños, que tampoco son reales, pero sí constituyen experiencias vividas, revelan cuestiones auténticas.

La realidad es una suerte de constructo social en el que los personajes entran en contacto, y por ficción, un "discurso representativo que 'evoca un universo de experiencia' [...], sin guardar con el objeto del referente una relación de verdad lógica",[11] es decir, "tratan de sucesos y personajes imaginarios",[12] en nuestro caso, la creación —o elección— de mundos, construidos por los mismos personajes, como puesta en escena teatral, pero con la intención de hacerla pasar como si fuera *natural*, no actuada o fingida. El problema surge, insisto, cuando de la ficción se derivan situaciones reales, también derivadas, a veces, del acuerdo, como en el caso del baci-yelmo. A continuación, veremos algunos episodios donde la realidad se funde con la ficción.

Don Quijote se queja constantemente de ser perseguido por un grupo de encantadores, que le tienen "ojeriza". Curiosamente es verdad que el personaje es perseguido, pero quienes lo acosan no son encantadores, sino amigos que quieren ayudarlo o divertirse con él. Sean o no encantadores, el resultado es el mismo: es decir, don Quijote interpreta la realidad desde su apariencia, pues ignora que está siendo engañado.

[11] Helena Beristáin, *Diccionario de retórica y poética*, Porrúa, México, 1992, p. 208.

[12] *Diccionario de la lengua española*, Real Academia Española-Espasa-Calpe, Madrid, 1984, *s.v.* "realidad".

En la Segunda parte, este engaño crece al grado de tomar una gran importancia como hilo conductor de la trama. El perseguidor mayor es el bachiller Sansón Carrasco, quien se pone como nombre ficticio el Caballero del Bosque o de los Espejos. La fusión realidad-ficción aparece por una técnica narrativa de engaño al lector, pues todo parece apuntar que se trata de otro caballero, quizá otro loco, hasta que don Quijote lo derrota y los lectores descubrimos, junto con el protagonista, la verdadera personalidad de su amigo. Lo que para los lectores explica la aparición de otro caballero resulta increíble para don Quijote, quien no es capaz de "dar crédito a la verdad que con los ojos estaba mirando" (*Quijote*, II, 14).

Pero Sansón Carrasco se toma tan en serio la derrota, la cual ha sido verdadera, que se ofende, como si el Caballero del Bosque existiera, y busca venganza: "Y no me llevará ahora a buscarle [a don Quijote] el deseo de que cobre su juicio, sino el de la venganza; que el dolor grande de mis costillas no me deja hacer más piadosos discursos" (*Quijote*, II, 15). Así, el personaje ficticio se encarna en Carrasco y se vuelve real, pero curiosamente esto sucede cuando el bachiller se incorpora al mundo de ficción de don Quijote, a tal grado que logra el efecto contrario de su primer propósito: confirmar el carácter indispensable de la caballería andante. "Ahora no se trata de una imaginación fantasista [*sic*] del caballero, que acomoda la realidad a lo literario y fabuloso, sino de una traza engañosa mercede a la cual lo ficticio se le presenta como una realidad que captan sus sentidos sin deformarla".[13]

El escudero del Caballero del Bosque logra captar lo irónico, lo carnavalesco de esta situación:

> Por cierto, señor Sansón Carrasco, que tenemos nuestro merecido: con facilidad se piensa y se acomete una empresa; pero con dificultad las más veces se sale della. Don Quijote loco, nosotros cuerdos, él se va sano y riendo; vuesa merced queda molido y triste. Sepamos, pues, ahora:

[13] Martín de Riquer, *Aproximación al "Quijote"*, Teide, Barcelona, 1970, p. 123.

> ¿cuál es más loco: el que lo es por no poder menos, o el que lo es por su voluntad? (*Quijote*, II, 15).

Independientemente de que don Quijote también es loco voluntariamente (y también dejará de serlo por voluntad), Sansón Carrasco queda ante los ojos de Tomé Cecial y de él mismo como un idiota.

Finalmente, no es el extramundo —en términos de Ferreras— quien va a derrotar al caballero, sino su propio mundo de ficción. Don Quijote está limitado, no puede actuar fácilmente en el extramundo porque su realidad está en un nivel distinto; por ejemplo, no puede ayudar a Andrés, pero sí a la princesa Micomicona; no les teme a los gigantes, pero sí a los moros; tampoco puede derrotar a aquellos con quien se enfrenta, como los yagüenses o los galeotes, pero sí al Caballero de los Espejos; tampoco puede enamorarse de Altisidora, pero sí de la imaginada Dulcinea. Esto es uno de los recursos maravillosos del *Quijote*: en su ficción don Quijote sí puede actuar, e incluso, desde ella, de pronto intervenir en la realidad, aunque de un modo no muy claro para él (pues ignora que sus perseguidores montan de continuo representaciones).

Los duques también engañan y persiguen a don Quijote. Creyendo tener el control de la ficción que construyen para engañarlo, la burla los rebasa de continuo; por ejemplo, en el episodio de los gatos que traían amarrados cencerros en las colas:

> Fue tan grande el ruido de los cencerros y el maullar de los gatos, que aunque los duques habían sido inventores de la burla, todavía les sobresaltó; y, temeroso don Quijote, quedó pasmado. Y quiso la suerte que dos o tres gatos se entraron por la reja de su estancia, y dando de una parte a otra, parecía que una región de diablos andaba en ella. Apagaron las velas que en el aposento ardían y andaban buscando por do escaparse. El descolgar y subir del cordel de los grandes cenceros no cesaba; la mayor parte de la gente del castillo, que no sabía la verdad del caso, estaba suspensa y admirada.

> [...] [Uno de los gatos], viéndose tan acosado de las cuchilladas de don Quijote, le saltó al rostro y le asió de las narices con las uñas y los dientes, por cuyo dolor don Quijote comenzó a dar los mayores gritos que pudo (*Quijote*, II, 46).

No sólo los duques no pueden controlar a los gatos, sino que ellos mismo se espantan cuando su broma se realiza, y se lamentan: "Los duques le dejaron sosegar, y se fueron, pesarosos del mal suceso de la burla; que no creyeron que tan pesada y costosa le saliera a don Quijote aquella aventura" (*Quijote*, II, 46).

La acción de Sancho durante su gobierno es un claro ejemplo de la transformación de la ficción en realidad, pues "ordenó cosas tan buenas, que hasta hoy se guardan en aquel lugar, y se nombran las constituciones del gran gobernador Sancho Panza" (*Quijote*, II, 51). Sancho gobernó en realidad, tomó decisiones importantes, juzgó con sabiduría, y el pueblo recordó el hecho como un acto real, y no como representación teatral, aun a pesar del origen de su gobierno. Por ello:

> Barataria es por consiguiente creación de una múltiple fantasía demiúrgica: la de Cervantes como novelista; pero también la de don Quijote, que la anuncia; del duque, que idea la farsa; de sus súbditos, que la secundan; de Sancho Panza, que la admite, y en la que se integra voluntariamente.[14]

Además, esta ficción montada logra también una especie de transformación *real* de Sancho, o concientización: "la ordalía de Barataria permitirá también la liberación aristotélica del personaje: su *anagnórisis* o redescubrimiento de la realidad a la que pertenece, y a la

[14] Antonio Santos, "Sancho Panza o los pesares de la utopía", en *Barataria, la imaginada: el ideal utópico de don Quijote y Sancho*, Universidad de Cantabria-Centro de Estudios Cervantinos, Madrid, 2008, p. 121.

que Sancho decide regresar".[15] Así, la puesta en escena del gobierno de Sancho, no sólo incidió en la realidad del pueblo, en la marcha de una justicia real, sino también en la conciencia del gobernador.

Otro ejemplo: Doña Rodríguez, "dueña de honor de mi señora la duquesa", le pide ayuda al caballero. Los duques, "que la tenían por boba y de buena pasta, no por tanto que viniese a hacer locuras" (*Quijote*, II, 52), se sorprenden, pero deciden aprovechar el evento y convertirlo en ficción arreglando un duelo entre el supuesto labrador que burló y deshonró a la hija de doña Rodríguez, representado por uno de sus lacayos, y don Quijote. El duque se enfurece, pues no contaba que el lacayo, Tosilos, al ver a la dama en cuestión, se iba a enamorar de ella, al grado de detener el duelo y ofrecerse para casarse. Por supuesto, cuando doña Rodríguez ve el rostro de Tosilos se da cuenta del engaño.

Don Quijote, interpretando la realidad —que no es sino la ficción creada por los duques— desde su propia ficción, piensa que la transformación, igual que le ocurrió a Sansón Carrasco, fue originada por los encantadores que lo persiguen. Pero la hija de doña Rodríguez soluciona el conflicto, pues desde su perspectiva piensa: "Séase quien fuere este que me pide por esposa, que yo se lo agradezco; que más quiero ser mujer legítima de un lacayo que no amiga y burlada de un caballero, puesto que el que a mí me burló no lo es" (*Quijote*, II, 56). Así, gracias al duelo con don Quijote, la ficción también transforma la realidad y se salva la honra de la muchacha, además de abrirle los ojos a ella, cuando toma conciencia de lo que más le conviene.

Los duques son cuestionados, igual que el Caballero de los Espejos, por el autor: "Y dice más Cide Hamete: que tiene para sí ser tan locos los burladores como los burlados, y que no estaban los duques dos dedos de parecer tontos, pues tanto ahínco ponían en burlarse de dos tontos" (*Quijote*, II, 70).

[15] *Ibid.*, p. 124.

Es en estos momentos observamos que los límites entre la realidad y la ficción son transgredidos de continuo, pues los personajes "convierten la realidad en un teatro inacabable, sin que por eso deje de ser realidad".[16]

Para complicar la cuestión, al inicio de la Segunda parte nos enteramos que la historia de este "loco" ha sido publicada; es decir, don Quijote se convierte en personaje en la realidad de la historia. Son los propios protagonistas quienes critican los errores que cometió el autor en la Primera parte; son reconocidos por otros personajes que han leído la obra. Es singular que Sancho hable de capítulos en lugar de aventuras: "Debiérase acordar de los capítulos de nuestro concierto antes que esta última vez saliésemos de casa" (*Quijote*, II, 20). Don Quijote ha logrado, literalmente, ser un personaje de ficción.

Otro nivel de experiencia es el sueño. Según Julián Marías, éste "es una nueva forma de ficción y representación imaginativa".[17] El sueño, como manifestación del inconsciente, nos muestra una realidad, aunque de forma simbólica, que se quiere evadir. Por ello, Percas de Ponseti propone que "la experiencia de la cueva de Montesinos puede leerse en varios niveles: uno onírico-simbólico, otro místico-simbólico y otro psicológico-simbólico".[18] Al igual que ocurre con los sentidos, el sueño es una vivencia real, una experiencia donde incluso hay sensaciones reales. Dice Descartes: "no hay indicios por los que podamos distinguir netamente la vigilia del sueño. No los hay, y porque no los hay me pregunto lleno de extrañeza, ¿será un sueño la vida?, y estoy a punto de persuadirme de que en este instante me hallo durmiendo

16 Erich Auerbach, "La Dulcinea encantada", en *Mimesis, la realidad en la literatura*, Fondo de Cultura Económica, México, 1975, p. 331.

17 Julián Marías, *Tres visiones de la vida humana*, Salvat, Madrid, 1971, p. 25

18 Percas de Ponseti, Helena, "La cueva de Montesinos. El lenguaje como creación", en *Cervantes y su concepto del arte*, Gredos, Madrid, 1975, p. 417.

en mi lecho".[19] Obviamente, sabemos que el sueño no es real porque ocurre en la consciencia, no en el plano de la escurridiza realidad.

Don Quijote no está seguro de si su experiencia en la cueva de Montesinos fue real o soñada:

> lo que ha visto allí es enigmático porque Don Quijote seriamente se preocupa y duda de si ha ocurrido o no. La experiencia fue un sueño, pero el protagonista está convencido de haberlo vivido. Durante toda su vida le preocupará este asunto y el lector acabará del mismo modo sintiendo el enigma.[20]

Esta confusión es provocada por la amalgama entre la ficción que erigió don Quijote y la creatividad estética que ello implicó, pues no hay que olvidar que don Quijote es un artista cuya creación es él mismo. Por ende, la imaginación creadora manifiesta en el sueño es parte de su mundo, como ocurre cuando derrota al gigante enemigo de la princesa Micomicona en la Primera parte. En este sueño se mezclan elementos de la 'ficción realista' de Sancho, respecto a la creación de Dulcinea, y la 'ficción caballeresca' de don Quijote. Ya Béguin había observado la relación que existe entre la creatividad y el sueño. Tanto en la creación literaria —específicamente en la poesía— como en los sueños, interviene la imaginación:

> Según Jakob, el sueño se debe tanto a la oclusión de los sentidos exteriores, característica del dormir, como a una intensa actividad del sentido interno y de la imaginación. *El sueño no es más que poesía involuntaria.* [...] Sobre la base de su experiencia personal, Jean Paul [Sartre] compara al soñador con el poeta.[21]

[19] René Descartes, *Meditaciones metafísicas*, estudio introductorio, análisis de las obras y notas al texto de Francisco Larroyo, Porrúa, México, 1977, p. 56.

[20] Mercedes Juliá, art. cit., p. 276.

[21] Albert Béguin, *El alma romántica y el sueño*, Fondo de Cultura Económica, México, 1994, p. 30.

Este mundo onírico de la cueva de Montesinos contiene a su vez un tiempo y un espacio relativos, lo cual contribuye a la confusión:

> Según Don Quijote, él estuvo en la cueva tres días con sus noches; para el primo y Sancho sólo pasó media hora. Esta discrepancia en el tiempo muestra, más que conflicto, la relatividad del concepto. El tiempo es sólo una medida que depende de la percepción del que lo experimenta.
>
> El espacio es igualmente subjetivo. A los dos espacios físicos: el de la cueva, y el de afuera, se añade el espacio de la imaginación, en el que Don Quijote habla con Montesinos y ve a Dulcinea. Son estos tres espacios, recintos de tres realidades distintas: la que vive Sancho y el primo; la de Don Quijote dormido en un rincón de la cueva, y la de Don Quijote paseando por el mundo encantado y conversando con personajes míticos. La ficción y el sueño se integran a la realidad individual y las realidades individuales constituyen un universo mayor.[22]

Para Juliá, otro ejemplo sobre el sueño y la ficción —la representación teatral, montada hasta con artificios técnicos— se da en la aventura de Clavileño. Aunque acepta que la versión de Sancho no coincide con el relato del narrador, intenta dar pruebas de que el escudero se quedó dormido:

> aunque Sancho parece estar bromeando al comienzo, más tarde es obvio que no miente. Tenemos la certeza de ello cuando conocemos que Sancho ha tenido una visión de la vida de la que ha salido desengañado, hasta el punto de no importarle ser gobernador. "Después que bajé del cielo —dice Sancho— y después que desde su alta cumbre miré la tierra y la vi tan pequeña, se templó en parte en mí la gana que tenía tan grande de ser gobernador; porque ¿qué grandeza es mandar en un grano de mostaza? [...] si vuestra señoría fuese servido de darme una

[22] Mercedes Juliá, art. cit., p. 277.

> tantica parte del cielo, aunque no fuese más de media legua, la tomaría de mejor gana que la mayor ínsula del mundo.[23]

Yo sigo teniendo la misma duda que don Quijote: "o Sancho sueña o Sancho miente". Dice Sancho:

> Yo, señora, sentí que íbamos, según mi señor me dijo, volando por la región del fuego, y quise descubrirme un poco los ojos; pero mi amo, a quien pedí licencia para descubrirme, no la consintió; mas yo, que tengo no sé qué briznas de curioso y de desear saber lo que me estorba y impide, bonitamente sin que nadie lo viese, por junto a las narices aparté tanto el pañizuelo que me tapaba los ojos, y por allí miré hacia la tierra, y parecióme que toda ella no era mayor que un grano de mostaza, y los hombres que andaban sobre ella, poco mayores que avellanas; porque se vea cuán altos debíamos de ir entonces (*Quijote*, II, 41).

Recordemos que Sancho es un narrador oral. Aunado esto con su simpleza y con el proceso de *quijotización* que ha sufrido, no sería raro que confundiera el producto de su imaginación con la realidad. No es la primera vez que Sancho cuenta historias. Le gusta relatar cuentos tradicionales, decir refranes, chistes. Sin embargo, la cuestión que ni el narrador ni los personajes aclaran es si Sancho miente a propósito o se cree la historia que está contando.

Tampoco sería la primera vez que Sancho mintiese, como lo hizo con la historia de Dulcinea encantada. Pero Sancho defiende la verosimilitud de su historia diciendo: "pregúntenme las señas de las tales cabras, y por ellas verán si digo verdad o no" (*Quijote*, II, 41); es decir, al conocer los detalles del relato Sancho puede probar, según él, que éste es verdadero. Obviamente, todos saben que no lo es, pues ha sido engañado, pero no pueden desmentirlo, con tal de cubrir la broma.

[23] *Ibid.*, p. 278.

El relato de Sancho constituye otra capa de ficción, dentro de la que construyeron los duques, como una muñeca rusa.

Lo importante de todo esto es que el sueño no es mentira ni realidad objetiva, sino experiencia, la cual, a pesar de la imposibilidad de don Quijote para defenderla como si fuera verdadera, en el plano de las sensaciones es real. Dice la hija del ventero, en la Primera parte: "a mí me ha acontecido muchas veces soñar que caía de una torre abajo, y que nunca acababa de llegar al suelo, y cuando me despertaba del sueño, hallarme tan molida y quebrantada como si verdaderamente hubiera caído" (*Quijote,* I, 16). De esta forma, también los sueños pueden volverse, dentro de las limitaciones, realidad, como cuando Sancho está "soñando", en la venta también de la Primera parte, que lucha en un sueño y despierta golpeado: "sintiendo aquel bulto encima de sí [a Maritornes], pensó que tenía la pesadilla, y comenzó a dar de puñadas" (*Quijote*, I, 16). Y Sancho despierta, en efecto, golpeado.

A manera de conclusión: no es que existan mundos o niveles de realidad en el *Quijote.* Cervantes es —ya lo dijo Américo Castro— racionalista, y coincide con las ideas de Descartes en el sentido de que los seres humanos, en ocasiones, podemos interpretar de manera equivocada la realidad, al basarnos sólo en la información que dan los sentidos, como ocurre en el capítulo de los batanes. Sin embargo, Cervantes es consciente de que los personajes realizan dicha interpretación desde sus propias perspectivas. Y no puede ser de otro modo. Pensemos en los episodios de Ana Félix: mora conversa que se ve obligada a partir de su país ante la expulsión de los moriscos decretada por la Corona. Ricote, su padre, admite: "fuimos castigados con la pena del destierro, blanda y suave al parecer de algunos, pero al nuestro, la más terrible que se nos podía dar" (*Quijote*, II, 54). Para Ana Félix, desde la perspectiva de los enamorados, la decisión no debería aplicarse sin tomar en cuenta, justamente, los matices de la realidad; pero desde la perspectiva legal, la ley debía aplicarse a todos.

En ese sentido, las interpretaciones de la realidad, equivocadas o no, son la única forma de acceder a ésta. Muchos años después, en 1781, Kant sostiene que la cosa en sí (nóumeno) —lo que llamaríamos realidad— está más allá, por definición, de nuestra capacidad de aprehensión. Podemos aspirar la cosa como es para para nosotros (fenómeno) y nada más. Cabe hacer notar que esto no implica una subjetividad individualizada, de modo que para unos se aparezca de algún modo y para otros de un modo distinto. El fenómeno emerge de igual modo para todo sujeto posible. Analizando la razón 'pura' —es decir, como síntesis de las condiciones de posibilidad del conocimiento—, el filósofo de Königsberg entiende que todo sujeto racional debe cumplir con ciertas características para que le sea posible acceder al conocimiento. Éstas —las intuiciones puras de la sensibilidad, las categorías del entendimiento y un yo capaz de sintetizar ambas— son *a priori*; lo que equivale a decir, anteriores a la experiencia, porque precisamente son las que la hacen viable. Así, para que la realidad pueda ser experimentada, representada y conocida por el sujeto racional es requisito universal y necesario que se dé la conjunción de los elementos *a priori* mencionados con la experiencia de la que éstos son condición. El resultado no es, como cabría pensar, que el conocimiento es imposible (pues la cosa, tal como es en sí, permanece siempre más allá de mí), sino que lo que llamamos conocimiento está mediado por nuestra manera de aprehender el mundo (tal como es para mí), lo cual, sin embargo, no lo hace subjetivo (en el sentido de personal), pues es una exigencia común a todo sujeto posible. De ahí que Kant observe:

> Mas si bien todo nuestro conocimiento comienza *con* la experiencia, no por eso originase todo él *en* la experiencia. Pues bien podría ser que nuestro conocimiento de experiencia fuera compuesto de lo que recibimos por medio de impresiones y de lo que nuestra propia facultad de conocer (con ocasión tan sólo de las impresiones sensibles) proporciona por sí misma, sin que distingamos este añadido de aquella materia

fundamental hasta que un largo ejercicio no ha hecho atentos a ello y hábiles en separar ambas cosas.[24]

Por otro lado, el hecho de que la ficción en el *Quijote* termine convirtiéndose en realidad también es una manera, quizá, de afirmar las acciones del Caballero de la Triste Figura. Y la literatura y el sueño la representan de una forma simbólica y poética para ello. De hecho:

> la metaficción se "hace presente en tiempos de crisis", pero también funciona como un intento de poner orden en el caos, aunque más no sea demostrando que la vida cotidiana a la cual llamamos "real" es tan artificial como la vida teatral. Una vez aceptado esto último, el individuo puede poner bajo una mirada crítica todas sus certidumbres y certezas si así lo desea, y proceder consecuentemente.[25]

O también, la ficción transformada en realidad produjo que la *verdad* fuera develada, es decir, la ficción y el sueño revelaron, en esta obra, cosas ciertas (así como hicieron Shakespeare, en la obra de teatro puesta por Hamlet, y Calderón, con el supuesto sueño de Segismundo). El genio de Cervantes logró plasmar en su obra esta complejidad, pero para el placer y admiración del desocupado lector.

[24] Emanuel Kant, *Crítica de la razón pura*, trad. Manuel García M. y Manuel Fernández N., Porrúa, México, 1987, p. 27.

[25] Fernando G. Pagnoni Berns, "Metaficción como artificio y teorías del humor. Del Barroco a la Posmodernidad", *Anagnórisis*, 3 (2011), p. 56.

BIBLIOGRAFÍA

ABBAGNANO, Incola, *Diccionario de filosofía,* Fondo de Cultura Económica, México, 1998.

AEBISCHER, Paul, "Paléozoologie de l'*Equus Clavileñus,* Cervant", *Études de Lettres,* 6 (1962), pp. 93-130.

———, "Anatomie historico-descriptive de l'appareil moteur de clavileño et de ses ancêtres", *Boletín de la Real Academia de Buenas Letras de Barcelona,* 36 (1975-1976), pp. 105-114.

ALLEN, John J., "The narrators, the reader and don Quijote", *Modern Language Notes,* 91 (1976), 201-212.

ALONSO, Dámaso, "Sancho-Quijote. Sancho-Sancho", en *Del Siglo de Oro a este siglo de siglas (Notas y artículos a través de 350 años de letras españolas),* Gredos, Madrid, 1962, pp. 9-19.

ALVAR, Carlos, "El planto por ciudades caídas en manos enemigas", en Concepción COMPANY, Aurelio GONZÁLEZ y Lillian von der WALDE (eds.), *Discursos y representaciones en la Edad Media,* Universidad Nacional Autónoma de México-El Colegio de México-Universidad Autónoma Metropolitana, México, 1999, pp. 33-48.

———, "*Don Quijote* y el más allá", en Carlos ROMERO MUÑOZ (coord.), *Por sendas del* Quijote *innumerables,* Visor, Madrid, 2007, pp. 11-31.

ÁLVAREZ, Josefa, "El caballero del Verde Gabán: algunas consideraciones desde el epicureísmo y el estoicismo", *Anales Cervantinos,* XXXIX (2007), pp. 147-158.

ARATA, Stefano, "Edición de textos y problemas de autoría: el descubrimiento de una comedia olvidada" en Jean CANAVAGGIO (ed.), *La comedia,* Casa de Velázquez, Madrid, 1995, pp. 51-75.

ARCO GARAY, Ricardo del, "Las artes y los artistas en la obra cervantina", *Revista de Ideas Estéticas,* 8 (1950), pp. 365-388.

ARISTÓTELES, *Poética*, ed. de Valentín García Yebra, Gredos, Madrid, 1974.

AUERBACH, Erich, "La dulcinea encantada", en *Mimesis, la realidad en la literatura*, Fondo de Cultura Económica, México, 1975, pp. 314-339.

AVALLE-ARCE, Juan Bautista, "Lectura comentada del capítulo XXII", en Miguel de CERVANTES, *Don Quijote de la Mancha*, ed. del Instituto Cervantes, dirigida por Francisco Rico, con la colaboración de Joaquín Forradellas, estudio preliminar de Fernando Lázaro Carreter, Instituto Cervantes-Crítica, Barcelona, 1998, I, 22.

AVERY, William T., "Elementos dantescos del *Quijote*", *Anales Cervantinos*, 13-14 (1974-1975), pp. 3-36.

Banco de imágenes del Quijote (1605-1915), dir. José Manuel Lucía Megías, Centro de Estudios Cervantinos, Madrid. En línea: http://www.qbi2005.com/Default.aspx

BAQUERO ESCUDERO, Ana L., "El viaje, principio de cohesión para la narración de historias: el *Quijote* de 1605", en Felipe B. PEDRAZA JIMÉNEZ y Rafael GONZÁLEZ CAÑAL (eds.), *Con los pies en la tierra. Don Quijote en su marco geográfico e histórico. Homenaje a José María Casasayas. XII Coloquio Internacional de la Asociación de Cervantistas*, Universidad de Castilla-La Mancha-Asociación de Cervantistas, Cuenca, 2008, pp. 209-222.

BARNÉS VÁZQUEZ, Antonio, *"Yo he leído en Virgilio". La tradición clásica en el "Quijote"*, Academia del Hispanismo, Vigo, 2009.

BATAILLON, Marcel, *Erasmo y España*, trad. Antonio Alatorre, Fondo de Cultura Económica, México, 1950.

BAYO, Marcial José, "Rocinante y Clavileño, caballos de don Quijote", *Miscelánea de Estudios a Joaquim de Carvalho*, 4 (1960), pp. 414-424.

BÉGUIN, Albert, *El alma romántica y el sueño*, Fondo de Cultura Económica, México, 1994.

BERISTÁIN, Helena, *Diccionario de retórica y poética*, Porrúa, México, 1992.

BERNIS, Carmen, *El traje y los tipos sociales en el "Quijote"*, El Viso, Madrid, 2001.

BLASCO, Javier, "La compartida responsabilidad de la 'escritura desatada' del *Quijote*", *Criticón*, 46 (1989), pp. 41-62.

BLOOM, Harold, *El canon occidental*, trad. Damián Alou, Anagrama, Madrid, 1994.

BRANTLEY, Franklin O., "Sancho's ascent into spheres", *Hispania*, 53:1 (1970), pp. 37-45.

CALVO SERRALLER, Francisco, "El pincel y la palabra: Una hermandad singular en el Barroco español", en *El Siglo de Oro de la pintura española*, Mondadori, Madrid, 1991, pp. 187-203.

CAMACHO GUIZADO, Eduardo, *La elegía funeral en la poesía española*, Gredos, Madrid, 1969.

CASALDUERO, Joaquín, *Sentido y forma del "Quijote"*, Ínsula, Madrid, 1970.

———, "Clavileño o la redención de la humanidad", *Sentido y forma del "Quijote"*, Ínsula, Madrid, 1970, pp. 313-318.

CASCALES, Francisco, *Tablas poéticas*, ed. de Benito Brancaforte, Espasa-Calpe, Madrid, 1975.

CASE, Thomas E., "Cide Hamete Benengeli y los *Libros plúmbeos*", *Cervantes: Bulletin of the Cervantes Society of America*, 22:2 (2002), pp. 9-24.

CASTIGLIONE, Baldassar, *El cortesano*, trad. Juan Boscán, Consejo Superior de Investigaciones Científicas, Madrid, 1942.

CASTRO, Américo, *Cervantes y los casticismos españoles*, Alfaguara, Madrid-Barcelona, 1966.

———, "El *Quijote*, taller de existencialidad", *Revista de Occidente*, 17 (1967), pp. 1-33.

———, *Hacia Cervantes*, Taurus, Madrid, 1967.

CASTRO Y CALVO, José María, *Justas poéticas aragonesas del siglo XVII*, Universidad de Zaragoza, Zaragoza, 1937.

CERVANTES, Miguel de, *Viaje del Parnaso*, ed. de Vicente Gaos, Madrid, Castalia, 1973.

———, *El ingenioso hidalgo don Quijote de la Mancha*, ed. introd. y notas de Martín de Riquer, Planeta, Barcelona, 1980.

———, *El ingenioso hidalgo don Quijote de la Mancha*, 2 vols., ed. de Martín de Riquer, RBA, Barcelona, 1994.

———, *Don Quijote de la Mancha II*, en *Cervantes completo*, t. V, ed. de Florencio Sevilla Arroyo y Antonio Rey Hazas, Alianza, Madrid, 1996.

——, *Don Quijote de la Mancha*, ed. de Francisco Rico, Instituto Cervantes-Crítica, Barcelona, 1998.

——, *Don Quijote de la Mancha*, 2 vols., ed. de Francisco Rico, Crítica, Barcelona, 1999.

——, *Novelas ejemplares*, 2 vols., ed. de Juan Bautista Avalle-Arce, Castalia, Madrid, 2001.

——, *Novelas ejemplares*, ed. de Jorge García López, est. Javier Blasco, Madrid, Crítica, 2001.

——, *Los trabajos de Persiles y Sigismunda*, ed. de Carlos Romero Muñoz, Cátedra, Madrid, 2004.

——, *Don Quijote de la Mancha*, ed. de Francisco Rico, Punto de Lectura, Madrid, 2014.

——, *Don Quijote de La Mancha II*, ed. dirigida por Francisco Rico, Real Academia Española, Madrid, 2015.

Chaffe, Diana, "Pictures and portraits in literature: Cervantes as the painter of *Don Quijote*", *Anales Cervantinos*, 19 (1981), pp. 49-57.

Cicerón, *Acerca del orador*, versión de Amparo Gaos Schimidt, Universidad Nacional Autónoma de México, México, 1995.

Close, Anthony, *Miguel de Cervantes. "Don Quixote"*, Cambridge University Press, Cambridge, 1990.

——, *Cervantes y la mentalidad cómica de su tiempo*, Centro de Estudios Cervantinos, Alcalá de Henares, 2006.

Cohn, Dorrit, "Vidas ficcionales versus vidas históricas", trad. del inglés Francesca Angiolillo, en María Stoopen (coord.), *Sujeto y relato. Antología de textos teóricos*, Universidad Nacional Autónoma de México, México, 2009, pp. 421-444.

Conde Parrado, Pedro y Javier Rodríguez, "*Ravisio Téxtor* entre Cervantes y Lope de Vega, una hipótesis de interpretación y una coda", *Tonos Digital. Revista Electrónica de Estudios Filológicos*, 4 (2000), pp. 1-24.

Corominas, Joan, *Breve diccionario etimológico de la lengua castellana*, Gredos, Madrid, 1987.

Covarrubias Horozco, Sebastián de, *Tesoro de la lengua castellana o española*, ed. integral e ilustrada de Ignacio Arellano y Rafael Zafra,

Universidad de Navarra-Iberoamericana-Vervuert-Real Academia Española-Centro para la Edición de Clásicos Españoles, Madrid, 2006.

Criado de Val, Manuel, "Las figuras y la iconografía del *Quijote*", en *Actas del I Coloquio Internacional de Guanajuato*, Universidad de Guanajuato, México, 1988, pp. 51-75.

Cull, John T., "The 'Knight of the Broken Lance' and his 'Trusty Steed': On Don Quixote and Rocinante", *Cervantes: Bulletin of the Cervantes Society of America*, 10:2 (1990), pp. 37-53.

Curtius, Ernst Robert, *Literatura europea y Edad Media latina*, 2 vols., Fondo de Cultura Económica, México, 1975.

Darbord, Bernard, "Le cheval de bois: des *Mille et Une Nuits* à l'œuvre de Cervantès", en Jean-Luc Joly y Abdelfattah Kilitho (coords.), *Les Mille et Une Nuits. Du texte au mythe*, Publications de la Faculté des Lettres et des Sciences Humaines, Maroc, 2005 pp. 199-211.

———, "El 'caballo de ébano' y su descendencia en España", en María Jesús Lacarra y Juan Paredes (eds.), *El cuento Oriental en Occidente*, Comares-Fundación Euroárabe, Granada, 2006, pp. 47-60.

Descartes, René, *Meditaciones metafísicas*, estudio introductorio, análisis de las obras y notas de Francisco Larroyo, Porrúa, México, 1977.

Díaz Plaja, Guillermo, "El *Quijote* como cuestión teatral", en *Cuestión de límites*, Revista de Occidente, Madrid, 1963, pp. 97-105.

Domínguez, Julia, "¿Qué grande es mandar en un grano de mostaza, o qué dignidad o imperio el gobernar a media docena de hombres tamaños como avellanas?: La visión celestial de Sancho y el *Theatrum Orbis Terrarum* de Abraham Ortelius", *Hispanófila*, 166 (2012), pp. 19-37.

Dubost, Francis, "De quelques chevaux extraordinaires dans le récit médiéval: esquisse d'une configuration imaginaire", en *Le cheval dans le monde médiéval*, Centre Universitaire d'Etudes et de Recherches Médiévales d'Aix, Aix-en-Provence, 1992, pp. 189-208.

Durán, Manuel, *La ambigüedad de "El Quijote"*, Universidad Veracruzana, Xalapa, 1960.

EGIDO, Aurora, "La página y el lienzo: sobre las relaciones entre poesía y pintura", *Fronteras de la poesía en el Barroco*, Crítica, Barcelona, 1990, pp. 164-197.

——, "Arte y literatura: Lugares e imágenes de la memoria en el Siglo de Oro", en *El Siglo de Oro de la pintura española,* Mondadori, Madrid, 1991, pp. 273-295.

EISENBERG, Daniel, "'Esta empressa', no 'está impressa'", *Cervantes: Bulletin of the Cervantes Society of America*, 13:2 (1993), pp. 125-126.

EL-OUTMANI, Ismail, "El morisco Cide Hamete Bejarano, autor del *Quijote*", *Espéculo: Revista de Estudios Literarios*, 30 (2005), pp. 1-4.

EL SAFFAR, Ruth, "The function of the fictional narrator in *Don Quijote*", *Modern Language Notes*, 83 (1968), pp. 164-177.

FERNÁNDEZ SUÁREZ, Álvaro, "Rocinante y el rucio, o el mito de la ancha fraternidad", *Los mitos del "Quijote"*, Aguilar, Madrid, 1953, pp. 149-200.

FERRATER MORA, José, *Diccionario de filosofía*, Sudamericana, Buenos Aires, 1958.

FERRERAS, Ignacio, *La estructura paródica del "Quijote"*, Taurus, Madrid, 1982.

FINCI, Sara, "Clavileño y la tradición de los viajes celestes", en Ruth FINE y Santiago Alfonso LÓPEZ NAVIA (eds.), *Cervantes y las religiones: Actas del Coloquio Internacional de la Asociación de Cervantistas (Universidad Hebrea de Jerusalén, Israel, 19-21 de diciembre de 2005)*, Iberoamericana-Vervuert, Madrid-Frankfurt am Main, 2008, pp. 739-754.

FINE, Ruth, "Hacia una nueva lectura semiótica de *El Quijote*: el caso de las voces narrativas", en Christoph STROSETZKI (coord.), *Actas del V Congreso Internacional de la Asociación Internacional Siglo de Oro (AISO)*, Iberoamericana-Vervuert, Madrid-Frankfurt am Main, 2001, pp. 583-590.

FLORES, R. M., "Sancho's fabrications: a mirror of the development of his imagination", *Hispanic Review*, 38:2 (1970), pp. 174-182.

FRENK, Margit, *Don Quijote ¿muere cuerdo? y otros ensayos*, Fondo de Cultura Económica, México, 2015.

——, "Cosas que calla Cervantes (*Quijote,* I, 46-52)", *Acta Poetica*, 36:2 (2015), pp. 13-26.

FUCILLA, Joseph G., "El papel del *Cortegiano* en la Segunda parte de *Don Quijote*", en *Relaciones hispanoitalianas*, Instituto Miguel de Cervantes, Madrid, 1953, pp. 17-26.

GARRIDO DOMÍNGUEZ, Antonio, "Ficción, ficciones en el *Quijote*", en Antonio GARRIDO (ed.), *El Quijote y el pensamiento teórico-literario. Actas del Congreso Internacional celebrado en Madrid del 20 al 24 de junio de 2005*, Consejo Superior de Investigaciones Científicas, Madrid, 2008, pp. 214-226.

GILLET, Joseph E., "Clavileño: su fuente directa y sus orígenes primitivos", *Anales Cervantinos*, 6 (1957), pp. 251-255.

GITLITZ, David, "La ruta alegórica del Segundo *Quijote*", *Romanische Forschungen*, 84 (1972), pp. 108-117.

GÓMEZ ESTRADA, Grissel, *Multiplicidad de realidades en "El ingenioso hidalgo don Quijote de la Mancha"*, tesis, Universidad Autónoma Metropolitana, México, 1997.

———, "La ficción convertida en realidad: 'El retablo de las maravillas'", *Casa del Tiempo*, IV:40 (2002), pp. 64-70.

GONZÁLEZ ALEGRE, Ramón, "Meditación sobre Rocinante", *Nuestro Tiempo*, 55 (1959), pp. 23-43.

GRINGRAS, Gerald L., "Diego de Miranda, 'Bufón' or Spanish gentleman? The social background of his attire", *Cervantes: Bulletin of the Cervantes Society of America*, 5:2 (1985), pp. 129-140.

GÜNTERT, Georges, *Cervantes: narrador de un mundo desintegrado*, Academia del Hispanismo, Vigo, 2007.

HALEY, George, "El narrador en *Don Quijote:* el retablo de Maese Pedro", en George HALEY (ed.), *El* Quijote *de Cervantes,* Taurus, Madrid, 1984, pp. 269-287.

HATZFELD, Helmut, "Barroco literario y Barroco artístico comparados: Cervantes y Velázquez", *Estudios sobre el Barroco*, Gredos, Madrid, 1972, pp. 406-435.

HENRY, Albert, "L'ascendance littéraire de Clavileño", *Romania*, 90 (1969), pp. 242-257.

HERAS SANTOS, José Luis de las, *La justicia penal de los Austrias en la Corona de Castilla*, Universidad de Salamanca, Salamanca, 1991.

HOUDEBERT, Aurélie, "Les ailes du désir: variations romanesques sur le thème de la chevauchée aérienne", en Emese EGEDI-KOVÁCS (ed.), *Dialogue des cultures courtoises*, Collège Eötvös József ELTE, Budapest, 2012, pp. 129-147.

JOLY, Monique, "Semiologie du vetement et interpretation de texte", *Revista Canadiense de Estudios Hispánicos*, II:l (1977), pp. 54-64.

——, "Casuística y novela de las malas burlas a las burlas buenas", *Criticón*, 16 (1981), pp. 7-45.

JULIÁ, Mercedes, "Ficción y realidad en *Don Quijote* (los episodios de la cueva de Montesinos y el caballo Clavileño)", en *Actas del III Coloquio Internacional de la Asociación de Cervantistas, Alcalá de Henares, 12-16 de noviembre de 1990,* Ministerio de Asuntos Exteriores-Anthropos, Barcelona-Madrid, 1993, pp. 275-279.

KANT, Emanuel, *Crítica de la razón pura*, trad. Manuel García M. y Manuel Fernández N., Porrúa, México, 1987.

KOWZAN, Tadeusz, *Literatura y espectáculo*, Taurus, Madrid, 1992.

LAMBERTI, Mariapia, "La correspondencia poética Antonio Veneziano-Cervantes. Textos y contexto", en María Luisa CERRÓN PUGA (ed.), Patrizia BOTTA (coord.), *Rumbos del hispanismo en el umbral del Cincuentenario de la AIH*, Bagatto, Roma, 2012, t. III, pp. 203-211.

——, "'Un quídam Caporal italiano…' Relaciones del *Viaje del Parnaso* de Cervantes con los antecedentes italianos", en María Caterina RUTA y A. Robert LAUER (eds.), *Un paseo entre los centenarios cervantinos, Cuadernos AISPI*, 5 (2015), pp. 97-116.

——, "El *Viaje* italiano del Parnaso. Ecos e influencias de Italia", en Aurelio GONZÁLEZ y Nieves RODRÍGUEZ VALLE (eds.), *Viaje del Parnaso: texto y contexto (1614-2014)*, El Colegio de México, México, 2017, pp. 49-62.

LATHROP, Thomas A., "Cide Hamete Benengeli y su manuscrito", en Manuel CRIADO DE VAL (dir.), *Cervantes: su obra y su mundo (Actas del I Congreso sobre Cervantes)*, Edelsa Grupo Didascalia, Madrid, 1981, pp. 693-698.

LÁZARO CARRETER, Fernando, "Estudio preliminar", en Miguel de CERVANTES, *Don Quijote de la Mancha*, ed. de Francisco Rico, Instituto Cervantes-Crítica, Barcelona, 1998.

LECOY, Félix, *Recherches sur le "Libro de Buen amor"*, Droz, Paris, 1938.

LERNER, Isaías, "El *Quijote* palabra por palabra", *Edad de Oro*, 15 (1996), pp. 63-74.

——, "Formas de conocimiento y ficción cervantina", en Melchora ROMANOS (coord.), Alicia PARODI y Juan Diego VILA (eds.), *Para leer a Cervantes. Estudios de literatura española Siglo de Oro*, Eudeba, Buenos Aires, 1999, pp. 65-82.

LEVISI, Margarita, "La pintura en la narrativa de Cervantes", *Boletín de la Biblioteca Menéndez Pelayo*, 48 (1972), pp. 293-325.

LO RÉ, A. G., "A New First: An illustration of *Don Quixote* as 'Le Capitaine de Carnaval', Leipsig, 1614", *Cervantes: Bulletin of the Cervantes Society of America*, 10:2 (1990), pp. 95-100.

LÓPEZ-BARALT, Luce, "El Cálamo Supremo (Al-Qalam A'lā) de Cide Hamete Benengeli", *Sharq al-Andalus*, 16-17 (1999-2002), pp. 175-186.

——, "El sabio encantador Cide Hamete Benengeli: ¿fue un musulmán de al-Andalus o un morisco del siglo XVII?", en Ruth FINE y Santiago Alfonso LÓPEZ NAVIA (eds.), *Cervantes y las religiones. Actas del Coloquio Internacional de la Asociación de Cervantistas*, Universidad de Navarra-Vervuert-Iberoamericana, Madrid-Frankfurt am Main, 2008, pp. 339-360.

LÓPEZ NAVIA, Santiago, "Las claves de la metaficción en el *Quijote*: una revisión", *Oppidum*, 2 (2006), pp. 168-186.

LÓPEZ PINCIANO, Alonso, *Filosofía antigua poética*, Consejo Superior de Investigaciones Científicas, Madrid, 1953.

——, *Philosophía antigua poética*, 2 vols., ed. de Alfredo Carballo Picazo, Instituto Miguel de Cervantes, Madrid, 1953.

LUCÍA MEGÍAS, José Manuel, "Entre la crítica del texto y la lectura coetánea: las dos caras de la cultura del manuscrito en la Edad Media", *La Corónica*, 27:2 (1999), pp. 189-218.

——, "La crítica textual ante el siglo XXI: la primacía del texto", en Lillian von der WALDE MOHENO (ed.), *Propuestas teórico metodológicas para el estudio de la literatura hispánica medieval*, Universidad Autónoma Metropolitana Iztapalapa-Plaza y Valdés, México, 2002, pp. 417-490.

——, "Modelos iconográficos del *Quijote*: siglos XVII-XIX. Una primera aproximación a una herramienta de trabajo", *Trabajos de la VIII Reunión de la Asociación Española de Bibliografía*, Asociación Española de Bibliografía-Biblioteca Nacional, Madrid, 2004, pp. 103-131.

——, *Leer el* Quijote *en imágenes. Hacia una teoría de los modelos iconográficos*, Calambur, Madrid, 2006.

——, *Los primeros ilustradores del "Quijote"*, Ollero y Ramos, Madrid, 2005.

MADES, Leonard, "'Las cortes de la muerte' mencionado en el *Quijote*", *Revista Hispánica Moderna*, 34 (1986), pp. 338-343.

MAESTRO, Jesús G., "El sistema narrativo del *Quijote*: la construcción del personaje Cide Hamete Benengeli", *Cervantes: Bulletin of the Cervantes Society of America*, 15 (1995), pp. 111-141.

MAGGI, Vincenzo, *De ridiculis*, en *Trattati di Poetica e Retorica del Cinquecento*, ed. de Bernard Weinberg, Gius Laterza & Figli, Bari, 1970.

MANCING, Howard, "Cide Hamete Benengeli *vs.* Miguel de Cervantes: The metafictional dialectic of *Don Quijote*", *Cervantes: Bulletin of the Cervantes Society of America*, 1:1-2 (1981), pp. 63-81.

MARCHENA GIMÉNEZ, José Manuel, *La vida y los hombres de las galeras de España (siglos XVI-XVII)*, tesis, Universidad Complutense de Madrid, Madrid, 2010.

MARGUET, Christine, "El *Persiles* y la estética de la ilusión", en Alicia VILLAR LECUMBERRI (ed.), *Peregrinamente peregrinos. Actas del V Congreso Internacional de la Asociación de Cervantistas*, Asociación de Cervantistas, Madrid, 2004, pp. 531-547.

MARÍAS, Julián, *Tres visiones de la vida humana*, Salvat, Madrid, 1971.

MÁRQUEZ VILLANUEVA, Francisco, *Personajes y temas del "Quijote"*, Taurus, Madrid, 1975.

——, "El caballero del Verde Gabán y su reino de paradoja", en *Personajes y temas del "Quijote"*, Taurus, Madrid, 1975, pp. 147-227.

MARTÍN FLORES, Mario, "De la cueva de Montesinos a las aventuras de Clavileño: un itinerario de carnavalización del discurso autoritario en el *Quijote*", *Hispánica*, 38 (1994), pp. 46-60.

MARTÍNEZ BONATI, Félix, *La ficción narrativa. Su lógica y ontología*, LOM, Santiago de Chile, 2001.

MARTÍNEZ PÉREZ, Antonia, "Una caracterización del viaje en la narrativa medieval a través del medio extraordinario utilizado: el viaje aéreo (de *Cleomadés* a *Don Quijote*)", en Rafael BELTRÁN (ed.), *Maravillas, peregrinaciones y utopías: literatura de viajes en el mundo románico*, Universitat de València, València, 2002, pp. 47-58.

MARTORELL, JOANOT, *Tirante el Blanco. Traducción castellana del siglo XVI*, ed., introd. y notas de Martín de Riquer, Planeta, Barcelona, 1990.

MESTRE ZARAGOZA, Marina, "Le rôle du rire dans le *Don Quichotte* de Cervantès" en Philippe RABATÉ y Hélène TROPÈ (eds.), *Autour de* Don Quichotte *de Miguel de Cervantes*, Presses Sorbonne Nouvelle, Paris, 2015, pp. 103-111.

MINTURNO, Antonio Sebastiano, *Arte poética*, ed. y trad. de María del Carmen Bobes Naves, Arco Libros, Madrid, 2009.

MOLHO, Maurice, "Cervantes. El nombre", en *De Cervantes*, Hispaniques, Paris, 2005, pp. 41-47.

———, "El nombre tachado", en *De Cervantes*, Hispaniques, Paris, 2005, pp. 65-72.

———, "Instancias narradoras en *Don Quijote*", en *De Cervantes*, Hispaniques, Paris, 2005, pp. 429-442.

MONER, Michel, *Cervantes: deux themes majeurs (l'amour - les armes et les lettres)*, France-Iberie-Recherche, Toulouse, 1986.

———, *Cervantès conteur.* Écrits *et paroles*, Casa de Velázquez, Madrid, 1989.

MORENO PINAUD, Jorge, "La voz de Cide Hamete Benengeli: autorreflexividad crítica en *El Quijote de la Mancha*", *Espéculo: Revista de Estudios Literarios*, 30 (2005), pp. 1-4.

NÁLLIM, Carlos Orlando, "Clavileño. La tradición en una nueva obra de arte", en Melchora ROMANOS (coord.), Alicia PARODI y Juan DIEGO

VILA (eds.), *Para leer a Cervantes. Estudios de literatura española Siglo de Oro*, Universidad de Buenos Aires, Buenos Aires, 1999, t. 1, pp. 83-98.

NEPAULSINGH, Colbert, "La aventura de los narradores del *Quijote*", en Alan M. GORDON y Evelyn RUGG (eds.), *Actas del Sexto Congreso Internacional de Hispanistas*, Universidad de Toronto, Toronto, 1980, pp. 515-518.

NÚÑEZ DE REINOSO, ALONSO, *Los amores de Clareo y Florisea y los trabajos de la sin ventura Isea*, ed. de Miguel Ángel Teijeiro, Universidad de Extremadura, Cáceres, 1991.

OLIVARES ZORRILLA, Rocío, "Historia crítica sobre los emblemas en el *Quijote*", *Espéculo. Revista de estudios literarios*, 30 (2005), sin paginación. En línea: http://www.ucm.es/ info/especulo/numero30/emblquij.html

——, "Sobre las consideraciones del emblematismo en la composición del *Quijote*", en María STOOPEN (coord.), *Horizonte cultural del "Quijote"*, Universidad Nacional Autónoma de México, México, 2010, pp. 121-134.

Ordenanças sobre el obraje de los paños: lanas: bonetes: e sombreros. Nuevamente hechas. De cómo se han de hazer y teñir: y vender..., Athanasio de Salzedo, Alcalá de Henares, 1558.

OSTERC, Ludovik, *El pensamiento social y político del "Quijote"*, Universidad Nacional Autónoma de México, México, 1975.

PAGNONI BERNS, Fernando G., "Metaficción como artificio y teorías del humor. Del barroco a la posmodernidad", *Anagnórisis*, 3 (2011), pp. 54-74.

PARR, James A., "Las voces del *Quijote* y la subversión de la autoridad", en A. David KOSSOFF, Geoffrey RIBBANS, Ruth H. KOSSOFF y José AMOR Y VÁZQUEZ (coords.), *Actas del VIII Congreso de la Asociación Internacional de Hispanistas*, Istmo, Madrid, 1986, t. 2, pp. 401-408.

——, *Don Quixote, an anatomy of subversive discourse*, Juan de la Cuesta, Newark, 1988.

——, "*Don Quijote*: meditación del marco", en Antonio VILANOVA (coord.), *Actas del X Congreso de la Asociación Internacional de Hispanistas*, Promociones y Publicaciones Universitarias, Barcelona, 1992, t. 1, pp. 661-670.

PAZ GAGO, José María, "'Una de las más raras [...] novedades que imaginarse pueden'. Las tecnologías en el *Quijote*", en Carlos ALVAR y José Manuel LUCÍA MEGÍAS (eds.), *El delirio y la razón: Don Quijote por dentro*, Fundación Camino de la Lengua Castellana, Logroño, 2005, pp. 48-69.

PERCAS DE PONSETI, Helena, *Cervantes y su concepto del arte. Estudio crítico de algunos aspectos y episodios del "Quijote"*, 2 vols., Gredos, Madrid, 1975.

———, "La cueva de Montesinos. El lenguaje como creación", en *Cervantes y su concepto del arte. Estudio crítico de algunos aspectos y episodios del "Quijote"*, 2 vols., Gredos, Madrid, 1975, t. II, pp. 407-447.

———, "Ideologías. El lenguaje como pintura", *Cervantes y su concepto del arte. Estudio crítico de algunos aspectos y episodios del "Quijote"*, 2 vols., Gredos, Madrid, 1975, t. II, pp. 305-406.

———, "'Tate, tate, follonzicos...' Once again: The metamorphosis of a locution", *Cervantes: Bulletin of the Cervantes Society of America*, 7:2 (1987), pp. 85-89.

———, "A revision: Cervantes's writing", *Cervantes: Bulletin of the Cervantes Society of America*, 9:2 (1989), pp. 61-65.

———, "Nota a la nota sobre una nota: 'impressa' no 'empressa'", *Cervantes: Bulletin of the Cervantes Society of America*, 15:1 (1995), pp. 164-166.

PINI MORO, Donatella, "Don Quijote in viaggio", *Raccontare nella Spagna dei Secoli d'Oro*, Alinea, Firenze, 1996, pp. 53-68.

PITRÈ, Giuseppe, *Fiabe novelle e racconti popolari siciliani*. En línea: http://www.colapisci.it/Cola-Dicono/ColaLettItaliana.htm

Poema del Cid, texto antiguo preparado por Ramón Menéndez Pidal, prosificación moderna de Alfonso Reyes, Espasa-Calpe, Buenos Aires, 1945,

POPE, Randolph D., "Lectura comentada del capítulo XVII", en Miguel de CERVANTES, *Don Quijote de la Mancha*, ed. del Instituto Cervantes, dirigida por Francisco Rico, con la colaboración de Joaquín Forradellas, estudio preliminar de Fernando Lázaro Carreter, Instituto Cervantes-Crítica, Barcelona, 1998, I, 17. En línea: http://cvc.cervantes.es/obref/quijote/edicion/parte1/tabla/default.htm

PREDMORE, Richard, "El problema de la realidad en el *Quijote*", *Nueva Revista de Filología Hispánica*, VII:3-4 (1953), pp. 489-498.

PUEO, Juan Carlos, *Ridens et Ridiculus: Vicenzo Maggi y la teoría humanista de la risa*, Anexos de Tropelías, Zaragoza, 2001.

QUINTILIANO, *Obra completa*, trad. y comentarios Alonso Ortega Carmona, Universidad Pontificia de Salamanca, Salamanca, 1999.

QUINTO HORACIO FLACO, *Epístolas. Arte poética*, ed. trad. y notas de Fernando Navarro Antolín, Consejo Superior de Investigaciones Científicas, Madrid, 2002.

REDONDO, Agustín, "De Don Clavijo a Clavileño: algunos aspectos de la tradición carnavalesca y cazurra en el *Quijote* (II, 38-41)", *Edad de Oro*, 3 (1984), pp. 181-199.

———, *Otra manera de leer el* Quijote. *Historia, tradiciones culturales y literatura*, Castalia, Madrid, 1997.

———, "El coloquio entre Sancho y el duque a raíz del vuelo de Clavileño (II, 41)", en *Otra manera de leer el* Quijote. *Historia, tradiciones culturales y literatura*, Castalia, Madrid, 1997, pp. 439-452.

———, "Nuevas consideraciones sobre el personaje del 'caballero del verde gabán' (*D.Q.*, II, 16-18)", Giuseppe GRILLI (ed.), *Actas II Congreso Internacional de la Asociación de Cervantistas*, Istituto Universitario Orientale, Napoli, 1995, pp. 513-533.

RILEY, Edward, "El recurso a los autores ficticios", en *Teoría de la novela en Cervantes*, trad. Carlos Sahagún, Taurus, Madrid, 1971, pp. 316-327.

———, "Don Quixote: from text to icon", *Cervantes: Bulletin of the Cervantes Society of America*, 8 (1988), pp. 103-115.

———, *Introducción al "Quijote"*, trad. Enrique Torner Montoya, Crítica, Barcelona, 1990.

———, "Introducción", en Miguel de CERVANTES, *Don Quijote de la Mancha*, Crítica, Barcelona, 1990.

———, "La singularidad de la fama de don Quijote", *Cervantes: Bulletin of the Cervantes Society of America*, 22:1 (2002), pp. 27-41.

RIQUER, Martín de, *Cervantes y el "Quijote"*, Teide, Barcelona, 1960.

———, "La technique parodique du roman médiéval dans le *Quijote*", en *La littérature narrative d'imagination. Des genres littéraires aux téchniques d'expression*, Presses Universitaires de France, Paris, 1961, pp. 63-64.

———, *Aproximación al "Quijote"*, Teide, Barcelona, 1986.

RODRÍGUEZ CHICHARRO, César, "Aventura de los galeotes (*Quijote*, I, 23). Algunos rasgos estilísticos", *La Palabra y el Hombre*, XLIX (1984), pp. 65-73.

RODRÍGUEZ VALLE, Nieves, *Los refranes del* Quijote*: poética cervantina*, El Colegio de México, México, 2014.

ROMO FEITO, Fernando, "Hermenéutica de Cide Hamete Benengeli: Perspectivas", *Anales Cervantinos*, 13 (1995-1997), pp. 117-131.

ROSALES, Luis, "La comedia de la personalidad" en *Cervantes y la libertad, vol. II,* Cultura Hispánica, Madrid, 1985.

RUFFINATTO, Aldo, "El narrador agotado y los horizontes de expectativas del *Persiles*", en Alicia VILLAR LECUMBERRI (ed.), *Peregrinamente peregrinos. Actas del V Congreso Internacional de la Asociación de Cervantistas,* Asociación de Cervantistas, Madrid, 2004, pp. 899-909.

RUTA, María Caterina, "Aspectos iconológicos del *Quijote*", *Nueva Revista de Filología Hispánica,* 38:2 (1990), pp. 875-886.

SALAS BARBADILLO, Alonso de, *La estafeta del dios Momo*, Viuda de Luis Sánchez, Madrid, 1627.

SALILLAS, Rafael, "La criminalidad y la penalidad en el *Quijote*", *El Ateneo de Madrid en el III centenario de la publicación de "El 'ingenioso' hidalgo"*, Imprenta de Bernardo Rodríguez, Madrid, 1905, pp. 85-118.

SÁNCHEZ, Alberto, "El Caballero del Verde Gabán", *Anales Cervantinos,* IX (1961-1962), pp. 169-201.

———, "Posibles ecos de San Juan de la Cruz en el *Quijote* de 1605", *Anales Cervantinos,* XXVIII (1990), pp. 9-21.

SÁNCHEZ BADIOLA, Juan José, *Símbolos de España y de sus regiones y autonomías. Emblemática territorial española,* Visión, Madrid, 2010.

SANTOS, Antonio, "Sancho Panza o los pesares de la utopía", en *Barataria, la imaginada: el ideal utópico de don Quijote y Sancho,* Universidad de Cantabria-Centro de Estudios Cervantinos, Pamplona, 2008, pp. 85-246.

SAVATER, Fernando, "Savater defiende las locuras del caballero andante en su batalla contra la muerte", *El País,* 18 de junio de 2004, p. 32.

Schevill, Rudolph, "El episodio de Clavileño", en *Estudios eruditos "in memoriam" de Adolfo Bonilla y San Martín*, Universidad Central, Madrid, 1927, t. I, pp. 115-125.

Schmidhuber de la Mora, Guillermo, "Comprobación matemática de un anagrama de *Miguel de Cervantes: Cide Hamete Benengeli*", *Sincronía*, 63 (2013), 1-10.

Selig, Karl-Ludwig, "*Don Quixote* II, 16-17: Don Quixote and the Lions", en Lía Schwartz Lerner e Isaías Lerner (eds.), *Homenaje a Ana María Barrenechea*, Castalia, Madrid, 1984, pp. 327-332.

Serés, Guillermo, "La elegía de Juan Rodríguez del Padrón", *Hispanic Review*, 62:1 (1994), pp. 1-22.

Sevilla Arroyo, Florencio, "La voz de Cervantes 'creador' en el *Quijote*", *Anales Cervantinos*, XLII (2010), pp. 89-116.

Sobh, Mahmud, "¿Quién fue Cide Hamete Benengeli?", *El País*, 30 de diciembre de 2005, pp. 29-31.

Stagg, Geoffrey L., "El sabio Cide Hamete Venengeli", *Bulletin of Hispanic Studies*, 33 (1956), pp. 218-225.

Torres, Bénédicte, "Peregrinaciones subterráneas, acuáticas y aéreas en *Don Quijote*", en Alicia Villar Lecumberri (ed.), *Peregrinamente peregrinos: actas del V Congreso Internacional de la Asociación de Cervantistas*, Asociación de Cervantistas, Madrid, 2004, t. 2, pp. 1775-1794.

Torres Perdigón, Andrea, "La noción de metaficción en la novela contemporánea", *Ateliers du Séminaire Amérique Latine de l'Université Paris-Sorbonne*, 5 (2009-2010), pp. 1-7. En línea: http://www.crimic.paris-sorbonne.fr/IMG/pdf/Torresf.pdf

Unamuno, Miguel de, *Vida de Don Quijote y Sancho*, ed. de Alberto Navarro, Cátedra, Madrid, 2000.

Urbina, Eduardo "El concepto de *admiratio* y lo grotesco en el Quijote", *Cervantes: Bulletin of Cervantes Society of America*, 9 (1989), pp. 17-30.

Valdés, Juan de, *Diálogo de la lengua*, J. Martín Alegría, Madrid, 1860.

Vargas Machuca, Bernardo, *Teorica y exercicios de la gineta,* Maxtor, Valladolid, 2009.

VIVAR, Francisco, "El Caballero del Verde Gabán y el Caballero de los Leones: La plenitud del encuentro", *Anales Cervantinos*, XXXVI (2004), pp. 165-186.

WILLIAMSON, Edwin, *El* Quijote *y los libros de caballerías,* Altea-Taurus-Alfaguara, Madrid, 1991.

——, "Lectura del capítulo XIX", en Miguel de CERVANTES, *Don Quijote de la Mancha*, ed. del Instituto Cervantes, dirigida por Francisco Rico, con la colaboración de Joaquín Forradellas, estudio preliminar de Fernando Lázaro Carreter, Instituto Cervantes-Crítica, Barcelona, 1998, I, 19.

ZANETTA, María Alejandra, *"Las Meninas* y *El Quijote* o los planos de la representación", *Anales Cervantinos,* 29 (1991), pp. 179-190.

Recordar el Quijote *Segunda parte*
se terminó de imprimir en septiembre de 2018,
en los talleres de Impresos Almar, S.A. de C.V.,
Netzahualpilli 120, col. Estrella del Sur, 09820,
Ciudad de México. Portada: Rosalba Alvarado.
Tipografía y formación: El Atril Tipográfico, S.A. de C.V.
Cuidó la edición la Dirección de Publicaciones de
El Colegio de México.